Desde Nav...

testimonios navolatenses

Somos *Navolato*

PABLO SÁINZ-GARIBALDI
ARMANDO BUENO BLANCO
COORDINADORES

San Diego, California
2024

Pintura de portada:
"Navolato", del artista culiacanense Miguel Ángel Ojeda

Pintura en portada de sección "¿Te acuerdas?:
Rina Cuéllar Zazueta

Foto en portada de sección "Se le fue la tripa al plebe":
Rudy Mendoza

Pintura en portada de sección "Cuéntame tu vida":
Miguel Ángel Vega Yáñez

Los coordinadores agradecen a todos los participantes o a sus familiares por la autorización para incluir sus textos en esta obra. Cada participante retiene sus derechos de autor.

Gracias al cronista visual de Navolato, el fotógrafo Rudy Mendoza por permitirnos utilizar su archivo fotográfico en este libro.

Agradecemos infinitamente a Leonel Aguirre Meza, distinguido abogado, defensor de los derechos humanos, luchador social de cada día, quien durante su periodo como regidor del H. Ayuntamiento de Navolato brindó el apoyo total y sin condiciones a este proyecto literario, la trilogía "Desde Navolato". Un millón de gracias.

"Who controls the past now controls the future.
Who controls the present now controls the past.
Who controls the past now controls the future.
Who controls the present now?"
Rage Against the Machine

"No cabe duda: de niño,
a mí me seguía el sol.
Andaba detrás de mí
como perrito faldero;
despeinado y dulce,
claro y amarillo:
ese sol con sueño
que sigue a los niños"
Alfonso Reyes

"Hoy la casa de mi infancia ya no existe ni hace falta:
Yo la llevo bien adentro en mis entrañas,
Toda llena de colores y de desapariciones,
Muy tempranas, muy profundas, muy amargas"
Fito Páez

"Aquel fue un verano abrasador.
El último de mi juventud"
Inés Arredondo

"Miles de historias en cada barrio...
El tiempo vive en la memoria"
Maldita Vecindad y los Hijos del Quinto Patio

"Tú te debes acordar de él, pues fuimos compañeros de escuela y lo conociste como yo"
Juan Rulfo

"¿De qué se nutre la nostalgia?
Uno evoca dulzuras,
Cielos atormentados,
Tormentas celestiales,
Escándalos sin ruido,
Paciencias estiradas,
Árboles en el viento,
Oprobios prescindibles,
Bellezas del mercado,
Cánticos y alborotos,
Lloviznas como penas..."
Mario Benedetti

"I would love to go
Back to the old house.
But I never will.
I never will"
Morrissey & The Smiths

"Papi: ¿me cuentas de cuando eras niño en Navolato?"
Mi amado hijo Bruno

Contenido

La raza recuerda: casi un prólogo

PABLO SÁINZ-GARIBALDI

Foto: archivo de Rudy Mendoza

Con "Desde Navolato añoro: testimonios navolatenses" cierro la trilogía "Desde Navolato".

Cuando inicié este proyecto mi meta era rescatar un poco de la cultura navolatense.

Durante tres años me empapé de la historia, literatura, música y testimonios de la gente de Navolato.

Este último volumen de la trilogía originalmente iba a ser una novela basada en mis recuerdos infantiles de nuestro pueblo. Pero decidí abrirlo e incluir los testimonios de docenas de navolatenses.

¡Qué buena respuesta de la gente!

En total, son más de 400 páginas y unos 130 textos de recuerdos, de añoranzas del Navolato del ayer. Es una multitud de voces que cuenta de lo bueno por lo que ha sido forjado nuestro municipio.

Espero que este libro sea un documento que ayude a que nuestro pueblo tenga un mejor futuro.

Editar y recopilar la trilogía de libros "Desde Navolato" ha sido mucho trabajo y esfuerzo. Ahora sí que es "por amor al arte", pues no gano dinero por esta labor. Es una extensión de mi trabajo como escritor, periodista cultural, traductor, intérprete y gestor cultural. Es poner mi granito de arena por Navolato, sin importar que muchos no lo valoren, que me critiquen o que no les guste mi labor.

Va más allá de quién sea mi familia, de qué trasfondo venga o de que haya salido de Navolato a los 11 años. Va más allá de ser un extraño en mi propia tierra.

Ahora que, junto al Dr. Armando Bueno Blanco, nos dimos a la tarea de recopilar los testimonios de nuestra gente, les comparto razones por las que vale la pena rescatar la memoria colectiva del Municipio de Navolato.

Rescatar la memoria colectiva de un pueblo como Navolato es fundamental por diversas razones.

1. **Identidad cultural:** la memoria colectiva fortalece la identidad cultural de la comunidad, ayudando a sus habitantes a entender y valorar sus raíces y tradiciones.

2. **Preservación histórica:** rescatar la memoria asegura que los eventos, costumbres y experiencias del pasado no se pierdan y puedan ser transmitidos a las futuras generaciones.

3. **Educación y aprendizaje:** conocer la historia local permite a los jóvenes aprender de las experiencias pasadas, tanto los logros como los errores, y aplicarlos en su vida cotidiana y en la toma de decisiones.

4. **Cohesión social:** la memoria colectiva une a la comunidad, fomentando un sentido de pertenencia y solidaridad entre sus miembros al compartir una historia y un legado común.
5. **Promoción del turismo:** la rica historia y cultura de Navolato pueden atraer visitantes, impulsando el turismo y, consecuentemente, la economía local.
6. **Fomento del orgullo local:** conocer y valorar la historia del pueblo genera un sentimiento de orgullo entre sus habitantes, promoviendo un mayor cuidado y respeto por su entorno.
7. **Fortalecimiento de la identidad local:** la memoria colectiva contribuye a definir lo que significa ser de Navolato, diferenciando su identidad de la de otras regiones.
8. **Documentación y archivo:** crear un registro detallado de la memoria colectiva sirve como un recurso invaluable para investigadores, historiadores y estudiantes interesados en la historia regional.
9. **Inspiración para el futuro:** las historias de perseverancia, lucha y éxito del pasado pueden servir como fuente de inspiración y motivación para las generaciones actuales y futuras.
10. **Reconocimiento de nuestros ancestros:** rescatar la memoria es una forma de honrar y reconocer a los ancestros y sus contribuciones al desarrollo del pueblo.
11. **Prevención del olvido:** sin esfuerzos conscientes por rescatar la memoria colectiva, se corre el riesgo de que las historias, costumbres y conocimientos se pierdan con el tiempo, privando a la comunidad de su rica herencia cultural.
12. **Fomento de la participación ciudadana:** involucrar a la comunidad en la recuperación de su

memoria colectiva promueve la participación ciudadana y el compromiso con la preservación de su patrimonio.

Rescatar la memoria colectiva de Navolato no sólo es un acto de preservación cultural, sino también una inversión en el futuro de la comunidad, asegurando que su rica historia y tradiciones continúen siendo una fuente de orgullo y aprendizaje.

Ahora que cierro este ciclo de libros sobre Navolato, aunque vivo fuera del terruño, con más orgullo que nunca grito "¡Desde Navolato vengo!"

Introducción

ARMANDO BUENO BLANCO

Foto: archivo de Rudy Mendoza

El viento que acariciaba la tierra de Navolato ha cambiado. Ahora el fuego del sol abriga con tesón a los jóvenes y niños que recorren las calles que sentíamos como nuestras, aquellas donde forjamos nuestra vida, donde escribimos en el alma y el corazón lo inolvidable. Aquello que sentíamos como solo nuestro.

Pero la vida de nuestras calles, nuestros campos, comunidades, y personajes, no tiene propiedad eterna, son de todos; de los de ayer, de los ahora, y de los de mañana. Los de ahora y mañana escribirán sus propias historias.

Por lo pronto, este libro refleja el testimonio de quienes respiraron el aire de ese ayer, cuando la fraternidad, hermandad, respeto y honestidad era distingo de nuestra tierra; cuando los sueños de cada cual se convertían en lucha cotidiana; cuando los espacios de convergencia eran monumentos inmortales; cuando los olores y sabores eran parte de nuestro ser; cuando las risas eran llanto, y el

39

llanto se convertía en alegría; cuando ser en el ayer nutría lo que luchábamos por ser después...

Refleja también las memorias de quienes vivieron aquellas experiencias de espacios que ahora son "otra cosa", pero que en aquellos tiempos cimbraron en el alma la razón de ser, de búsqueda, de amor, de encuentro del significado de unidad, fraternidad y comunidad.

De igual manera hace homenaje a personas que no aparecen en los libros de historia, pero que con sus acciones sembraron la semilla de lo que hoy tenemos. Ellos lo hicieron sin ninguna búsqueda de honores, pero aquí están en estas letras. Entre esas historias, la narrativa sobre valiosas familias que los campos de caña y la fábrica fueron la fuerza para salir adelante.

Las leyendas forman parte de la tradición oral que se convierte en historia de nuestras comunidades. A veces muy singulares, a veces parte de la memoria histórica de los pueblos. Acá van también esas narrativas que las nuevas generaciones deberán saber en las voces de quienes leen este valioso libro. ¿Se animan a contarlas en las reuniones de familia?

La nostalgia muchas veces atrapa nuestra memoria, recorre nuestra historia de vida y confluye con las nubes, las estrellas, la luna y el sol que atestiguan lo que somos, estemos donde estemos.

Reconocimientos supremos para quienes estando lejos de nuestra tierra aportaron testimonios que dan valor a esta obra. Gracias por amar a Navolato desde cualquier latitud.

HONORES PARA DON GABINO ZAZUETA OCHOA:
CIEN AÑOS SIN SOLEDAD

PARTE I

¿TE ACUERDAS?

BREVES AÑORANZAS DE NAVOLATO

"¿Te acuerdas cuando jugabas con él?
Siempre desde los árboles se miraban.
Sólo con él podías hablar.
Sólo con él podías llorar"
Caifanes

Reloj lejano

ÉLMER MENDOZA

Foto: archivo de Rudy Mendoza

Navolato es un sueño soñado muchas veces. Sus calles de tierra o pavimentadas. Las tiendas. El mercado donde servían esquimos y en un extremo carnitas. El ingenio y su alta chimenea. La casa de Almada. La iglesia y el padre Alejandro. El sol, el río sin puente, con puente. Sueño a mi abuela comerciando con el señor Duarte, consultando al doctor Cuéllar, comprando zapatos en Paperini. Escucho sus pasos ir de un lugar a otro sin olvidarse jamás del templo y de la casa de su comadre Wenceslao. Compra la despensa. Comisaria, le decía. Cuando llega la hora sube a la tranvía La Golondrina y regresa a El Continente, a su casa rodeada de árboles frutales. Muchas veces la acompañé y era como un premio al buen comportamiento. Tiempos en que cantaban Pedro, Jorge, Lola, Los Panchos, Los Broncos de Reynosa y claro, el Grillito Cantor. De El Recodo de Cruz Lizárraga. Mis recuerdos son verde maíz,

45

frijol, garbanzo, sorgo, ajonjolí, tomate, chile, quelites, cacaragua. De arcoíris para hacer preguntas.

Con mis tíos era otra cosa. Pasaban horas en Los aguacates o con la Güera Plata. Jamás me llevaron. Años después supe el motivo. Navolato es más que un pueblo con un ingenio azucarero. Es el principio de la fiesta, del aire dulce, una meta volante hacia lo desconocido, el lugar donde una mujer adquiría telas para los vestidos de sus hijas y vendía una canasta de huevos a un solo cliente. Sus peinetas eran hermosas.

Yo era un nieto asombrado y cuidadoso. Debía seguirla y no perderme. Un esquimo de recompensa no es nada despreciable. Era maravilloso. Por esas calles podía ver caminar a Dios y a los apóstoles, a las once mil vírgenes, a los poetas que no sabía que lo eran hasta que fui a la universidad, a los novelistas que me enseñaron a leer las sombras y a descubrir el valor de los recuerdos. Navolato es un monolito en mi mente. Los nombres de las calles y de los platillos de comida china. "Desde Navolato vengo...". Es una ciudad que no sale de mis pensamientos.

No pocas tardes escucho el pitido del ingenio, ese reloj lejano que regula mis palpitaciones. Sueño, mi abuela, acompañada de su hija mayor toma una araña hasta el taste al lado del ingenio, donde ese mediodía, El Vigía se medirá con El Pando en cien varas. Le gustaban la carrera de caballos y mi abuelo, jinete de El Pando, ya estaba en el lugar. Su hija era muy inquieta y se perdió entre el gentío. Mi abuela no disfrutó la carrera ni el triunfo de su marido que venció por los belfos, por buscar a la niña que veinte años después se convertiría en mi madre.

Les digo, ¿por qué recuerdo todo esto y lo que no comparto? Ese reloj lejano algo tiene que ver. Un corazón abierto que sonaba tres veces. Eterna onomatopeya. Sí. Abrazos.

La plazuela de mi pueblo

MARCOS CORDERO MILLÁN

Foto: archivo de Rudy Mendoza

Rindo homenaje con estas líneas a un lugar que prácticamente me es imposible olvidar, recuerdos tan profundos tengo de él que sin jamás pretenderlo ha llegado a sr uno de los lugares cuyos recuerdos me emocionan tan hondamente. Lugar mágico es la plazuela de mi pueblo, Navolato, en el estado mexicano de Sinaloa. Cada vez que Dios me brinda la oportunidad de pisar sus mosaicos, me invade una tranquilidad inenarrable donde el viento y el sol se vuelven paz.

Ah, la plazuela de mi pueblo, tan sólo de pensar en ella escucho pajarillos que revolotean a mi alrededor. En épocas de lluvia, la humedad de sus pastos la visten de verde, ese verde que da vida a la vida y en época de calor, las aves descansan entre el follaje de sus árboles, muchas veces ruidosas, otras tantas calladas, pero siempre escondiéndose cuando cumplen el rito del amor.

Ah, la plazuela de mi pueblo, paso obligado camino a la escuela, esa escuela tan monumental, la siempre llamada Lic. Benito Juárez, testigo de mis años primarios, aquellos cuando salía a columpiarme en el parque (hoy convertido en fuente) y solía divertirme media mañana. Más tarde, en mi adolescencia comprendí que esa diversión era sólo una de tantas maneras de perder el tiempo. Hoy, el parque de la plazuela ya no existe, pero siempre tendré presente cuando junto con mis amigos hacíamos eternas esas mañanas.

Ah, la plazuela de mi pueblo. ¿Cuántas veces la habría barrido don Chencho? Con aquellas hojas de palma seca, siempre sonriendo a pesar de que los años dejaran en su espalda la figura de la hoz. ¿Cuántas veces la crucé con mis amigos? Me llegan de golpe aquellas carreras cuando intentábamos llegar primero hasta arriba del quiosco y esperábamos que llegara el último para darle la clásica "pamba" que se había ganado. El quiosco, ese añejo quiosco, muchas veces testigo de las parejas que subían al caer la tarde para darse ese beso tan sincero que es el del amor primero y qué decir de aquellos domingos de plazuela, recorriendo sus mosaicos escuchando las notas de la banda que tocaba en el quiosco, mirar los novios que sentados en las viejas bancas intercambiaban promesas de amor. El anciano que da migajas de pan a las palomas y los solteros observan el paso de las muchachas que van a misa y mirando su reloj se mueven inquietos en espera de la novia.

Ah, la plazuela de mi pueblo, como recuerdo aquella ocasión cuando subí al campanario de la iglesia, ese que queda justo de frente, subí y lo miré, fue tanta la emoción que sentí que comencé a repicar campanas ayudado por uno de mis compañeros de correrías (por poco nos deja sin orejas el padre Fernando). Creo sin temor a equivocarme que todo aquel que haya nacido en mi pueblo y se esté trasladando por la calle principal siente la misma atracción que siento yo y siente la necesidad de girar su vista hacia la plazuela y admirarla deleitándose con sus viejas bancas que a diario lucha contra el tiempo. Sus palomas parece que son siempre las mismas, sus jardines como alfombras siempre verdes, sus palmeras inquebrantables y eternas, esos viejos que platican las batallas ganadas a la vida y el joven que bajo la sombre se entrega al estudio.

Ah, la plazuela de mi pueblo, incomparable con las tantas que he conocido, siempre que paseo por mi pueblo, tierra de gente progresista, que avanza, mis pasos se sientes obligados a recorrer sus pasillos como antaño, a respirar ese aire tan mío y confirmar que la plazuela de mi pueblo sigue siendo la misma, aún sin don Chencho, sin banda en el quiosco, sin aquellos niños que hoy son adultos, es la misma en esencia, con esa gente que va y viene, cada una con sus pensamientos, porque es la misma de mi infancia, la misma de mis romances y será por siempre el lugar predilecto de mis reflexiones.

Ah, la plazuela de mi pueblo, nunca me podré explicar porque siendo tan grande vive en este corazón tan pequeño.

5 de enero de 1998

49

Don Miguelito "El Ciego"

RAMÓN JACOBO "EL GRINGO"

Miguelito

El recuerdo que tengo de Miguelito el ciego que en paz descanse, es que siempre me sorprendía con su destreza para andar solo por las calles, siempre que me lo encontraba me daba gusto acompañarlo ya que era seguro el tomarme una coca por ayudarlo en su andar.

Nuestro punto principal fue siempre el cine Alameda, donde lo llevaba al área de la taquilla y lo recargaba en los tubos que ahí había para que el que pasará a comprar su boleto le diera una ayuda, recuerdo que siempre le ponían como reto el que adivinará el valor de las monedas, entonces se colocaba la moneda entre sus dedos y le tocaba los bordes primeramente para saber ir descartando si era hexagonal y descifrar las monedas de a 10 pesos o las cacharpas de 5 que eran las más grandes en ese entonces, si acertaba la moneda era para él, porque hasta feria a veces le pedían, jeje.

De otra cosa que me acuerdo era que se ponía a tocar con las hojas de limón, y eso de alguna manera llamaba la atención de la gente y más le daban dinero, o cuando se ponía a comer huevos crudos, haciéndoles un agujero y succionaba su contenido, se tomaba como 4 recuerdo y eso si con su refresco coca cola no podía fallar.

Así era nuestro andar por Navolato, por la plazuela, el cine, y ya por la tarde lo llevaba para su casa, una humilde chocita que se encontraba por la calle Alvaro Obregón bajo un tamarindo, que fue donde falleció hasta donde recuerdo después de la pasada de un ciclón.

Miguelito el ciego para mí fue un gran señor, que admiraba y respetaba, que, descalzo como yo anduvo Navolato y sus calles de vestimenta sencilla, pantalones holgados, y camisa tipo guayabera, alegre siempre y sin prejuicio alguno, solo con la esperanza de que día con día la gente se apiadará de él dándole limosna para sobrevivir.

Sé que esto es solo un inciso de la vida que tuvo don Miguelito "El Ciego", pero para mí fue una gran experiencia, que jamás olvidaré y que hoy día comparto con ustedes, con lo que espero y se avive y se recuerde no solo como personaje sino como ciudadano que siempre fue de nuestro gran Navolato, por ese aprecio que siempre le tuve y le tengo.

Añoranzas

ADRIANA ACOSTA CALDERÓN "CANA CALDE"

Foto: José Enrique "Pepito" Sainz

Lo que no volverá a ser lo mismo en ese Navolato del ayer era los primeros martillazos de la colocación de la verbena enfrente del Mercado Hidalgo.

Para la generación de los años 70tas era la anunciación de que venía navidad y los Reyes magos. Ver la calle ocupada por los puestos y no ver pasar ningún transporte en una de las calles más importantes era impresionante para un niño.

De la nada aparecían puestos llenos de mercancía variada, con ellos los aromas típicos como mandarina fresca, nueces y cacahuates que ahí mismo los ponían en un comal y su entrañable aroma se desvanecía por toda la calle. Desde temprano el piso se cubría de cáscaras de mandarina y cacahuate como una alfombra colorida y gustosa. Las varas de caña a la vista y los juguetes humildes de la época, la misma que estas generaciones no conocerán.

Era un Navolato más regional, más pueblo. Ingenuo y con esa inocencia mezclada con actos generosos de buenas personas que se conocían todas, nos sentimos seguros y protegidos.

El ambiente era único, mágico. Todo niño iba corriendo a inspeccionar su puesto favorito. Recuerdo los ojos llenos de emoción de mi hermano al ver colgadas y balanceadas por el viento los cartones con pistolitas de pólvora. No sólo él, era cada niño que se detenía hipnotizado por los juguetes.

Podían acariciar el cerro de trompos y baleros de madera barnizada en hermosos colores. Probaban la 'puya' chupando el dedo y dando un paquetito a manera de cuánto filo tenían. Los ojos del tendero fijos en muchas manos ansiosas por ser dueños de uno. Además de las redes de canicas. En otros cartones colgantes estaban las cintas de pólvora color ladrillo. El puesto sagrado que vendía desde arbolitos blancos y verdes, nacimientos y todo el paquete hecho de barro y pintado a mano.

Era para nosotros maravilloso tener la oportunidad de ver los puestos con sus foquitos encendidos parpadeantes llenos de vida, pasar diario y sentir que estábamos como en un cuento de Navidad

Había una diversidad de dulces que ya difícilmente existen, los huevitos confitados, estrellitas rellenas, paletas en forma de gallo de color rojo de tamaño considerable. Galletas humildes con cobertura de colores del arco iris, sabrosas y económicas. Las vendían sueltas o en cucuruchos.

En esa temporada ir al mercado era doblemente agradable, era pasar obligatoriamente por la verbena y ver esos lienzos de telas estampadas de noche buena a manera de cortina y como paredes. Siempre quise meterme a un puesto para ver cómo se dormía o se vivía, era una fantasía.

Ningún aroma salido de la verbena era indiferente para nadie. A veces olía a dulces de menta, a los bastones de colores, aromas dulzones de ates de membrillo y fresa, papel celofán pegajoso y delicioso. Donde había abejas había sabor. Donde había juguetes y dulces había niños. La verbena de esos años despertó en mí la creencia de otros mundos donde quería visitar... Esa fantasía me hacía feliz.

Como era la mejor temporada para los comercios, los camiones urbanos estacionados en la famosa 'Mariposa' centralita regional, era común ver subir sacos y sacos de grano, Maseca y mandado en los techos de dichos camiones. También las arañas que era transporte popular mucho más barato que un taxi u otro cualquiera.

Era un placer subirse a ese espacio reducido y sentir el viento en la cara, máxime si se le daba la orden al caballo de galopar... ¡Esa si era adrenalina pura!

Tres íconos de Navolato. Las arañas, la centralita camionera con su bolón de gente que daba un aire vivo al pueblo. La verbena frente al mercado, que a pesar de que ahora está en la plazuela jamás será igual porque los tiempos son otros, otra óptica, otra sociedad, personas que ya no están... Recuerdos que viven tal vez en muchos.

El Navolato del ayer.

Una de Manuelito Z. López

MIGUEL ALBERTO GODOY GUZMÁN

Manuelito Z. López

Como la mayoría sabemos, Manuelito Z. López era el eterno policía del mercado y la zona de tolerancia.

Dentro de sus facultades los policías le regalaban uniformes y placas en desuso para que se vistiera como tal.

Cuando andaba mal de su enfermedad no se quería bañar y su hermana Lupita que tenía un abarrote a la entrada del mercado se preocupaba mucho.

Nosotros éramos dueños en aquel entonces de las Carnicerías El Saucito en el mismo mercado y todos los días le dábamos una moneda de 10 pesos a Manuelito para sus cigarros.

Un día que no se quiso bañar en muchos días Lupita le platicó a mi hermano Juan Carlos lo que pasaba y le dijo "Voy a ofrecerle este billete de 20 pesos a ver si se baña". Y así fue. Llegó Manuelito en la tarde por su moneda para los cigarros y mi hermano le dijo "No, compadre, hoy no le daré porque no se ha bañado, pero si se baña le doy 20 pesos".

"¿Un billete, compadre?" preguntó Manuelito.

"Sí, un billete le voy a dar", y ni tarde ni perezoso fue y se bañó.

Y así fueron varias veces que mi hermano y Lupita hacían eso para que se bañara, cuando no, se le daban sus 10 pesos para los cigarros.

Pero un día mi hermano llegó tarde a hacer los cortes de cajas y estaba apurado contando las monedas.

Se para Manuelito por un lado y le estira la mano y mi hermano agarra una moneda de 10 pesos y sin voltear se la da a Manuelito y este le regresa la moneda y le dice, "No se haga pendejo, compadre, la bañada vale 20", y suelta una carcajada.

1977: el año más importante de mi vida

JUAN GENARO CORDERO MILLÁN

Hay años o fechas que te marcan o que son referentes en tu vida, en mi caso lo fue el año 1977.

A principio de ese año formamos mis hermanos Alberto (teclado), Polo (guitarra), Aurelio (percusiones), Charito (cantante) y un servidor (bajo) el grupo musical CACHORROS 77. Todos éramos jóvenes y adolescentes, acompañados en la batería por Óscar Alvarado, que de cariño le decimos "El Caimán" y representados por el profe Jorge Frías Elizalde, teniendo muy buena aceptación entre el público de Navolato y toda la región. Posteriormente se integraron Emilio R y Artemio Cruz.

Por aquellos años no había sonidos, karaokes, ni nada de eso, Se usaba pura música viva y recuerdo las tardeadas para los jóvenes donde tocábamos todos los sábados en el Club de Leones, eran de 6 o 7 p.m. a las 11 p.m. porque no había permiso de la sindicatura para más tarde. No había venta de cerveza, puro refresco, o sea que todo era sano y a medianoche ya estábamos en casa todos. Nos tocó una etapa muy bonita de nuestra juventud.

Ese 1977 y con solo 23 añitos me gradué en julio de ese año como Ingeniero Electricista, pero yo ya estaba trabajando desde el 76 en el ingenio como dibujante gracias al apoyo del Ing. Juan B. Vázquez Rivas y haciendo mis prácticas profesionales también, o sea que ya me las miraba negras para cumplir todas las actividades entre ensayos, tocadas, viajes, desveladas y tenía que estar a las 7 a.m. en el ingenio, pero Dios nunca me dejó de la mano y salimos siempre adelante. Deje el grupo musical en 1983 por motivos de mi trabajo profesional.

Trabajé 37 años en el Ingenio "La Primavera" hasta el cierre en el 2013 donde escalé todos los puestos hasta llegar a la superintendencia general de fábrica.

También en octubre de 1977 fallece mi padre Don Juan Cordero Macías, dejando una numerosa familia de 12 hijos que había que sacar adelante porque el más pequeño tenía 7 años y todos en la escuela. En ese entonces sólo trabajábamos mi hermana mayor Nelly y un servidor y teníamos que sacarlos adelante, todo lo que percibíamos se lo dábamos a mi madre para solventar los gastos, sólo lo de la música era para mis necesidades. Varios de mis hermanos lograron estudiar, otros no, pero la necesidad y los valores que heredamos de nuestros padres nos han mantenido unidos hasta la fecha y le doy gracias a Dios por regalarme una gran esposa, 4 hijos maravillosos y 6 nietos que son mi adoración.

Entonces 1977 fue el año más importante de mi vida, sin duda, por las siguientes razones:

1. La pérdida de mi padre
2. Me gradúe de ingeniero industrial eléctrico
3. Inicié mi vida laboral
4. Conocí a mi novia, que hoy tenemos 43 años de casados
5. Iniciamos la vida musical con los Cachorros 77

Una añoranza acuática

ARNOLDO LLANES MEDINA

Pensé que escribir lo que añoraba seria sencillo, pero resultó más difícil de lo que me imaginé. Decidir de lo que me tocó vivir durante mi infancia o juventud en este hermoso pueblo que me vio crecer y formarme no resulto tarea fácil. Fueron muchos y en distintos escenarios y todos ellos, independientemente de dónde y con quienes los pase fueron maravillosos e importantes. Desde jugar al trompo o la canica con los chavos del barrio los alcanfores o las escondidas o bien aquellos juegos de béisbol con la pelota de hule en el casi olvidado Jesús Escobar; no obstante, me inclinare por aquellos momentos que viví junto a mis amigos y hermanos de la calle, los Malacas (así les digo de cariño). Ellos, pertenecen sin duda a una de las familias en mi opinión de las más conocidas en nuestro municipio: los Malacones. Con ellos, por una rara coincidencia nos unieron lazos más allá de la amistad ya que con el pasar de los años me enteré que teníamos familia en común: los Malacón Llanes. Con ellos, pasaba largas horas del día, incluso, varías noches me quedaba en su casa. Era por decirlo de un modo, uno de los espacios favoritos y también el lugar sede donde planeábamos nuestras travesuras y vagancias. Junto a ellos, aprendí a nadar en aquel nostálgico e inolvidable rincón llamado La Posita. Era un área del Rio Culiacán que pasa por nuestro Navolato y del cual no sólo nosotros sino muchos de nuestro querido municipio solíamos visitar.

Ahí, quienes en muchas ocasiones nos fugábamos de casa sin el respectivo permiso de los padres, las horas trascurrían entre risas y juegos. Hacíamos valer cada segundo que pasábamos pese a los regaños que nos esperaban al llegar a la casa paterna. Uno de esos juegos que disfrutábamos de la compañía de amigos y familiares era los caballazos en el agua. Se formaban parejas y uno de ellos en el hombro del otro, enfrentábamos a otra pareja y el vencedor era quien tiraba primero al que estaba en el hombre del otro que osaba enfrentarnos. No podía faltar la conea, versión acuática. Un clásico juego donde uno del participante tenía que alcanzar a otro para tocarlo y al hacerlo, quien era tocado tomaba el lugar y él a su vez debía hacer lo mismo. Hacerlo fuera del agua representaba un reto y esfuerzo, pero hacerlo dentro del agua y nadar o bucear con la finalidad de no ser tocado daba un toque especial. Pasaban las horas y solo dos cosas hacían posible que el juego terminara. El cansancio y el hambre que nos invadía. El primero no era difícil de hacerlo terminar, bastaba con renunciar al juego y tirarnos a la orilla en la arena junto al rio en la espera paciente que los demás se cansaran y nos hiciera compañía. Lo segundo, salvo que alguien muy previsor llevase algo que comer (algo que no era muy común) era más complicado ya que salvo que durante el camino a casa alguna de las huertas frutales que había en las tierras previas al rio tuvieran fruto o que habiéndolo nos fuera posible hacernos de ellos calmábamos de momento el hambre que el estar tanto tiempo en el agua nos provocaba. Pocas veces tuvimos así que apresurábamos el paso para llegar a casa de mis amigos donde saciábamos el hambre con aquella olla de frijol que como siempre parecía que nos esperaba.

Crónica de la Escuela Primaria Lic. Benito Juárez

ALBERTO CORDERO MILLÁN

Foto: archivo del profesor Hilario Guzmán Landeros

Siendo maestro de guitarra y teclado de la Escuela Municipal de música, la cual inicio en dos aulas prestadas por la dirección del turno matutino de la Escuela primaria Lic. Benito Juárez, uno de tantos sábados del año 2005 veo una persona sexo masculino, de pelo largo y canoso con ropa deportiva, recorriendo los pasillos de la planta alta, le pongo atención porque se me hizo conocida su cara, al verlo bajar y reconocerlo le digo "¡Maestro Panchito!" Era mi maestro de Ética, Lógica y Filosofía en el grupo de la primera generación de Prepa UAS. "¿Se acuerda de mí?" Me ve de arriba abajo y dándome un fuerte abrazo expresó: "Alberto Cordero

Millán #4 de mi lista de asistencia" dijo sonriendo. "Cómo olvidarlos si los recuerdo a todos, así como vine a recordar mi escuela Benito Juárez, mis aulas donde estudié y mis maestros. Aquí estudie mi educación primaria", me dijo, "y recuerdo a mis compañeros y ese huanacaxtle por donde nos bajábamos del segundo piso, me imagino que tú también estudiaste aquí y debes tener buenos recuerdos de la escuela, de tus amigos y tus maestros".

"Así es, profe", le contesté.

"Me dio mucho gusto saludarte, pero debo continuar con mis recuerdos".

Dándome la mano nuevamente exclamó, "Salúdame a tus excompañeros de la prepa de mi parte", y siguió su recorrido por su escuela, nuestra escuela, la Benito Juárez.

La Preparatoria Navolato inició sus actividades en una vieja casona propiedad de don Manuel González por la calle Benito Juárez al norte rumbo al rio, en el segundo año se cambió a la esquina de Almada y Ramón Corona atrás de lo que hoy es el Teatro del Pueblo.

Me quedé con un gusto enorme de volver a ver a nuestro profe "Panchito", su nombre Francisco Uribe Beltrán, quien vivía donde fue la Botica "San Francisco" por la Hidalgo en nuestro Navolato.

Una historia para recordar...

JUANITA PÉREZ ESPINOZA

Foto: Pablo Sáinz-Garibaldi

Sonaba el despertador a las 2 a.m. y el recordado comerciante del Mercado Hidalgo mi abuelo Odilón Pérez Soto (finado) colocaba sus pies sobre sus calientes pantuflas.

Mientras tanto, en otro extremo del patio, acostado en un blanco catre de lona, Daniel Pérez (mi hermano), se levantaba a la voz de mando de su abuelo, que más que eso, tanto María de Jesús Espinoza Félix y Odilón Pérez Soto, eran nuestros padres que a falta de nuestra madre María Aurora Pérez (quien falleció el 24 de septiembre de 1973), ellos nos registraron como hijos.

En instantes en la hornilla, la calentadora con agua para café ya estaba hirviendo. Tomar algunos sorbos antes de irse al mercado de Abastos para surtir varias arpillas de verdura y fruta, para la venta en el local del mercado, lugar que atendía Don Odilón desde antes que se quemara el mercado. No sin antes compartirles que antes de ese suceso, él tenía su tienda de abarrotes.

Sucedió el siniestro aquel día en que la mayoría de los comerciantes lo perdieron todo, pero gracias a la buena costumbre de mis abuelos que en grandes botes de manteca (lavados) ellos guardaban sus ahorros en monedas, sólo se llevaban los billetes a casa.

Cuando logran apagar el fuego, muchos lamentan sus pérdidas, incluidos mis abuelitos.

Sin embargo, se percatan los rescatistas y bomberos, que en el puesto que había quedado de ellos, había 4 botes grandes que estaban obscuros por la lumbre, ahí con unas pinzas grandes los sacan a enfriar, y la sorpresa que había mucho dinero ahí dentro de cada uno de ellos.

Con eso, logran recuperarse y poner de nuevo, pero esta vez fue de fruta y verdura, puesto que logró permanecer hasta 1988 en que, debido a una enfermedad, tuvo que vender.

Él fallece el 2 de febrero de 1989. María de Jesús el 10 de enero de 1995.

MORALEJA: No importa en qué circunstancias te encuentres NUNCA DEJES DE AHORRAR.

Villa Juárez en el corazón

BENIGNO AISPURO

Regreso en la tarde soleada tras visitar Villa Juárez, Navolato, a donde fui por cuestiones de trabajo y con la dulce esperanza de ver a mi hermano el menor por allí. Mucho ha cambiado Villa Juárez desde que lo conozco. Pocas calles pavimentadas y de cada 1o habitantes que miro, nueve son de clara raíz indígena. Tengo una fuerte e histórica relación con Villa Juárez. Esta comunidad y la mía nacieron al flujo del riego controlado que propició la construcción de la presa Sanalona, en 1947, como Costa Rica y muchas comunidades del valle de Culiacán.

En la plazuela se congrega una multitud para disfrutar de un festival artístico. Entre los altos árboles, a un costado del dren, entre basura aplastada y negocios aun abiertos.

Mezclado entre los pobladores, entre chicos y grandes, miramos a Elisa Carreón y a su grupo de rock para niños Pistache. Inicia entre notas eléctricas, bañando con espuma blanca al público.

El agricultor don Daniel Cárdenas, que está al mero enfrente, queda bañado para su mala suerte.

Ha venido a ver cómo va el programa que su Fundación Cárdenas junto con agricultores de la región (la asociación Parques Alegres, por supuesto), están impulsando, "Rescatemos de corazón Villa Juárez", el cual coordina Lilia López Ceniceros, y que no sólo es este espectáculo artístico con que apoya el Instituto Sinaloense de Cultura, sino que va más allá, con labores de altruismo social y de creación de ciudadanía.

Elisa Carreón y su grupo de rock Pistache congregan a los niños, los pone a brincotear, a cantar, a bailar con sus padres; les presta sus 5 minutitos de fama, un apapacho para el alma. Río cuando al terminar, la vocalista lanza otra oleada de espuma y don Daniel salta de su asiento en mero enfrente, huyendo para evitar ser bañado otra vez. Reímos juntos a la distancia.

Miro al grupo Tablas, con su obra teatral "El vagamundo", una divertida forma de viajar, y al payaso Pipika haciendo payasadas y recordándome uno de los primeros sketches que miré, en mi infancia de circos de rancho, el del Dictado, y me río como un enano junto con el montón de niños que rodean al payaso.

-Esto es lo que hace falta aquí- me dice un señor al lado-. Más cosas como estas, que la gente sonría más.

De acuerdo. No todo en la vida han de ser sombras, pienso mientras le digo algo.

Un adolescente del grupo de danza folclórica "Pueblo Mestizo", de esta población, provoca admiración al bailar sólo una polka de Nuevo León. Es sorprendente su habilidad. Todos le aplaudimos, entusiasmados. Sin duda, es la joya del grupo que dirige el maestro Valerio Quintero.

Al rato, con sones de tambora sinaloenses, regocijarán a los presentes, una gran multitud que no miré la otra tarde de domingo que vine.

Leonardo Yáñez se prepara para bailar su "Danza del venado". Mientras, camino alrededor. Al otro lado del dren, dos equipos de futbol se disputan un partido, con porras y todo.

Recuerdo que, cuando iba llegando, otra multitud se congregaba en otro estadio, para ver otro partido.

Me sorprende también ver a personas tomando cervezas en la avenida soleada, sin que ni una policía los toque con el alcoholímetro. No lo repruebo, pero en

Culiacán no puedo ni oler a alcohol sin que me lleven al Torito.

Paso por las calles azotadas con ira y estrépito por la violencia estos últimos meses. Recuerdo la imagen de una madre rasgándose el alma ante el delgado cuerpo quebrado de su hijo, en moto, camiseta negra y cachuchita igual y la visera recta... Las madres, las otras víctimas de la violencia asesina.

Villa Juárez en el corazón, campos soleados, verde que te quiero verde; viejos caminos rurales que conozco como la palma de mi mano. Los eucaliptales en su sitio, San Pablo, San José, La Pequeña Joya...

Me encuentro a unos jornaleros indígenas en su día de asueto, que regresan de pescar en el canal, por rumbos de Campo Estrella. Se me quedan pegadas las sonrisas de dos de ellos, que traen unas sartas de grandes bagres para freír en la cena. Sonrisas que alumbran sus caras morenas y que logran opacar la luz del sol de octubre.

Les saludo con una sonrisa y me responden orgullosos con sus sonrisotas.

...Y yo que nunca pude pescar más que unas pocas y méndigas chopitas que con batalla daban sabor a la manteca, pienso con secreta envidia...

Pero con todas esas sonrisas me quedo como recuerdo del verdadero y amado rostro de Villa Juárez.

Quien abandona su pueblo

JUAN CARLOS SÁNCHEZ MARTÍNEZ

Quien abandona su pueblo normalmente no lo hace por gusto, o te llevan o lo haces por perseguir tus sueños. El mío era ser un abogado sobresaliente y líder. Cada quien tiene el suyo. Eso me llevó a esta tranquila ciudad de La Paz, la cual me arropó y con el paso del tiempo me hizo sentir uno más. Pero siempre tienes en la mente a Navolato, su comida, su gente y la familia.

Irse por decisión propia es difícil, por la inseguridad de que salgan o no las cosas, porque seguro se queda llorando la madre por tu partida y porque a dónde vas no conoces a nadie.

Pero la necesidad arraigada que tenemos los navolatenses de triunfar, nos impulsa a salir a 'hacerla' en otro lado, para poder gritar con orgullo "Desde Navolato vengo".

Por eso estoy acá en La Paz, donde me vine sin conocer a nadie y gracias a Dios, hoy soy uno más en la ciudad, me vine a "hacerla" y lo logré.

Una anécdota de mi vida en Navolato

MARÍA ELENA ÁLVAREZ MANILLA GARCÍA

En 1978 después de 23 horas de viaje arribamos a la ciudad de Culiacán, Sinaloa, me sentía agotada después de ese largo viaje en autobús. Era la primera vez que había pasado la noche y el día viajando por carretera. Estaba emocionada porque iba a conocer la tierra del que en ese momento era mi esposo. Expectante esperamos recoger nuestro equipaje para abordar otro autobús que nos llevaría a Navolato.

A lo lejos divisé enormes pitones anunciando que habíamos llegado a Navolato, se trataba del emblemático ingenio azucarero "La Primavera".

Los días consecutivos me llevaron a conocer los alrededores de Navolato; me llamó poderosamente la atención la extensión de sus verdes tierras, los sembradíos de caña se extendían de norte a sur.

Mi mirada se perdía entre lo verde de los campos. De pronto vi muchas sandias irregularmente esparcidas sobre la tierra y pregunté, "¿Por qué tiraron tantas sandias?" ¡La carcajada no se hizo esperar! "¡Así es como nacen las sandias!" ¡Ups! Me sentí avergonzada por mi ignorancia, citadina como era, yo había visto cientos de sandias en el mercado, en el supermercado, pero jamás hasta ese momento vi un sembradío de sandia.

Este suceso dio pie a otras preguntas: "¿De qué color es el camarón?" Mi respuesta fue "Naranja". Otra vez las risas de aquellos que me acompañaban.

De esta experiencia bochornosa había aprendido dos cosas: el camarón era de color gris azulado y las sandias eran sembradas en un terreno llano.

En noviembre del año 1985, después de haber vivido el terrible terremoto que destruyó parte importante de la ciudad de México, decidimos emigrar a la ciudad de Navolato. Como ya mencioné, yo había estado en periodos vacacionales y ya conocía parte de su geografía, de su regionalismo cultural y de su gente. Sin lugar a duda una cosa es pasar unas vacaciones y otra cosa muy diferente es vivir allí e integrarse a la vida cotidiana.

El asentamiento no fue fácil, sobre todo por las grandes diferencias que implicaba venir de una de las ciudades más pobladas del mundo. Sinaloa representó mi segundo nacimiento, la inserción social no fue fácil, en ese tiempo ser "chilanga" era visto con recelo, se creía que los citadinos éramos personas arrogantes y su regionalismo marcó para bien mi personalidad.

En aquellos años Navolato me acogió como parte de una familia grande, las cosas simples tomaron una dimensión importante en mi forma de entender la vida. Ver un árbol de aguacate en plena calle me sorprendió gratamente, así me fui convirtiendo en chilanga-sinaloense y mi identidad quedó marcada por esta inmigración.

Fui parte del desarrollo de Navolato, y de su hermosa verbena decembrina en la plazuela, así como de sus fiestas alegóricas, de sus calles polvorientas, de sus hermosos atardeceres y del clima caluroso que porque allí conocí el calor infernal.

Como segunda profesión le debo a Sinaloa el formarme como psicóloga en la Universidad Autónoma de Sinaloa, profesión que amo y respeto profundamente.

Finalmente, rindo homenaje a Navolato, donde tejí una parte fundamental de mi historia. Allí, mi legado culmina con mi hija y mi nieta, quienes hoy encarnan y sustentan la esperanza de que es posible forjar un mundo mejor.

Quiero agradecer profundamente a Pablo Sáinz-Garibaldi quien me invitó a participar en este libro, "Desde Navolato añoro: testimonios navolatenses". **Nota del co-editor, Pablo Jaime:** Gracias a Dios la maestra María Elena fue mi profesora de tercer grado en el Colegio Dolores Salido de Almada en el ciclo escolar 1987-1988.

Oda al obrero

PABLO SÁINZ-GARIBALDI

Foto: archivo de Rudy Mendoza

La vida de un obrero en el Ingenio La Primavera era una danza de sudor y fuego. Desde el amanecer, cuando el sol apenas rozaba las llanuras de Navolato, se levantaba con la certeza de un día igual al anterior, pero cargado con la esperanza de cada jornada. Las manos callosas, curtidas por el tiempo, tomaban la herramienta con la firmeza de quien sabe que su trabajo es su vida, y que en cada movimiento, en cada golpe, se construye el sustento de su familia.

El pitido del silbato marcaba el inicio de la faena, un sonido que se colaba entre las casas, como un grito que despertaba al pueblo entero. Con ese pitido, el ingenio cobraba vida, y las enormes calderas rugían con el ardor de la caña que se quemaba. El aire se llenaba del aroma dulzón de la melaza y del humo que ascendía en espirales al cielo. Pero también caían cenizas, pequeñas manchas de un trabajo que era más que solo esfuerzo; era una prueba de resistencia, una promesa de sacrificio.

Durante la zafra, cuando la caña se cortaba y el ingenio no descansaba, las noches se volvían eternas, y los días, un mar de sombras danzantes entre las plantaciones. Las cenizas caían como lluvia negra, posándose sobre los techos, las calles, la piel de los obreros. Algunos decían que esas cenizas eran el polvo de sus propios sueños, fragmentos de una vida que se consumía lentamente entre el calor de las calderas y el ritmo monótono de las máquinas.

Y cuando el pitido final del día resonaba, una mezcla de alivio y cansancio se apoderaba de los cuerpos. El regreso a casa era silencioso, con los pies arrastrando el cansancio sobre el suelo polvoriento. En la noche, el cuerpo dolía, pero el espíritu se mantenía firme. Había una cierta dignidad en el esfuerzo, en ese sacrificio diario que se hacía para sostener a los suyos.

El ingenio era más que un lugar de trabajo; era un símbolo de la vida misma. En sus entrañas, cada obrero dejaba un pedazo de su ser, un fragmento de su historia, mientras las cenizas seguían cayendo, como una memoria viva de aquellos días que se consumían en el fuego, pero que jamás serían olvidados.

Cruzando la ciudad

CARLOS RODELO MORALES

Foto: archivo del profesor Hilario Guzmán Landeros

En la segunda mitad de los 90, cuando yo estudiaba la carrera de licenciado en Arquitectura, por las mañanas se trataba de madrugar a las 4, 4:30 de la mañana, para alistarse y prepararse, para que entre las 5:30 y 5:40 a.m., estuvieras ya listo en la parada de pasajeros oficial (es decir, cualquier esquina), para tomar el autobús que te llevaría hasta Culiacán, ya sea hasta el complejo de Ciudad Universitaria, o en la agencia de la Ford, en la esquina de la Obregón, para quienes asistían al Tec de Culiacán u otra escuela de nivel superior o incluso preparatoria.

Era un simulador de un rally, cuando se te hacía tarde y tenías que correr rumbo a la calle La Costerita, mientras el camión te esperaba, con todas las miradas de los demás pasajeros encima de ti, como diciendo: ahora hay que esperar a este que se le hizo tarde.

Sin embargo, cuando madrugabas, Dios te ayudaba; ya que podías alcanzar el autobús, sin sudar ni correr, sólo esperando unos minutos para abordarlo. Cualquiera que fuera el caso, era salir aún a oscuras, ganarle al sol, de lo contrario, se te pasaba el camión y llegabas tarde a las clases.

En muchas ocasiones, ya de novio con quien hoy es mi amada esposa, Rosario Haro (Chary), recuerdo pasar por ella a su casa y esperar el autobús juntos. A veces, se nos hacía tarde y allí íbamos, corriendo, tomados de la mano y yo con mi maqueta o con mi portaplanos, con mi mochila y la mochila de Chary. Era toda una aventura.

Además de evitar todo eso, también tenías que estar puntual si querías alcanzar lugar para irte sentado hasta tu destino, ya sea en el autobús de El Bledal, o el de La Vuelta, o el de El Potrero, o el de Altata, que éste último, aun cuando pasaba después de todos, por lo general se arrancaba quemando llanta e iba hecho la mocha, y qué decir si te sentabas en los últimos asientos, aquella botadera era épica con cada hoyo, vado o tope que se volaba a gran velocidad; llegabas todo desmollejado; pero vivir todo eso de joven, era agarrar un curonón (pasarla cool, para la chaviza).

Nosotros nos subíamos acá en la Calderón, a la altura del Oxxo que está cerca del ISSSTE. Una vez ya sentados, era un peregrinar de paradas en cada esquina de La Costerita, subiendo pasaje de puro estudiante en su mayoría. Se tornaba un tanto largo el camino de salida de Navolato, y si tenías prisa, ¡nooombreeee, looocoooo!

Ya para cuando llegábamos al cruce de la Juárez y Costerita, el autobús iba rebosando de pasajeros, no cabía un alfiler. Justo allí en la esquina en el abarrote de Licha, era rezar para que el autobús se siguiera derecho, rumbo al Colegio Dolores para tomar la Calzada Almada y de allí rumbo a la salida, hacia el ingenio La Primavera, pero era cuestión de que el autobús empezara a enchuecar las llantas, girando un poco hacia la izquierda, para saber que entraría a la Central y tardaría unos minutos más en salir de la ciudad, minutos que en esos momentos eran eternos.

Ya rumbo a la salida, la penúltima parada importante era en el Seguro, en la entrada al parquecito frente al IMSS, mágicamente se subía otro tanto de pasajeros, expandiendo más la capacidad el autobús. No lo sé, pero los choferes imagino que en los fines de semana practicaban o ensayaban metiendo gente al camión, para ver cuántas personas le cabrían cómodamente.

Ya para la salida, la última gran parada, era en la esquina de la Arrocera, allí, subían tanto estudiantes como trabajadores de fábricas y demás pasajeros; nuevamente se ampliaba el interior del autobús, para que más personas pudieran llegar a su destino esas mañanas. Hasta era un deleite para la carrilla, observar al que se quedaba agarrado del pasamanos en la puerta del autobús, mientras éste avanzaba unos 200 metros y ya podría cerrar las puertas el camión, apretujando contra el cristal los cachetes de este último pasajero levantado allá en la Arrocera.

Ya rumbo al oriente, rumbo a Culiacán, era irse enfierrados, y bien agarrados de los asientos o el pasamanos superior, porque si no, llegabas con moretones, con la maqueta hecha jiras, mis planos como buñuelos navideños, y todos los pasajeros zangoloteados.

Una gran aventura desde la Calderón hasta el Ingenio, la que nos tocaba vivir todas las mañanas.

Recordando lo bonito del 14 de febrero

ALBERTO CORDERO MILLÁN

Hoy en el día del amor y la amistad me doy cuenta que es muy diferente al de nuestro tiempo, hoy le llevan a la novia grandes ramos de flores, enormes osos de peluche con montones de globos y pasan largo rato juntos en la sala de la residencia de la novia con tanta confianza, aunque jamás hayan platicado con los padres de la novia, o al menos pedir permiso para visitarla en su casa.

El romanticismo de antes era muy diferente al actual, desde que comenzaba a caer la tarde la plazuela se llenaba de jóvenes y jovencitas recorriendo los pasillos de la plaza unos en un sentido y otros en sentido contrario riéndoles y echando el ojo para ver si había alguna conquista y regalarle alguna flor, la serenata con guitarras a la media noche era lo máximo para la novia así como la solitaria rosa con su tarjetita escrita de puño y letra del enamorado, desde las 10 de la noche la botella y las bancas de la plazuela se llenaban de amigos afinando guitarras y gargantas mientras nuestro querido guardián del orden don Panchito uno de los pocos policías del pueblo, custodiaba dando vueltas alrededor de la plaza sabedor que no habría ningún contratiempo porque la muchachada como él decía, se portaba muy bien. El momento exacto para iniciar las serenatas era en cuanto el reloj de la iglesia diera las doce campanadas, hora exacta en que "El Mocho" parecía con su escoba hecha con hojas de palmera e iniciar la limpieza de los pasillos y jardines de la plazuela Vicente Guerrero, poco antes empezaba la caminata o los más afortunados abordaban algún auto de algún amigo o enamorado que los llevará hacia la casa de la adorada dama que recibiría la clásica serenata iniciando con (despierta, dulce amor de mi vida, despierta, si te encuentras dormida).

No faltaba el padre celoso que asomaba la nariz por la ventana escondiéndose tras la cortina para conocer al pretendiente o al osado amiguito que le traía serenata a su amada hija, mientras la esposa asomaba por la puerta emocionada porque su muchacha ya tenía un enamorado valiente que se animó a demostrar su hombría.

Antes, al llegar cerca de la casa, el nerviosismo del galán se hacía presente, preguntando qué canción y si él tenía que estar frente a la ventana o se quedaba unos metros atrás, siempre recomendábamos: tú al frente junto a la ventana para iniciar la primer canción, al estar frente a la ventana o balcón de la adorada, poco antes un trago de vino o cerveza para tomar valor, después del primer tema era de rigor que la novia salía a la ventana y luego a la puerta a recibir la tan esperada flor y era el momento del premio del enamorado recibir el tan anhelado beso.

Por la tarde la pareja salía a la plazuela a caminar por sus alrededores presumiendo el joven a su hermosa chica para después llevarla a cenar ya acompañados de otras parejas o de algún "chaperón" a alguna cenaduría de moda y al final llevarla antes de la medianoche de regreso a casa con sus padres.

Cuántas serenatas me habrán tocado amenizar, ni yo lo sé, lo que sí sé es que el romanticismo debe prevalecer por los siglos de los siglos.

La Alameda

Eduardo Burgueño

Foto: archivo de Rudy Mendoza

La Alameda del ingenio al pueblo navolateño tenía entonces frondosidad selvática, solo entrelazada por añejas palmeras mecidas parsimoniosas por los aromáticos y terrosos vientos costeños.

Siendo también la razón, por la cual resaltaban cuatro bellos ejemplares arbóreos en la ruta de aquella calzada azucarera: el Sabino a la entrada de la fábrica de dulce donde la Chayo de "Chico Pájaro" y la Chuyina su hija, atendían un puestecito de refrescos y más chucherías, que era un cajón montado sobre la rejilla humeante del agua "apestosa" residual de la factoría y a pleno sol día y noche.

Enfrente del Sabino calzada de por medio, un viejo capule sobrevivía junto al canal apestoso con increíble fortaleza, dando cobijo a don Nicolás Burgueño y su vendimia de frescas y azucaradas sandias "negras" cosechadas entre el agua salada de la "isla" de Malacatayá.

Ya llegando a la calle rumbo a "La Experimental" junto al canal alimentador de agua al ingenio, aquel singular ayale con su bella floración, hojas en forma de cruz, y desde luego sus verdes frutos en forma de bule. Y frente al cañaveral donde ahora es el IMMS-Navolato frontera con la colonia Obrera; la temida bebelama y su terrorífica leyenda de "la gallina con pollos", la cual se le "aparecía" a los trasnochadores etílicos, a los "tahúres" o al maldecido "negro" que se colaba en lechos maritales ajenos, convirtiendo en seres vacunos a incautos masculinos.

La Verbena ha traído alegría a las familias desde siempre

JACQUELINE SÁNCHEZ

Años atrás, las familias de Navolato tenían pocas alternativas para adquirir los regalos navideños para sus hijos.

Uno de los mejores recuerdos de Óscar Sánchez Pérez es precisamente cuando era un niño y vivía junto con sus padres y hermanas en lo que por el año de 1950 era conocido como el Campo Nando Salas, por allá donde se avecinaba don Pancho Lago, mejor conocido como "King Kong", en Navolato.

Sus padres, los señores Lázaro Sánchez y Elisa Pérez venían hasta el centro de Navolato desde aquel lugar, lo mismo era en caballo que a pie.

El matrimonio Sánchez Pérez emprendía camino con sus pesos en la bolsa y el ánimo de llevarles una alegría a sus hijitos.

Llegaban hasta la calle Benito Juárez, entre José María Morelos y Miguel Hidalgo, donde se situaba la Verbena.

Ahí adquirían los carritos de madera, trompos, yoyos, pelotas, muñequitas de cartón y unos cuantos dulces para que sus hijos tuvieran una feliz Navidad.

Los habitantes del centro de Navolato sacaban sus productos y los ofrecían a las familias que iban en busca de un regalito para esa fecha especial.

Lo que hacía que los niños de aquella época guardaran sus ilusiones de la infancia.

"De los mejores recuerdos de mi vida están las Navidades que pasábamos con mis hermanas y mis papás allá en el cerco, todas las mañanas del 25 de diciembre recibíamos pequeños regalos que nos hacían felices", recuerda don Óscar con una mirada de ilusión igual que la que muestran los niños cuando son felices.

Y es que así es como se crean las tradiciones, así fueron los primeros años de la Verbena de Navolato, que ya se ha convertido en una tradición. Sin embargo, los años han pasado, las generaciones han cambiado y también las ilusiones de los niños.

Cuando antes pedían un carrito de madera, hoy piden carros a control remoto, ya no piden muñequitas de cartón y menos trompos o yoyos, los niños de hoy en día llenan sus cartitas de gadgets y artículos tecnológicos.

Esto ha obligado a los vendedores de la Verbena a cambiar sus productos, y son justo lo que ofrecen a sus visitantes.

A pesar de que el tiempo pasa y todo cambia, lo que permanece intacto es la convivencia que se celebra en el lugar, la alegría de las familias que convierten la plazuela en una gran fiesta multicolor, con personas que van y vienen adquiriendo los productos que ahí se ofertan.

La Verbena es una tradición en Navolato, le da el color, el sabor, el aroma y te remonta a la dulce infancia, es en donde vuelves a ser niño y disfrutas tanto como antes.

Ahora a pesar de los años y de vivir en otra ciudad, cuando don Óscar regresa a Navolato disfruta de cada momento, de cada recuerdo y es de rigor la visita a la Verbena, llena sus bolsas de dulces típicos y no le falta comprar algún juguetito tradicional para sus nietos.

Asegura que la Verbena de Navolato es un lugar que disfruta mucho porque le recuerda el amor y sacrificio que sus padres hacían para que fueran felices y aunque los juguetitos y regalos no eran los más costosos, sabe que se los llevaban con el corazón.

Hay lugares que se llevan en el alma.

Nostalgia dulce

LEONEL AGUIRRE MEZA

Foto: archivo de Rudy Mendoza

Ese hermoso monstruo. Su mágico icono. Sus pitones. Nada más enclavado en los corazones de los navolateños. Sí, de ese, el pueblo más hermoso del mundo. Siempre, desde mi infancia inolvidable, soñé escalar el más alto.

Hoy estoy consciente de que ni mi actividad ni todos los años que me restan de vida, serían suficiente para darle forma a dicho propósito.

Es que es fácil enamorarse de ese increíble pueblo. Aún es un gozo caminar por sus calles, sus callejones y pasar por sus casas viejas y sientes que vas como recogiendo recuerdos, y siempre me remito a mi tata, don Félix Meza, en mi concepto, el mejor carpintero de la historia de Navolato.

"Socoyote, tráeme 5 pesos de cabeza con doña Úrsula y mientras, siéntate a platicar conmigo".

Fueron pláticas eternas y fascinantes, a veces sólo frente a noches lluviosas y sin luz, únicamente la tenue brillantez de una veladora. ¿Qué será de ese entorno? Ya no sé. Sólo sé que ese entorno ya no está, sólo los recuerdo.

A veces, cuando tengo tiempo de platicar conmigo mismo, me convenzo que esos recuerdos son de lo más valioso que llevo conmigo. Ya estoy tatuado y conmigo van, destinados a vivir conmigo, como huella imborrable, como la que deja un sueño que al día siguiente, placenteramente, se sigue recordando.

Yo nací, crecí y me cultivé en ese bonito paraíso y nunca dejo de recordar esos lugares que fueron parte de las vagancias y aventuras de la infancia.

Hoy que paso por esos lugares, las cantinas que sí eran cantinas, El Pial, El Colonial y El Palo Verde, que ya no están... únicamente sus recuerdos míticos. Como igual que el ingenio, nunca morirán. Ya quedarán pocos que recuerden esas cantinas. Su olor a aserrín con miados, como decían mis viejos.

Y de nuestro icono, su eterno olor a azúcar. ¡Qué hermosa mi infancia!

Qué oportunidad me ha dado la vida de gozar, de recordar.

Cuántos fantasmas, cuántas historias habrá en esos lugares históricos.

Yo no sé, sólo sé que mientras se sigan recordando no podrán nublarse en la triste sepultura del olvido.

Parientes

PABLO SÁINZ-GARIBALDI

Dos terceras partes de Navolato son mis parientes. De alguna u otra forma, si eres de Navolato, las probabilidades de que seas mi familiar son muy altas. Quizá tu abuelo era primo lejano de mi bisabuelo. O tal vez mi mamá es sobrina de tu papá. Hasta podríamos ser parientes cerquitas.

Mi esposa me echa carrilla que no sólo medio Navolato es mi pariente, sino que es más raro que alguien en la ciudad no sea parte de mi familia extendida.

Ella dice que gracias a Dios su familia vino de Badiraguato y de Angostura, y por el lado de su papá todos son de Culiacán. Si no, capaz que hasta ella y yo hubiéramos resultado parientes también.

Así que, si eres Sáinz, Rivera, Félix, Garibaldi, Gutiérrez, García, Morales, De la Vega, Quintero, Cervantes, Ferretti o si tienes sangre mayo-yoreme, vasca, china o italiana en Navolato, lo más seguro eres mi parientito, pariente.

A ver: levanten la mano quienes sean mis tíos o mis primos.

La enfermera más besucona

CARLOS RODELO MORALES

Foto: don Eduardo Burgueño, FOTEM

Contextualizando un poco, puedo comentar que mi señora madre, Isabel Morales, de los Morales de la hermana república de Bariometo, fue enfermera del IMSS de aquí de Navolato, allí inició y allí también se jubiló.

En una de tantas veces que mi madre me llevaba con ella a hacer un trámite personal al Seguro, o una de tantas veces que yo la visitaba en su trabajo, después de salir de mis clases de la Secundaria Federal Simón Bolívar, era saludar a todas sus compañeras de trabajo, y escuchar infinidad de veces: Hola, Carlitos, como te pareces a tu papá, a lo que mi sarcasmo natural y emergente respondía en automático y solo en mi mente: en efecto, yo creo que eso pasa porque es mi papá; o también otras frases que escuchaba era ¡hijoleeee, que grande estás ya, cuánto has crecido!, a lo que de nuevo mi mente rápido respondía, si, tengo esa manía de crecer cada día, y más aún en esta etapa de la secundaria; pero bueno, era el precio de ir a ver a mi mamá a su trabajo, obviamente la mejor enfermera de todas: mi mamá, la Chabe, la Isa, Chabelín o simplemente Isabel, como le decían invariablemente en el seguro.

Pero algunas ocasiones, mi sarcasmo se volvía endeble, débil y efímero; cual macho alfa valiente que deja de serlo al ver volar una cucaracha y perderla de vista; esto sucedía, al momento de divisar a lo lejos, desde la puerta que estaba en un extremo del gran pasillo que comunicaba a Farmacia con el área de Hospitalización, a la "Enfermera" o "Asistente Administrativa" más besucona, escandalosa, simpática (cuando quería) y paradójicamente, la más renegada de todas; la honorífica trabajadora del IMSS Navolato: Magaly García.

Creo que a la mayoría de los hijos de trabajadores del IMSS nos pasaba eso, o cualquier otro niño con cara angelical. Era cuestión de que la Magaly nos viera a la distancia para abalanzarse hacía nosotros, alcanzarnos, abrazarnos e intentar besarnos; a lo que yo en lo personal, buscaba zafarme y escabullirme de allí, cual contorsionista de circo, o cabeceando para que no me besara, como el propio Julio César Chávez en sus tiempos de gloria.

Una vez logrando escapar de esa trampa, mi madre diplomáticamente le sacaba plática a la Magaly y se interponía entre ella y yo, para distraerla de su meta u objetivo en turno: yo; o cualquier otro niño o adolescente incauto que quisiera apretujar y besar.

Las próximas veces que visitaba a mi mamá, era como de manera incógnito, ocultándome, escondiéndome entre pared y pared, en cada escritorio o atrás de cada puerta para no ser visto por la Magaly y evitar así, pasar de nuevo por esa serie de apretujones.

Al tiempo, después de días de estar a salvo de ella, yo me confiaba y bajaba la guardia y de la nada aparecía de nuevo y volvía a repetirse la historia, otra vez se presentaban los abrazos, besos y apretujones unilaterales de la Magaly hacía mí. Lo desconcertante y que antes de ser papá yo no comprendía del todo, era que cuando sucedía eso, se dejaba ver una risa o carcajada que emitía mi señora madre y, en muchas ocasiones, mi señor padre. Yo creía, inocentemente, que esa risa era más de nerviosismo y diplomacia, más que porque "se la curaban" mis propios padres con aquella escena sumamente incómoda y vergonzosa para aquel pobre niño inocente de entre 10 y 14 años. Ahora que ya soy papá entiendo todo. Yo también hubiera emitido esa risa "diplomática" si les sucediera a mis hijos.

Pero bueno, Dios la tenga en su Santa Gloria a la Magaly, la "trabajadora del IMSS" más besucona y abrazadora de todo Navolato.

Recordando los pueblos de mi Navolato

ALBERTO CORDERO MILLÁN

San Pedro, Balbuena, Campo Romero Villa Juárez, Campo Victoria, Laguna de Batauto, Las Puentes, La Cofradía de San Pedro, Las Bebelamas de San Pedro, Los Arredondo, Lo de Verdugo, Los Ángeles, Lo de Sauceda, El Tanque, Campo Ochiqui, La Palma, Campo Berlín, San Blas, Santa fe, El Tecomate, El Tigre, Monte Largo, Ejido Constituyentes, Los Pochotes, El Poblado, 5 de Mayo, El Indio, El Guamuchilito, Caimancito, El paraíso, Guasimitas, La Cofradía de la Loma, Río viejo, El Bolsón, Navolato, Limontita, Bariometo, La Cofradía de Navolato, Convención de Aguascalientes, La Sinaloa, Yebavito, El Batallón, La Laguna, Los Alamitos, Ciudad de los Niños, La Michoacana, Campo Acosta, La Curva, Campo Bital, Buenos Aires, La Pipima, La boca, Villamoros, La Michoacana de la 20, Villa Morelos, El Zanjón, Sataya, El Molino de Sataya, Las Bebelamas de Sataya, Vainoritos, El Castillo, El Contrabando, El Laco, El Aguapepito, Iraguato, El Realito, El Potrero de Sataya, Rosa Morada, Las Trancas, Otameto, Bachimeto, Toboloto, La loma, Baricueto, La Vuelta, El Infiernito, Bachigualatillo, El Limoncito, Lo de Reyes, El Chamizal, Bachoco, El Patagón, El Bledal, 5 Hermanos, Casas Blancas, La Higuerita, El Portugués, El Parral, El Vergel, El Continente, El Alto del Vergel, Ezequiel Leyva, Palos Colorados, La Primavera, La Huitacochi, Colonia Hidalgo, El Pintor, Las Aguamitas, Valdez Montoya, La Nanchita, La Bandera, La Gran China, Nuevo Cosalá, Campillos, Bariometo 2, El Tetuán Viejo, El Tetuán Nuevo, Avándaro, Altata, El Nuevo Altata, El Roble, El Tambor, Punta Yameto, Dautillos.

El paso de los fieles difuntos

JORGE ALBERTO AVENDAÑO

La casa de mi Nana Coyo y mi Tata Chonene está justo sobre la calle adoquinada y enbanquetada que lo lleva a uno desde la calle principal, la Juárez, por toda la Gómez Farías, hasta el panteón del pueblo, pasando por las casas, ahora de mis primas y antes de mis tíos y tías, los que en realidad eran algo así como mis abuelos o abuelas, pero que allá en la heroica villa de San Pedro de Rosales, y en general en Navolato, así se les dice.

Muchos nos hemos ido de San Pedro, muchos también han regresado, a veces por ratos, a veces para siempre, a veces nada más con la pura memoria, con el mero recuerdo de una vida a lo mejor más dura, pero también más sencilla. Y es que desde la distancia del tiempo parecería que el rancho ha cambiado mucho, sobre todo en sus formas, en los muchos lugares que hay para salir a comer algo, en las pocas bicicletas que ve uno en las calles adoquinadas y abanquetadas. Antes no era así, y no es que esté mal ahora, apenas y pienso que es diferente, pero sí se extraña llegar al pueblo, entrar por la carretera y contemplar las arboledas tupidas de pingüicas, álamos y árboles frutales, ver menos cercas y menos bardas aprisionando el horizonte de San Pedro.

La nostalgia lo vuelve a uno permisivo, no sé quién exista en el pueblo que extrañe las calles todas chuecas, cubiertas de pura piedra y tierra suelta, tostadas por el sol, o aquellos lodazales, cundidos de moscos, que surgían cada que empezaba a llover. No sé quién extrañe no tener drenaje o agua de la llave todos los días. Allá, en ese hogar, aprendí de carencias, sobre todo desde que mi hermano, mi hermana y yo nos acostumbramos a lo cómoda que era la vida en Culiacán, con drenaje, con agua todos los días, al contrario de allá, de ese lugar afronterado entre Navolato y Culiacán, en el que todo era lento, sin más diversión que ir a la plazuela o a uno que otro baile en las canchas deportivas ahí cerquita de la sindicatura, la iglesia y la primaria.

Ahí, en ese pueblo, cada tanto o poco tiempo hay velorios y procesiones y llantos; a veces en la casa, a veces en otras, pero casi siempre pasan por esa calle, por enfrente del terreno de mi abuela. Ahí, en San Pedro, en la casa de mi nana Coyo y mi tata Chonene, se aprende también a saber de la muerte, a saber qué hacer con ella cuando, desde lo lejos, desde allá de la plazuela, se escucha el doblar de las campanas. En aquellos tiempos nos alistábamos para que cuando pasaran los fieles difuntos todo estuviera en orden, sin música, sin picaradas ni tomadera abajo de los árboles.

Poco a poco alguna de mis tías le bajaría el volumen al modular de bulbos que nunca paraba de sonar con las canciones de La ranchera de Culiacán, de Los Tigres del Norte o con los episodios de la radionovela *Porfirio Cadena*, el ojo de vidrio. El volumen desaparecía hasta que de plano en el interior de la casa no se escuchaba más que el ruido de la carroza, los pasos y el llanto de la gente acercándose.

Yo me asomaba y, cuando ya en la cercanía veía a los deudos, enlutados, me escondía atrás de una pingüica para ver a la gente pasar. A veces, cuando el difunto era apenas un niño, o una niña, la gente iba tirando cuetes todo el camino; otras veces, las menos, sí a la persona se le había querido mucho en vida, por la calle toda chueca; cubierta de pura piedra y tierra suelta, tostada por el sol, quedaban charquitos de lodo, formados por la gran cantidad de lágrimas y sudor que se desprendían de los deudos.

De la caña al azúcar

JUAN GENARO CORDERO MILLÁN

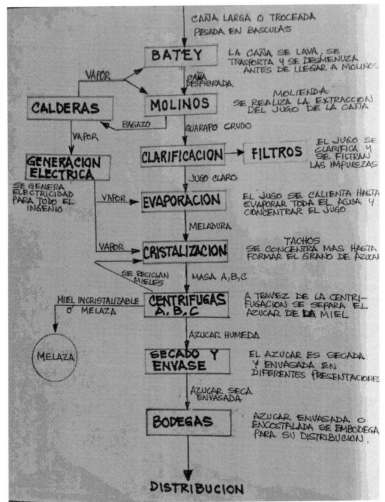

Para ilustrar un poco cómo era el proceso en el interior del ingenio desde que llegaba la caña hasta que salía el azúcar, hice este croquis con el fin de que se conozca someramente cómo se realizaba dicho proceso. Lógicamente faltan muchos detalles que comentar. Saludos.

El origen de la "ya no les den" a los golleteros, en Navolato

SERGIO MEDINA SOTO

Me tocó ser de los fundadores de la Cruz Roja en Navolato a los 12 o 13 años, posteriormente me convertí en Teniente Instructor de Socorrismo, fui el 3ro. en la Delegación Navolato después de Francisco Valenzuela y Jesús Sánchez Flores. Años después, culminé mi carrera como Médico Cirujano y Partero, luego me fui a Hermosillo, Sonora, donde realicé mi internado; posteriormente realicé mi Servicio Social. Trabajé en la Secretaría de Salud, clínicas privadas, Junta para el Progreso y Bienestar de Hermosillo, para la planta Ford Motor Company en el servicio médico, y terminé mi vida laboral como Médico Familiar en el IMSS UMF #37 de Hermosillo, y del Centro Médico Dr. Ignacio Chávez de ISSSTESON.

Recuerdo una ocasión viniendo de Culiacán hubo un accidente de dos vehículos donde uno de los choferes quedó prensado y me bajé del carro donde iba de raite con mi compañero Ramón Martínez Machuca. Después de evaluar la situación hablé con una persona que llevaba un tractor y otra con un camión, les amarramos unas cadenas, para jalar en sentidos opuestos le pedí a alguien que estaba a un lado que sostuviera el volante para que no se regresará en lo que yo sacaba al lesionado, sin saber quién era. Lo sacamos, llegó la ambulancia y ya estabilizado se lo llevaron los compañeros.   Cuando llegué a mi casa mi papá me pidió disculpas porque él era una de las personas en Navolato que nos decía "Bolsorristas".   Llorando me dijo: sabes quién era la persona a la que le pediste que no se regresara el volante, era yo hijo y hasta ese momento comprendí tu vocación como socorrista. Esa es una anécdota verídica que siempre la llevaré en mi corazón.

La distancia

Ciertamente me fui muy joven, y cuando estaba en aquellas tierras, lo que más añoré fue mi familia, la Cruz Roja, y mis amigos. Fue una etapa muy difícil porque al salir de tu tierra tienes que tener muchos contactos o ser bueno en lo que haces para salir adelante y la verdad a mí me fue muy bien gracias a Dios.

Ahora nos toca disfrutar de lo realizado. Lo único que me duele es que no alcanzó el tiempo para disfrutar más a mis padres... se fueron cuando ya tenía el tiempo para disfrutar de ellos, pero no me siento mal por qué les di en vida lo que ocuparon para vivir felices y Dios me permitió acompañarlos hasta su último aliento.

MI papá fue y sigue siendo orgullo para la eternidad: DON JAIME MEDINA, al igual que mi abuelo DON MAYO MEDINA, quienes junto a mi madre Alma Esperanza Soto Miller, y mi abuela Clementina Castillo, creo que son parte fundamental de la cultura e historia de Navolato.

Ya no les den a los golleteros

Una de las anécdotas que recuerdo de mi papá fue cuando Alma Griselda, mi hermana mayor, cumplió 15 años. La fiesta fue en la casa en la Colonia Ejidal, y fue a puertas abiertas. Cuando ya estaba oscuro empezó a llegar un montón de gente que ni conocíamos, entonces fue cuando mi papá Jaime Leonel Medina Castillo empezó a gritarle a los de la cerveza "ya no les den, ya no les den", porque ni tan siquiera lo dejaron llegar a dónde se estaba sirviendo.

A los días donde quiera se escuchaba en las fiestas "YA NO LES DEN", a los golleteros... Y hasta la fecha...

Siempre volveré, pero jamás volveré

JUAN CARLOS SÁNCHEZ MARTÍNEZ

Siempre que vuelvo a mi pueblo querido regreso con la ilusión de sentir el cariño de los seres queridos y mirar un poco de lo que deje atrás.

Encuentro a mis hermanos y familiares que aquí se quedaron, más la gente te trata como un desconocido, porque eso es lo que es uno para la mayoría, sin saber las lágrimas y sudor que dejaste en la plazuela, los sentimientos que en sus calles viviste, las risas que dejaste en sus campos y en el Club de Leones o Alameda Palace, según sea tu época.

Vuelvo, pero jamás vuelvo porque tu Navolato es otro al que dejaste, para bien o para mal, de eso hoy no hablemos. Llegas buscando los pequeños resquicios de lo que dejaste. Ya no está el Huanacastle, pero esta la botella, ya no está el Club de Leones, pero esta la plazuela, no está el kiosko Conrado Solís, pero esta mi papá mercado.

La familia pretende incitarte a comer tacos diferentes a los de Pancho Reyes o carnitas diferentes a los Burgos, asegurándote que el sabor es mejor, sin saber que tú no buscas un mejor sabor, sino el sabor del recuerdo. Ese nada lo sustituye.

Tal vez Navolato hoy es otro porque los que nos fuimos nos llevamos una parte de él en nuestro corazón.

Siempre volveré, aunque no vuelva.

Las navidades en Novedades Guadalajara

YADIRA SARMIENTO

En esta foto aparecen el señor Saile Zamora y la señora Griselda Aguilar, propietarios de Novedades Guadalajara y Novedades Rocío, junto a algunos de sus hijos y el padre Lomelí.
Foto: archivo de la familia Zamora.

Era más o menos el año 1983 cuando empecé a recibir mi Navidad en esta tienda, "Novedades Guadalajara".

Esa noble familia, Zamora, si mal no recuerdo, una pareja de esposos muy serios, educados y respetables, nos recibía todas las Nochesbuenas al terminar su jornada de trabajo. Hacíamos fila afuera de la tienda, yo era de esos niños pobres que su estreno de Navidad lo recibía de manos de esta familia, los recuerdo como si fuera ayer. Él señor alto, blanco, ojos chicos, su esposa blanca cabello ondulado, ¡muy guapa!

Niños en grupos de 5, desfilábamos por esas escaleras y al llegar a la parte alta estaban ellos, recibiéndonos con una sonrisa, música navideña, ellos con su voz baja y pacífica le pedían ayuda a sus trabajadoras y también sus hijos, unos niños muy amables y educados, nos ayudaban a encontrar ropa que nos quedara, recuerdo a una niña, un niño y una hija adolescente apoyando a la familia en tan noble labor, la de dar por amor al prójimo.

El famoso Chololo, quien también trabajaba en Churros   Machuca, se disfrazaba de Santa Claus para darle regalos a los niños en Novedades Guadalajara de la familia Zamora. Foto: archivo de la familia Zamora.

Recorríamos la planta alta, y yo sentía mucha alegría, era como estar en un lugar mágico y soñado, me sentía amada por personas que no eran nada mío. era un lindo sueño recibir ropa nueva porque mis padres no me podían comprar, a ellos no les importaba quienes éramos, solo querían regalar algo a todos esos niñitos que no teníamos para estrenar, al darnos la ropa ellos guiaban una oración que nosotros repetíamos, dábamos gracias a Dios y bendecíamos a todos los niños del mundo, al bajar de ahí nos daban una bolsa de dulces, ¡que bendición! Dios bendiga a esta familia que por años hizo tan feliz mi corazoncito y me vistieron hermosa en Navidad. Hicieron tan pero tan feliz a esa niñita que hoy los bendice.

No encontré mejor lugar para publicar mi agradecimiento a tan maravillosa familia, les envío besos, abrazos y mis gracias infinitas.

Aprovecho para decirte a ti que estás leyendo que si un día careciste seas agradecido, y si hoy Dios te tiene bendecido económicamente por favor regresa la dádiva regalando lo que puedas a quienes menos tienen. Saludos, mi Navolato querido.

Érase una vez un pueblo que se sentía lleno

CARLOS LEONEL URÍAS TABOADA

Lleno porque llegado el verano, sus calles dejaban de ser sólo calles y se convertían en el patio de recreo donde los más pequeños jugaban, donde en cada esquina te reencontrabas con alguien querido que se interesaba por saber de ti y donde por las noches, todos salían con sus sillas al fresco a respirar calor humano.

El pueblo, sin nada en particular, era un lugar mágico porque conseguía en muchas ocasiones que el tiempo se detuviese o, al menos, que las agujas del reloj fuesen a un ritmo más lento adaptándose al latir de sus habitantes.

Mágico porque según te acercabas a él, se alejaban los problemas y la sensación de sentirte protegido te arropaba el alma.

Mágico porque sus alegres campanas de la Iglesia anunciaban la misa del Padre Alejandro, el pitido del ingenio La Primavera anunciando la entrada y salida de sus Trabajadores, el Mercado Hidalgo con sus Clientes Mañaneros, La Güera Atolera con su venta de atole y gorditas, Miguelito el ciego tronando sus dedos y silbando una melodía, Tranquilino Niebla con su carreta de arena, el olor a caña quemada en sus tiempos de gloria, con sus 2 cines el Cine Royal donde se presentaban artistas de renombre y muy famosos,

el Güero Jaime con sus aguas de horchata y su pizca de limón, y Cine Alameda, no podía faltar la Casita de Dulces, el quiosco, las famosas arañas, el medio de transporte en carruaje tirado por caballo, Cuco el de la farmacia con su mono de cola larga Panchito, el famoso Cuachi con su camión de volteo y muchos más personajes que no cabrían en este escrito.

Aquí cada persona era importante: y así, de la manera más bella, sus habitantes escribían su historia sin darse cuenta de que estaban creando los recuerdos más entrañables de sus vidas y donde el pueblo era el escenario de todas estas historias, de las aventuras más divertidas.

Era testigo de las amistades más puras, de los primeros amores y de los secretos más ocultos. Era y es nexo de unión de cada uno de nosotros.

Creo que nuestro pueblo nos ha dado todo lo bueno y estoy seguro de que volverán a atraparte con sus risas y alegría de cada rincón, con la sensación de que sigues formando parte de esa familia... ¡Te amo, mi Navolato querido!

La fiesta, tres generaciones, tres vivencias: charla con Socorro Valenzuela, Elia y Dinorah Gálvez

JORGE ALBERTO AVENDAÑO

Es el principio del mes de junio, allá en San Pedro, Navolato, se acercan los rumores de la otra fiesta grande del pueblo, la otra, la que no tiene que ver con Antonio Rosales. Es la fiesta total, es la celebración del nombre y la identidad.

Estaban en la casa, metidas en el aire acondicionado, extendidas sobre la cama; libres, como siempre han querido ser. Tres generaciones de mujeres navolatenses, Socorro Valenzuela, de noventa y un años, y dos de sus hijas; las maestras Elia y Dinorah Gálvez. Empezamos a hablar de festejos, Dinorah, que siempre ha sido buena para bailar me dice "Esperábamos los bailes, el de San Pedro y el del 22 de diciembre, porque iban los muchachos de los alrededores, ¡eran gente nueva! Íbamos a checarlos, a los de aquí ya los conocíamos. Nos emocionaba saber quién iba a tocar, quién iba a amenizar la fiesta, cuál sonido pues. De eso dependía quienes venían, era todo a pura voz, no teníamos teléfono en los ochentas, había carreras de caballos, gallos y verbena. Cuando había sonido las fiestas eran más concurridas".

Y Dinorah suelta la risa, la cara se le ilumina con los recuerdos. Elia no se queda atrás, ella también gusta de adueñarse de los espacios felices, de lucir y, ahora que está cerca de cumplir sesenta, recordar sus tiempos: "Antes no se veían mujeres tomando cerveza afuera del baile, ahora no, ahora llegan las mujeres jalando su hielera y se ponen a tomar en bola" Dinorah la interrumpe, le dice que ahora en eso si hay igualdad, que en eso está parejo el piso.

La narrativa de Elia retrocede en el tiempo, recuerda cuando la gente aprovechaba el día de San Pedro para correr los ritos del bautismo, "La gente esperaba ese día, los más grandes nos quedábamos afuera de la iglesia para agarrar el bolo afuera de la iglesia, era una fiesta grande, con cerveza y barbacoa y no ocupabas invitación, nomás llegabas a la casa, antes la gente daba todo".

Doña Coyo se anima, se acomoda en la cama y se pone un poco más derecha —Estoy desvelada de una pachanga que fui—dice, para luego voltear los ojos hacia el horizonte de la recámara—Eran bonitas—continua— tocaba la banda del Cachi Anaya, yo vendía tostadas, gorditas, enchiladas, barbacoa, se usaba que adentro del baile ponía una las cosas a la orilla de la cancha, si había pleito arrancábamos y dejábamos las cosas ahí, se peleaban, al modo de los borrachos, con cuchillos y pistolas, pero el bote del dinero no lo soltaba; también vendí en un cine que había en la calle grande de aquí de San Pedro. Siempre vendía todo

Las tres coinciden; a los bailes no se llegaba sola. Según Elia y Dinorah, siempre tenían que buscar la compañía de las amigas o las hermanas, incluso, más antes, de alguna chaperona que tuviera la valentía y la voluntad de llevar juntas a las mujeres del barrio, a veces una tía ya más grande o a veces con la Monchi, la Ene o la Loya, entrañables vecinas del pueblo.

Para doña Coyo nunca fue fácil, ella no iba tan seguido a las fiestas, por sus deberes cuidando a los más chiquitos en su casa, porque, según ella, su hermana, Rafa, era la consentida y a ella si la llevaban a divertirse. Socorro iba, pero a vender. Cuando se casó con mi tata Chonene menos iba a bailar, aunque le gusta mucho. Todo era vender, trabajar... Aunque ahora, a pesar de todo, está agradecida con Díos, con sus hijas que la cuidan.

Los detalles abundan, Elia recuerda que no cobraban la entrada al evento, que le ponían un listón a los hombres que ingresaban a la pista de baile, para cobrarles después la bailada. Nora, como le decimos de cariño a mi tía la menor, menciona que había un comité organizador, sin embargo, con la llegada de los antros en Culiacán, la gente dejó de hacer vida comunitaria, empezó a irse.

"Las fiestas están regresando a como antes, la gente se empieza a reunir afuera de la pista, del campestre, ahora en sus carros, con su música, y aunque, por ejemplo, ya no hay carreras de caballos o peleas de gallos, ahora hay torneos de fútbol y de voleibol" dice Elia.

Existe, para ellas, para estas mujeres tan plenas, una verdad innegable, en cuanto a la fiesta, como dice doña Coyo: "Donde hay pachanga, ahí vamos".

Sabores en añoranza

ARNOLDO LLANES MEDINA

Sin duda alguna que disfrutar de algo siempre es una cuestión muy personal (algunos usan una palabra muy rimbombante y le dicen subjetivo). En el marco de la publicación de esta obra he obligado a la memoria hacer un esfuerzo sobrehumano e intenté traer a la superficie aquellos sabores que disfruté en mi infancia. Como dije, puede ser muy subjetivo, no obstante, esos recuerdos quedaron tatuados y a flor de piel. Como anticipé, es posible que no coincidan con los sabores que ustedes experimentaron, así que al leer esto vayan al baúl de los recuerdos y saquen los propios Y si se identificaron, añoremos juntos y volvamos a saborearlos.

Provengo de una familia muy numerosa y de muy escasos recursos. Mi infancia se desenvolvió junto al Estadio Jesús Escobar (donde hoy se encuentra la Escuela Secundaria SNTE), ubicado en la colonia Alcanfores. En ese domicilio, abundaban árboles frutales como mangos y ciruelas. Pese a la familia extensa que teníamos, es justo decirlo, hambre jamás pasamos, ya que la fruta estaba al alcance de nuestra mano. Mangos, ciruelas y guayabas constituían un excelente menú. Así que con el debido respeto (diría mi amigo don Chayo Gastélum), empezaré evocando aquellas hojas de ciruela verde que saboreábamos antes de que los árboles se llenaran de esos frutos, bastaba que las laváramos y sin más empezábamos a masticarlas hasta que ya sin ese sabor acidito que disfrutábamos terminábamos la molienda. Por supuesto que en ocasiones alternamos la ingesta de las hojas con las ciruelas mismas. La dieta de mango era imposible hacerla, cuatro árboles, debidamente formados como soldados en espera de recibir las órdenes, esperaban pacientemente quc se limpiara el hermoso fruto que proporcionaban. Siempre generosos y sabrosos, como olvidar esos mangos poposahues (entre verdes y maduro), con salsita, sal y limón, wow, riquísimos. Sin dejar de lado los mangos maduros y cuyos colores (amarillo, chapeteado entre rojo y naranja intenso y también duritos) anunciaban a través de ello, la calidad de su sabor. Estos se encontraban en lo más alto del árbol como negándose a ser consumido.

Como dejar de lado el sabor de la caña. Sin duda alguna, pocos navolatenses se privaron de su sabor. Las carretas que la transportaban pasaban por las calles de nuestro bello municipio y para deleite de nosotros nos colgábamos para arrebatarles a esos carros el sabroso producto, y cuya evidencia de nuestro logro eran las manos y parte del cuerpo manchado por el tizne de la caña quemada. Con el trofeo en la mano, corríamos a lavarla y a pelarla para cortarla en pequeños trozos y así beber el néctar de la caña y tirar el gabazo ya sin dulce alguno.

Fueron esos y otros sabores que endulzaron mi existencia en ese periodo de infancia. Esos y otros más, entre los cuales quiero dejar constancia como homenaje a un personaje que conocía a mi familia y que siempre estuvo dispuesto a colaborarme con su producto que ofrecía al público para su sustento familiar, pero que nunca fue una limitante para compartir conmigo.

Una nieve en la mano. Don Chayo el nevero (nunca supe su apellido) trabajaba en su carretita verde con amarillo y vendía nieves de La Tapatía, recorriendo las calles desde la Almada, los Alcanfores y retornando a la plazuela frente a la parroquia, me obsequiaba una bola de nieve y la ponía en la palma de mi pequeña mano para que no le cobrarán el cono. Siempre, incluso ya adulto, solía gritarme: ese, mi Llanes, ponga la mano para su nieve, repitiendo cada vez que lo veía ese gesto generoso que bendijo mi vida.

Es así que pude disfrutar de esos sabores durante mi infancia y que hoy desde Navolato añoro.

Fiestas tradicionales de Santa Rita, en El Bolsón

MARÍA ISABEL MEDINA GARCÍA

Las tradiciones y costumbres de los pueblos, les dan identidad, colorido y sobre todo un sentido de pertenencia para cada uno de los habitantes que los perseguirá a donde quiera que vayan. Mi abuela que llegó a este rancho entre 1920-1930 proveniente de Mojolo en Culiacán me decía que desde que ella llego aquí, de aproximadamente 4 años, ya existían los festejos en una pequeña capilla del rancho. Es imposible no recordar la historia que ella tenía acerca de esta virgen venerada aquí en mi rancho y esta historia es la siguiente:

Se dice que Rita era una señora casada, pero que era maltratada por su marido todos los días y que ella soportaba muchas cosas porque lo quería mucho. Hubo un día que el marido llegó borracho y de muy mal humor como todos los días, ella se apuraba a tener la cena lista porque él se enojaba si llegaba y no estaba lista. Lo que sucedió es que ella ya tenía lista la cena, de hecho, ya estaba servida en la mesa, pero en eso brincó una gallina y ensució la mesa, como ya venía el marido, ella lo que hizo fue tapar la suciedad con un plato. Llegó el marido y empezó a pelear con ella, diciéndole que la comida estaba fría y que ella ni para eso servía. Rita molesta por tantos años de maltrato, cuando el marido renegando dijo que prefería comer "mierda" que su comida, Rita lo que hizo fue levantar el plato y decirle: ¡pues aquí la tienes, cómetela! Inmediatamente el marido cayó de rodillas al suelo y le exclamó ¡Santa te vuelvas, Rita! Y de ahí viene la historia de acuerdo a los relatos de mi abuela de la virgen de mi rancho. Mi abuela siempre comentaba con nostalgia como eran los bailes y celebraciones en aquellos tiempos y que eran más bonitas y por alguna razón yo le creo.

En aquellos tiempos de víspera de la fiesta que es el 21 de mayo, empezaban a limpiar el terreno en donde se encuentra la capilla, los hombres del rancho se iban al río con caguallanas y traían palos, malva y palma, con los cuales se ponían a hacer unas ramadas muy grandes en el lugar en donde sería el baile, regaban con cubetas y con agua de pozo todo el lugar. Ese día iba llegando ya la gente de muchos lados, era una fiesta muy conocida en aquellos tiempos y toda la gente quería ir a esos festejos.

La gente llegaba a pie, en caballos o en carretas jaladas con mulas. Las muchachas de aquellos tiempos traían sus vestidos hasta la rodilla de encaje, muy coloridos, mangas bombachas, y con muchos moños en toda la falda del vestido. Adornaban sus cabezas con listones y enormes aretes, casi no se maquillaban, sólo era algo de polvo y en los labios un color rojo deslumbrante de acuerdo a lo que me relató mi abuela. Cuando me contaba todo esto, sus ojos le brillaban y parecía revivir cada uno de esos momentos en su bella época de juventud.

De acuerdo con las tradiciones de aquellos años, la música de tambora y guitarras empezaba a sonar desde el día de víspera, que es el día 21 de mayo y las muchachas se iban desde muy temprano a lucir sus atuendos y a bailar. Las muchachas no pagaban por entrar a los bailes, sólo los hombres, así marcaba la tradición de aquellos años.

El día de Santa Rita que es el 22 de mayo, llegaba muchísima más gente y es cuando llenaban de flores y veladoras el pequeño altar de la capilla. Decía mi abuela, que venía gente desde muy lejos a pagar mandas de años pasados, es decir, pedían milagros y si se los concedía regresaban a los siguientes años para cumplir sus promesas por los milagros realizados. Llegaban muchos niños y jóvenes con padrinos a la capilla, a ellos les llamaban "cofrados" para venerar a la virgen y dar gracias. La virgen luce con vestido de luto todo el año, pues su esposo murió y ella tiene el cráneo de él en su mano, pero el día de su festejo luce un hermoso vestido azul.

Actualmente estas costumbres y tradiciones luchan por sobrevivir, en un mundo tan caótico, que vive de prisa, sólo queda recordar aquellos tiempos mozos y guardarlos por siempre en el corazón.

Sembrando músicos y naciendo grupos musicales

ALBERTO CORDERO MILLÁN

¿Quién recuerda la cueva de los músicos de los 70s que estaba en la esquina de Niños Héroes esquina con la calle Benito Juárez en la casa de doña Trini en "El Suspiro"? Era un cuartito pequeño que fue peluquería creo, en esa época, ahí se sembraron y brotaron muchos de los mejores músicos gruperos que ha dado el pueblo de Navolato, ha habido más lugares donde también se han sembrado y nacido muchos grupos en todo el municipio de Navolato.

Hoy hablemos de esa cueva y ese grupo de amigos músicos que se reunían en ese lugar, en esa casa vivía Gonzalo "Chalo" Cruz Rodríguez, un reconocido musico grupero que estuvo ingresado en varios grupos modernos, tríos, cuartetos, etc., en Navolato y Culiacán.

Ese era el lugar de reunión de varios músicos y algunos más que querían llegar a serlo, todas las tardes se reunían para hacer música, algunos tocaban baladas y románticas, otros gustaban del rocanrol, pero todos daban rienda suelta a sus habilidades musicales y soñar ingresar al mundo grupero. Con su vestimenta de moda de la época, camisas floreadas o con parches muy holgadas, playeras estampadas, pantalones acampanados, algunos con cuchillas de color para aumentar la campana, pelo largo sin peinar, algunos con estilo afro, chamarras de piel, huaraches de piel o botines con cierre y tacón alto pulseras y collares con el símbolo de amor y paz.

Se ensayaban temas de moda de Janis Joplin, Jimmy Hendrix, The Who y otras de Los Apson Boys, Franky y sus Matadores, Los Locos del Ritmo, Revolución de Emiliano Zapata, Peace and Love y una que otra balada de moda.

Por la tarde, después de salir de trabajar del ingenio azucarero La Primavera, donde la mayoría eran obreros de planta en algún departamento y otros eran voladores (suplentes, porque no tenían base) o gusano quemador (así les llamaban a los que madrugaban a esperar que les dieran trabajo si faltaba algún volador o se dormía) recuerdo a varios músicos que se reunían ahí para tocar las rolitas de moda de esa época:

Gonzalo "Chalo" Cruz Rodríguez, Ramón "Monkey" Magallanes Urquidez, Felipe Quiroz Rivera, "Pity" Arellano, Ramón Rubio, Abraham "El Ratón" Medina Flores, Pedro Leyva Corrales, Felipe Ide Toquillas, Antonio "El Chino" León, Ramón "El Monchi" Esperano, Carlos Garzón, Ignacio "Nachín" Reyes, Jose Luis Valles y Carlos Cadenas.

Un milagro de Navidad

JESÚS ARTURO ALCARAZ SOTO

Este relato es verídico. Sucedió en Navolato y se omiten los nombres por razones obvias.

En una casa de las que proporcionaba la Compañía Azucarera de Navolato a sus trabajadores del Ingenio "La Primavera" y que era habitada por una familia compuesta por el padre, la madre y tres hijos, el mayor tenía 11 años, el segundo 9 y el último sólo contaba con 2 años. Era la víspera de la Navidad, 24 de diciembre del año 1942; sentados frente a frente estaba la pareja, en sus rostros se miraba una gran preocupación, el padre era el más angustiado, en sus bolsillos sólo tenía $ 6.00 (SEIS PESOS), se decía para sí, ¿qué les puedo comprar a mis hijos para que les amanezca con esta cantidad? Ellos están esperando la llegada del Niño Dios esta noche. Finalmente tomó una decisión, como a las 5:00 de la tarde salió de su casa y se fue a una cantina que estaba en la esquina de la calle Hidalgo y avenida Ángel Flores, precisamente en el cruce donde estaba el reloj, al llegar al lugar vio que unos amigos estaban jugando "dominó" y se sentó con ellos a jugar, como a eso de las 9:00 de la noche, el hombre ya tenía poco más de $20.00 (VEINTE PESOS), en ese instante se levanta de la mesa de juego, ante el justo reproche de sus amigos que le pedían que les diera la revancha. Haciendo caso omiso de los gritos de sus compañeros salió corriendo, al llegar a su casa le contó a su esposa lo sucedido y ambos esperaron que se durmieran los muchachos y se fueron a comprar los juguetes que serían la alegría de sus hijos al día siguiente, sin faltar desde luego la bolsa de cacahuates y las mandarinas.

Pueblo Nuevo #2 - "El Cochambres" - Purísima Concepción

RAMÓN JACOBO "EL GRINGO"

Foto: don Eduardo Burgueño

Crecí en este barrio llamado "El Cochambre", barrio lleno de callejones que parecían laberintos, con cercos de lata, alambres, barrio gris lleno de maleantes; drogadictos del mismo barrio y de otros lados de Navolato, dónde por ser niños no nos importaba tanto eso, ya que nuestra diversión, era esperar que lloviera y bañarnos en el famoso canalito de aguas negras por donde ahora es la calle Obregón. Esa era nuestra alberca en la temporada de lluvias, tal vez por eso estamos inmunes y resistentes a muchas enfermedades y resistentes de igual forma a la vida.

También teníamos el canal Cañedo, que ahí es donde aprendí a nadar desde los 3-4 años de edad; y donde los caminantes del bordo se asombraban de ver aquel niño nadando y sumergirse por buen rato sin salir. Se espantaban y empezaban hablarme de que saliera, y yo que parecía una chopa nadando por debajo del agua de un extremo a otro del canal y escondido entre los patos (lirios) el zacate y las cucas espinosas; jajaja, engañándolos y espantándolos aún más.

Ahí crecí con mis amigos El Riguío, Momo, Humberto, Oscar, Keko, Piña, Juan Luis, Chuy, Héctor, Miguel "Terrón", El Coco, Kiki, Oswaldo, Ramón, Ferna, Amado, Petris, Marcodolfo, Cucuy, El Pinino, Jalín, Lico, El famoso "Rufles", Mamai, Fidelio, Los Sacapalos, Nacho, Paul, Momo, entre otros muchos más conocidos de las caballerizas de con Beto Garibaldi que también por ahí anduvimos dándole vuelta al mecate.

Había muchos callejones. La mayoría de ellos intransitables, tan angostos que yo les decía el callejón del ballet, jajaja, porque tenías que andar como bailarina, de un salto paca, otro pallá, hasta cruzarlo completamente. Y es que eran usados como escusados y había pastelitos por aquí por allá. ¡¡¡Imagínense cruzarlos de noche y sin luz, ups!!! Era otro rollo.

Cuando ya tenía unos 20 años, trabajaba en una escuela de computación y salía muy noche. Pasaba por el tétrico callejón que estaba enfrente de TELMEX. Entraba por un lado de la casa de los Chiquetes y salía por casa de la señora Carlota y cerca del abarrote de doña Rosa. Una vez que iba por ahí como a las 10-11 de la noche, equipado con una lamparita y un llaverío de la escuela colgando del pantalón; cuando iba entrando al oscuro callejón, escuche voces y encendí la lampara con tremendo espanto, y es que estaban atochados en acción unos mariguanos jajaja, empezaron a correr al ver la lampara encendida y escuchar el ruido de llaves y yo corrí junto con ellos; ellos pensaron que yo era la chota, y yo pensé que alguien corría tras de mí para hacerme daño, arrancamos juntos, jajajajaja; un polvaderón dejaron, uno corriendo pa un lado otro pa otro; yo juído para mi casa que estaba por la Obregón, se me hizo eterno el tiempo, y ni del bailar el ballet me acordé al pasar por todos los callejones, que noche la de esa noche, inolvidable, y eso que me sentía como en casa en todo el barrio, imagínense otra gente que no era de ahí. También recuerdo a los cholíos de ese entonces que transitaban por ahí y me veían y era seguro que me iban a pedir dinero, jajaja. El Bolitas, el Dengue, el Tete, el Pámpano. Eee Gringo me decían -porque ese es mi apodo en el barrio- dame para un cigarro yo te hago el paro cuando quieras, mañana te lo pago. Pero esos días nunca llegaban, era parte de la vivencia diaria por ahí al transitar los callejones.

Inolvidables también las fiestas de fin de año con doña Falita, eran de las mejores, que, aunque no cooperaras te aceptaban y eras bienvenido a su festejo. Ahí sentía lo que es la unión de vecinos del barrio; que, aunque gris de día y de noche, éramos felices ya que la diversión era garantizada, se bailaba toda la noche hasta la madrugada y se sentía el cariño de esa familia, que sin distingo todos eran bienvenidos para festejar.

Cada quien tendrá una o muchas historias diferentes que contar. Esas son sólo algunas de mis muchas vivencias en ese gran barrio "El Cochambre". Con orgullo puedo decir que ahí viví y de ahí soy y seguiré siendo. El terruño nunca se olvida; aquí está y sigue en mi corazón por siempre. Viva el Pueblo Nuevo número 2. Viva La Purísima Concepción. ¡Viva el Barrio "El Cochambre"! ¡Así sea!

El Tacuarinero: nuestro tren

EDUARDO BURGUEÑO

Foto: archivo de Rudy Mendoza

Como en primera fila camino a "la cochera" (donde los Almada de la Vega guardaban sus coches) de por medio; viviendo mi niñez muy pegadito a la fábrica azucarera "La Primavera" nuestra casa frente a la vía, disfruté varios años el ir y venir de nuestro legendario "Tacuarinero". Muchas veces sus operarios recalentaban sus lonches en las hornillas de mi hogar, en tanto varios plebes "pichoneábamos" asombrados en aquella negra maquinota llena de vapor y caldera ardiente, estacionada ahí enfrente. Claro que por ser de la casa donde esos operarios comían y descansaban tomándose un café, yo gozaba de la excepción de subirme a la máquina durante las maniobras de mover furgones con azúcar, de tanques con melaza, o de plataformas cargadas con la caña traída desde Eldorado.

Disfruté de las bromas del maquinista cuando pasando por algún mogote junto a la vía, soltaba repentinamente una exhalación de vapor, y mirar salir corriendo del susto a más de algún sorprendido zurrando en aquel mogote. Y más de alguna vez, me dejaron subir al estribo frontal de la máquina a ponerle arena a la vía; porque a veces era tanto el peso de furgones y tanques jalados para formar el convoy rumbo a Culiacán, que la arena evitaba que patinara y le daba "agarre" al riel. Qué fiesta de la plebada cuando llegaba el convoy con la caña de Eldorado que se nos hacía "tan buena". Qué chulada "El Tacuarinero", nuestro tren de cabecera. ¡¡¡Viva!!!

"Banquetear" en Navolato

RITA MORACHIS LÓPEZ

Si tuviera que elegir una sola palabra que representara los más entrañables recuerdos de este pueblo, creo que sin duda sería "banquetear". Esta palabra que pareciera acuñada aquí y la hicimos tan nuestra que casi podríamos asegurar que la contempla la Real Academia de la Lengua. Porque suena a rechinido de mecedora en una tarde calurosa, a rueda de carreta acarreando caña, al inconfundible sonido del "cepillo" raspando hielo, a melodía de Miguelito "El ciego". También evoca sabores. ¿Por dónde empezar?: los tacos de la Chata, la carreta de don Chuy "Mapache", el agua de Jaime y otras delicias que nos ofrecían afuera del Cine Royal, y por supuesto a churros y "quequis".

Pero las banquetas no sólo nos ofrecían sonidos, olores y sabores, iba más allá, eran sinónimo de seguridad, de llegar a salvo, "te vas por la pura banqueta" (aún hoy no logro saber cómo se les mide la pureza), "no te bajes de la banqueta", y qué decir de la oportunidad de demostrar nuestros buenos modales: "si hay gente sentada en la banqueta dices 'con permiso', no te atravieses como burro, sin saludar".

Actualmente caminar por nuestras banquetas se ha convertido en deporte extremo, pues resulta muy difícil llegar a salvo a nuestro destino, sorteando desde cilindros de gas que acompañan cazos de aceite hirviendo, tinacos, macetas, cajas y mesas con toda clase de frutas y legumbres, rollos de manguera, catres, loza, sacos de cemento, sin mencionar los cientos de carteles de vinil de todas medidas y colores, charcos de grasa si tenemos que pasar por un taller mecánico, puestos de mercancía pirata y hasta de pócimas milagrosas que curan cualquier cosa, o bien, quedar atorado en una prenda de vestir o cobija que cuelga de algún toldo.

Así es Navolato hoy, un pueblo sin banquetas, pues alguien decidió que los tabachines y las pingüicas eran horribles y mejor había que ceder esos espacios al "comercio organizado" que ahora lo invade todo. Faltaba la estocada final, la acera frente a la plazuela que derribaron para construir un supermercado que tenía los contenedores de basura ¿dónde?, sí, al frente, sobre la banqueta y en las noches que rebosaban de basura se podían ver ratas brincando en ellos. Tuvo una vida corta y ahora está abandonado, la banqueta remodelada y tuvieron a bien plantar árboles y colocar algunas bancas. Lucen estupendamente bien, pero ya no vieron regresar las mecedoras ni a los niños jugando en ellas. Eso queda en algunas pocas fotos, pero en muchos recuerdos de quienes tuvimos la suerte de disfrutarlo.

Por cierto, esta banqueta que menciono estaba frente a uno de los últimos edificios de valor histórico de muestro pueblo, la casa que albergó por años a las madres del Colegio Dolores, que fue por algún tiempo sede del Instituto Forja y posteriormente un lugar agradable donde departir. Una joya de la arquitectura de principios del siglo pasado, con mampostería y herrería traída en barco desde Europa y, sobre todo, una casa señorial que daba gran personalidad al rostro de nuestro pueblo, pero que lamentablemente en nadie despertó el interés de preservarla para heredar a nuevas generaciones quizá una biblioteca pública, una escuela de música, un museo regional, algo que le permitiera a sus paredes seguir siendo testigo y parte de nuestra historia. Se acabó...

Érase una vez en Tijuana

FERNANDO CALDERÓN QUEVEDO

Corría el año de 1977, vivíamos a media cuadra del Estadio "Jesús Escobar", por la Josefa Ortiz de Domínguez, en la Colonia Alcanfores... en eso llega a la casa un primo de la familia y les dijo a mis padres que si querían que yo aprendiera a jugar béisbol, a lo cual accedieron y pasé a formar parte de un grupo de niños, a los que don Felipe Murillo en el bajío aleccionaba en las artes del rey de los deportes.

Ahí estaban Daniel Ayón Leal, Abel Ángel Prado Godoy, Marcos Jacobo, José y el Chavo Murillo, los Memines. Luego se incorporaron al equipo que representarían a la Liga Humaya de Culiacán.

La práctica hace al maestro y fuimos todos los mencionados seleccionados de la Liga para participar en distritales, regionales y nacionales. Atrás quedaban las aventuras que domingo a domingo teníamos para llegar de raite saliendo de Navolato a Culiacán, cuando agarrábamos aventón en lo que fuera, desde camiones cañeros y de redila. Fueron muchas las veces, hasta que en 1984 llegamos a jugar la Final del Campeonato Nacional de Juvenil Menor a los anfitriones Liga Guaycura de Tijuana,

Nosotros los pobres tuvimos la dicha de tener ese 26 de julio de 1984 el apoyo en las tribunas, luego en el dogout y hasta en el terreno de juego, de un gringo llamado Mickey Mantle, la mismísima leyenda de los Yankees en persona, apoyando a aquel equipo que mediante coperachas, rifas y kermeses, apenas pudimos llegar a Tijuana, quedándonos con el campeonato los plebes de Navolato.

Vivir fuera de tu pueblo

JUAN CARLOS SÁNCHEZ MARTÍNEZ

Radicar en un lugar distinto al de tu nacimiento está cargado de sensaciones encontradas. Te lleva de la felicidad a la nostalgia en un periodo muy corto. Tu pueblo vive en ti, aunque no se dé uno cuenta, llevas a tu familia y para ti es Disney, para ellos es un lugar curioso a lo más, mayormente aburrido dirían ellos. Para los que se quedaron, uno vuelve alzado cuando en realidad simplemente la vida y la lejanía nos ha cambiado y es normal. Quisiera uno poder quedarse muchos días para alcanzar a ver las personas y por supuesto, alcanzar a comer de todo. La comida en mi Navolato es riquísima, la que sea y donde sea, en eso si concuerda conmigo mi familia.

Pasar por un lugar y ver lo que está y lo que estuvo, llena el alma de bellos momentos, sobre todo los de tiempo pasado, ese es nuestro tesoro y quisiéramos compartirlo lo más posible.

Amo el lugar en el que vivo, creo que jamás lo dejaré, pero mi Navolato es un cumulo de vivencias que no quiero dejar de vivir.

ET, el extraterrestre

LOURDES MALACÓN GALVÁN

Foto: archivo de Rudy Mendoza

Cuando exhibieron la película "ET, el extraterrestre" en Culiacán la pasarían en el Cine Alameda, en Navolato. Después de terminar la función se vendrían volando con la película al pueblo, muy tarde ya. Mi hija quería verla, la situación era que sería la única noche, y entre semana, ¿y el colegio? Le dije no te preocupes yo mañana voy y te reporto enferma y fuimos muy emocionadas al cine, nos sentamos donde podíamos ver las estrellas, y como a las 10 de la noche vemos llegar a todas las madres, (monjas, maestras) se fueron al frente y mi hija "Mamá, la MADRE, escóndeme", el caso que fui a saludarlas y a decirles que Barbara no asistirá a clases al otro día, y me contestaron que a las 10 de la mañana sería la entrada a clases el día siguiente. Bueno, ya tranquilas esperamos la llegada de la película, por cierto, que lloré esa noche y ahorita tengo un nudo en la garganta... muy bella película...

Estaba lleno el cine esperando llegara el carrete de la película, muy emocionante y la película hermosa.

Crónica antigua

PABLO SÁINZ-GARIBALDI

Foto: archivo de Rudy Mendoza

Antes de que los Almada llegaran de Sonora y fundaran el ingenio azucarero La Primavera, muchísimo antes de que el tren Tacuarinero llevara a los pasajeros de Culiacán a Navolato, y en verdad añales antes de que Álvaro Obregón trabajara de plebe en el ingenio y que después que le mocharan el brazo en la Revolución se convirtiera en presidente de la república, si tanto tiempo antes de que Navolato se independizara de Culiacán y se convirtiera, por fin, en 1982 en el municipio más joven de Sinaloa, en tierras navolatenses habitaban los tahues, que vivían de la tierra, que no hablaban español, que a lo mejor danzaban, como sus parientes mayos y yaquis, la danza del venado, y que jugaban al ulama con la pelota de hule, recorrían todas estas tierras cercanas al río Culiacán con su piel morena, sin pensar en tener apellidos vascos, sin persignarse al pasar por una parroquia porque la cruz aun no llegaba por acá. Ellos eran el Navolato profundo. Pero de eso ya hace mucho tiempo y ningún plebe lo recuerda, ni siquiera los viejitos que se sientan a platicar en las bancas de la plazuela.

Navolato: ¡mi amor!

ITZEL CHÁIDEZ

Los años vividos de mi infancia en Navolato sin duda será siempre lo mejor de mi vida, es imposible pensar en ello y no sentir como se alegra el corazón...

Salir de la Benito Juárez y comprar un chupa chupa, el sabor de la coca en bolsa en el recreo, los paseos a Altata viejo con la familia donde sabias que seguramente tendrían que empujar la camioneta porque se quedaría atascada pues las olas podían tocarla.

Aquellas noches que no querías que terminaran porque estabas con tus amigos afuera de la casa jugando sin peligro sin preocupación.

¡Y no se diga aquellas noches de "DISCO" en el Alameda Palace disfrutando la música de banda!

Por eso y más Navolato, Sinaloa, mi AMOR.

Y aunque hoy esté lejos, siempre busco regresar, he enseñado a mis hijos a amarlo como yo, ¡recorriendo sus calles de la mano!

Un joven baterista

JORGE PÉREZ MIRELES

Foto: archivo de Jorge Pérez Mireles

Cuando estaba en la primaria me iba hacer las tareas a la casa de don Juanito Almada, el representaba un conjunto con gente de Culiacán (Los Umos) y me gustaba oírlos y me llamaba la atención la batería, al tiempo llegó su hijo Juan Felipe de Torreón y formó un grupo de secundaria que se llama llamó Peace & Love. En una ocasión faltó el baterista que era el profe Lupe Pereda y yo me subí en la batería y se sorprendieron que me sabía las canciones. Ya tenía 13 años y le pedían permiso a mi mamá para ir a tocar en fiestas caseras como se usaban en aquellos tiempos. Así es como empecé a tocar la batería con grupos y actualmente soy baterista de la banda The Classics Navolato.

Recuerdos de la radio, la música y las tradiciones navolatenses

JESÚS GUILLERMO CHUCUÁN SOTO

Para Pablo Jaime

En mis largos años en la radio, logré consolidar una carrera que me dio muchas satisfacciones que me convirtieron de una persona tímida en más comunicativa y expresiva, y les comentaré el por qué.

Todo me daba vergüenza, quizá por mi estado físico sentía un complejo que se estaba creando en mí, ya me preocupaba demasiado de esto y no quería que se alojara eternamente en mi persona.

¿Como logré salir de él?

Primeramente, tuve el atrevimiento de apoyar a Felipe Soto, mi tío, en montarme en una camioneta con un aparato de sonido y anunciar su negocio, La Casa Soto, recorría todo el pueblo de Navolato anunciando ofertas y artículos que eran señalados; así poco a poco le fui perdiendo el miedo al micrófono.

Otra de las ocasiones que logré seguir borrando ese monstruo, el complejo, fue para su servidor, apoyar una causa noble que el Club Activo 20-30 de Navolato organizó un maratón para recaudador fondos pro-escuela secundaria e introducir la energía eléctrica en nuestro pueblo. La persona que sería el mantenedor de dicha colecta fue el señor Salvador Aguilar Montenegro, Afre Soto, un grupo de compañeros locutores de XEBL de Culiacán, entre ellos, el señor Paliza y desde los espacios del control remoto los hacía la estación arriba señalada.

Los integrantes en ese tiempo eran Tito Gil, César Alcaraz Soto, Enrique Juárez, Héctor Aldapa, los hermanos Rivas, Luis Alberto Acosta, pido disculpas por no mencionar a todos, porque merecen un gran reconocimiento

Un servidor, motivado siempre de las causas nobles, montado en una unidad que prestó la Compañía Azucarera y sonido, recorrí todos los pueblos vecinos invitando a las personas que se unieran a este evento. Eran tantas las manifestaciones de apoyo que las personas que en el momento no tenían dinero, regalaban gallinas, chivos, puercos, y desde luego por las tardes se entregaban a los organizadores.

Con todo ese entusiasmo y participación de todo el pueblo, se logró la meta deseada: Navolato tendría escuela secundaria, que era una necesidad muy importante y también la introducción de la energía eléctrica a cargo de la CFE.

Fue precisamente en ese maratón donde nació la idea de crear una estación de radio y el señor Aguilar Montenegro logró dar el primer paso para su instalación.

Hay que señalar que el templete de donde se estaría convocando a la población para aportar sus donativos, se instaló de un árbol muy frondoso que estaba en esa esquina de la plazuela Vicente Guerrero, en las confluencias de las calles Hidalgo y Rosales, casi enfrente de nuestra parroquia de San Francisco de Asís.

En esos días se empezó con la instalación de los aparatos de la radio, cuyas siglas serían XENSM, se transmitirá con 1000 Watts de potencia. Coincidía con este hecho, la organización la creación de un patronato que encabezaba el señor Nello Paperini, en realizar un gran evento en donde participarían, todas las escuelas secundarias a nivel estado, en cultura, deportes (atletismo, basquetbol, voleibol, futbol).

Debido a la gran cantidad de participantes, jóvenes, femenil y varonil, y de no contar con hoteles para alojarlos, el patronato convocó a todos los padres de familia para solucionar la problemática que se presentó.

Solicitó a los padres que recibieran en sus hogares de uno a tres participantes, según el caso lo ameritaba, hubo una gran respuesta de todos, solucionándoles el problema.

Quiero destacar que, en casa, mi hermano Pancho invitó a un joven que venía representando a Mocorito. Su nombre Jorge Hernández y estuvo con nosotros los días que el evento se llevó lográndose una muy buena amistad.

La estación de radio XENSM logró darle una buena difusión a todos los eventos que se celebraban a diario, pues se aprovechó que estaba en periodo de pruebas y mantener informados a los familiares de los participantes, ya que la transmisión de la radio cubría todo el estado.

Es muy importante hacer una aclaración. Aquel joven que participó representando a su escuela secundaria de Mocorito, se convirtió con sus hermanos en el grupo norteño más reconocido en la República Mexicana y en toda la Unión Americana, como la mejor organización musical: LOS TIGRES DEL NORTE Y SU JEFE DE JEFES, JORGE HERNÁNDEZ.

Para un servidor fue ya después de tanto tiempo, ser locutor me permitió seguirlos y siempre que venían a Culiacán me daban primeramente la entrevista a su servidor; cuando sus giras por Argentina y Guatemala y me siento muy favorecido con esto en concederme de esos lugares la entrevista con ellos.

¡Recordar es vivir, vivamos recordando!

La música en un corazón navolatense

CARLOS CUEVAS

Cierro los ojos y me transporto a mi nostalgia. Despierto con la alarma de mi estéreo en mi cuarto lleno de sueños. Desayuno huevos con jamón viendo las caricaturas en canal tres, en la programación de la mañana que astutamente me sabía (guiño, guiño), pues en el periódico venía la programación. ¿Quién no recuerda esos días de infancia donde cada momento parecía una aventura?

Después del desayuno, me encaminaba hacia mi escuela, donde conocí a muchas personas y aprendí de todo un poco, llenándome de experiencias. ¿Cuántas veces ansiaba que el timbre sonara para la hora de salida? Pero, antes de escucharlo, primero se oía el sonido del ingenio azucarero de Navolato, marcando el final de la jornada.

Llegando a casa, me esperaba un plato de frijol con hueso y arroz (el buen sazón de mi mamá), tan caliente que parecía desafiar el calor de mediodía sin aire acondicionado. Después de comer, reposábamos viendo la televisión, esperando la transmisión del canal 5. La interferencia del televisor analógico añadía un toque especial a la espera. De repente, el intro de *Dragon Ball* llenaba la sala, y la mayoría de la programación vespertina era una incógnita para mí, siempre una sorpresa.

Al bajar el sol, llegaba la hora de irme a la plazuela, ya sea a patinar o a entrenar el deporte que me hizo de grandes conocidos: el baloncesto.

¿Recuerdas la emoción de las retas a las 4 de la tarde en un calorón sin techo?

En esas canchas escuché por primera vez a los Caifanes, y con la influencia musical de mi papá y mis tíos, conocí la buena música.

Años después, con el sueño de aprender a tocar batería, en mi cumpleaños número 16 llegó a mis manos mi primera bataca, el instrumento del que aún sigo aprendiendo. ¿Qué momentos inolvidables pasé tocando y aprendiendo cada día?

Pasaban las horas y llegaba la hora de regresar a casa, asearme de la ceniza combinada con el sudor, pues caía ceniza de la caña, el terror de la ropa blanca, de las mamás y de las abuelas.

Encendía la tele y continuaba con la programación nocturna.

Mi papá llegaba con tacos de cabeza de la esquina de la Obrera, casi llegando al IMSS. ¿Qué hay más reconfortante que una cena en familia?

Luego, a dormir.

Despierto y me encuentro escribiendo sobre mis días felices vividos en NAVOYORK, como escuchaba a mis familiares referirse a su tierra natal.

Así es como llamamos a NAVOLATO, SINALOA, la tierra que me vio crecer y donde cada día era una nueva aventura llena de momentos inolvidables.

Doña Licha Guzmán

YADIRA VILLEGAS GUZMÁN Y
SÁUL GUZMÁN PALAZUELOS

Doña Licha Guzmán

Era una niña mexicana de Navolato que fue a vivir a China a los 10 años. Viajó por primera vez durante un mes hasta el otro lado del mundo. Recuerdo que me contaba que vivía en la Ciudad de Macao y que estudiaba en un colegio portugués. Enseñaban chino, inglés, portugués, francés y español. Sin embargo, la nostalgia de su madre por su país tan querido, las costumbres tan distintas y la distancia, las hicieron volver y vivir su primera perdida, dejar allá la mitad de su corazón, a su padre.

De vuelta en Navolato, ya como una señorita con una belleza muy peculiar, ojos rasgados, piel pálida, conservadora, seria, muy responsable e inquieta, abra a sus escasos 16 años un puesto de raspados, iniciándose como comerciante. Tenas como sólo ella era, con un bono de $500 que se sacaron en una rifa en un banco construyó su primer y gran abarrote "El Aerolito", el cual logra posicionar como el más popular y de mayor venta en el pueblo.

Se casa a los 20 años, seducida por el encanto y simpatía del famoso Chico Guzmán, quien, por circunstancias de la vida, sufre un accidente y es herido de bala por un rifle cargado por un niño de 10 años... muere al año.

Desconcertada y vulnerable ante la tragedia, pero además robada por funcionarios que cobraron parte de la pensión que le correspondía como viuda, decide continuar, no lamentarse, aferrarse a su fe y convertir su pena en pasión y razón de vida. Sacaría a sus hijos a su madre adelante. Su obra: 12 hijos, 37 nietos y 20 bisnietos.

Esa fue la vida de María Luisa Palazuelos viuda de Guzmán, mejor conocida en Navolato como doña Licha Guzmán, quien falleció el 2 de septiembre de 2014.

La nobleza de Licha

YADIRA SARMIENTO

Foto: Saúl Guzmán Palazuelos

Como no recordar el abarrote de los Guzmán al que nunca llamamos abarrote simplemente era "allá con Licha Guzmán", aquella señora tan buena que con una sonrisa nos daba nuestros pesitos de galletas en un cono de papel.

En ocasiones su hijo Saúl o su esposa nos despachaban, jamás vi un gesto de molestia en ellos, siempre atendían con amabilidad y rapidez.

Yo estudiaba en la Escuela de los Mangos y no podía pasar sin comprar galletas de animalitos, recuerdo tener 8 años y fui a comprar harina, me sobró un billete y lo metí al pecho, precisamente en el corpiño (como veía a mi mamá hacerlo).

Licha se rio bastante, de mi inocencia supongo, me fui y llegué a casa sin el dinero, se escabulló por mi aflojada ropa. Mi mamá se molestó muchísimo y me mandó de regreso a buscarlo, llegué afligida con Licha y le conté que no había encontrado nada en el camino.

Ella seguía riéndose, en eso ve a mi mamá llegar con un cinturón y pone cara seria, pero de inmediato me guiñó un ojo, sacó un billete, me lo dio y dijo sonriendo: "Anda ten, muchacha, se te olvidó recoger tu feria".

Cómo olvidar la cintariza de la que me salvó. Dios la tenga en gloria a tan buena mujer.

Los buenos ciudadanos de mi barrio El Suspiro

PABLO SÁINZ-GARIBALDI

Foto: Pablo Sáinz-Garibaldi

Doña Nena trabaja arduamente en su puesto de frutas y verduras en el mercado para sacar adelante a sus siete hijas.

Doña Amalia, a sus ochenta y tantos años, todavía se levanta a las 5 de la mañana para ir al mercado a comprar lo de la comida del día y después regresa a abrir su estanquillo.

Doña Chita se queda hasta las 2, 3 de la mañana en la máquina de coser, terminando ese vestido de quinceañera con el que sacará para darle de comer a sus cuatro hijos.

Don Pablito se pone su sombrero de palma y cada domingo va a Misa en la Parroquia de San Francisco de Asís; por las tardes le cuenta historias del Evangelio a su bisnieto.

Don Víctor sale muy temprano en su bicicleta rumbo al ingenio azucarero donde trabaja en las maquinas que procesan la caña.

Don Chepe empuja su carreta de mariscos hasta donde se pone todos los días para que la plebada venga a echarse su coctel de pulpo con camarón o sus tostadas de ceviche.

Doña Chila abre su abarrote donde vende cocacolas bien heladas, machaca, chicharrón de cochi y tortillas de harina calientitas.

Don Chico madruga a preparar todos los ingredientes, sin faltar por supuesto la leche, para tener listas las tradicionales asaderas que disfrutarán muchas familias de Navolato.

Doña Marillita pone su puestecito de raspados y diablitos en la secundaria donde los estudiantes calman un poco el calorón del mediodía navolatense.

Don Paquico, aún con su pierna rengando, agarra vereda hacia el centro para ir a cobrar su pensión al banco.

Doña Lidia atiende alegremente a su esposo don Manuel y a todos sus hijos, siempre con una sonrisa en el rostro.

Don Miguel prende los hornos de la panadería bien temprano y el olor de los ombligos y los picones y las conchas empieza a llenar todo el barrio.

Sus narices no conocen el olor de la mariguana
    ni el ardor de la cocaína,
        sus brazos no han sentido correr por sus venas la
        dañina potencia de la heroína,
            sus manos no han aplastado la velocidad de los
            gatillos.

Son los verdaderos navolatenses.

El precio de la distancia

DANIELA CHU

Sentada en un avión, regresando a casa, alejándome una vez más de la ciudad y la gente que me vio crecer, escribo este texto. Desde niños y como modelo habitual de educación todos te hablan de estudiar, alcanzar tus sueños, de superarte, de tener un buen trabajo, cientos de navolatenses tenemos que migrar en busca de oportunidades, construimos un hogar, lejos de todo aquello que conocemos, una parte de mí, con orgullo de alcanzar sueños, coleccionando éxitos, sabiendo el largo y difícil camino que ha sido, otra parte de mí, vive añorando y valorando el calor familiar, la complicidad de las amistades, la comida con sabor a casa, nadie te prepara para decir adiós, para alejarte, para soltar, ni para adaptarte a las nuevas realidades.

Cuesta dejar atrás, cuesta más, decir adiós nuevamente, cada despedida es una daga que inexplicablemente sabe también a bálsamo, un bonito amortiguador que llena el tanque del amor, para que continúes sonriendo, viviendo, existiendo, como si no tuvieras la mitad de tu corazón a miles de kilómetros de distancia.

Mi Navolato es hogar, orgullo, raíz y alegría al recordar todo aquello que nos rodeaba y forjó nuestro carácter y valores, mismos que hoy, llevamos mucho alrededor del mundo, diciendo con orgullo: "desde Navolato vengo y añoro".

La magia del ayer

MARÍA JOSÉ GONZÁLEZ MERCADO
LA POETA DE NAVOLATO

Navolato del ayer cuánto te extraño con tus calles de piedras y tus arañas jaladas por caballos en las que recuerdo a mi abuelo Andrés González y mi tío Antonio González que trasladaban a muchas personas con mandado a sus casas en distintas comunidades y que los domingos me tocaba acompañar a mamá al mandado con doña Chenda y aprovechaba para que me compraran mis cuentos de hadas y ciervos en la Librería Karla, mi mamá se compraba su *Valle de lágrimas*, *Rorotonga* y *Kalimán* que luego me la pasaba leyendo toda la semana. Nos llevaba a casa mi abuelo en su araña y tenía que agarrarme fuerte para no caer cuando azotaba al caballo. Pero era divertido.

Mi padre Chon González de repente vendía una vaca al señor Saúl Leal y se iba a las cantinas, siempre volvía con un disco de esos que ponía en un tocadiscos y que era seguro mi desvelo para ponerlo hasta que se quedara dormido. Recuerdo como si fuera hoy CANCIONES como "Las nieves de enero"," "La canelera" y muchas más. Quizá de ahí vino mi gusto por la música y la poesía o de la sangre de mi padre que cantaba muy entonado y que era un artista con la armónica.

Qué pena que en esos tiempos sólo podíamos retratar las cosas en la mente porque ahí tengo tatuada la figura de mi abuelo tan bueno y de mi padre en su caballo hermoso. Mi abuela y su horno de pan, su capirotada, la biznaga y calabazas preparadas con piloncillo y azúcar y su chicote para alejar a los animales pero que también usaba para pegarle a quien no se le cuadrara. Doña

139

Virginia Quintero originaria de la Cofradía de la Loma fundo un matriarcado muy fuerte.

En la familia todos mis tíos tenían carretas jaladas por caballos además de mucho ganado de todo tipo: vacas, chivos, borregos, gallinas, puercos, caballos, burros. Las arañas jaladas por los caballos eran mi admiración porque no entendía como un animal obedecía tan preciso a la voz de mi abuelo hasta pensaba que entendía mejor que yo. Era un hombre maravilloso, fuerte y paciente ordeñando las vacas y chivas y arreando al ganado para pastorearlo.

Los domingos en paseos en la araña por las calles de piedra rebotábamos al galope del caballo, pero siempre felices.

Lo que más me llena de nostalgia es la zafra: la cosecha de la caña de azúcar en donde era fascinante la lluvia de partecitas negras que dejaban la ropa manchada y además ver pasar los tractores con sus carretas cargadas de caña ya quemada que transportaban hacia el ingenio La Primavera para convertirla en azúcar. Una corredera de chamacos para alcanzar a jalar el preciado manjar que luego lo disfrutábamos sentados en círculo contando historia inventadas por nuestra imaginación, no sin antes recibir las regañadas de la abuela por el peligro que pasábamos.

Qué tiempos aquellos, qué niñez tan genial donde los juegos de niños eran espectaculares. Después de deleitarnos con la caña empezaba el juego de los encantados y a correr para no ser alcanzados. Luego del muuu de las vacas corríamos a escondernos porque el abuelo volvía de pastorear y era todo un escándalo de gritos y chicotazos para poder encerrarlas. Luego todo era paz.

Se oía el grito de mamá "a cenar" y era un manjar hecho con tortillas a mano en una hornilla con comal gigante acompañado siempre de frijol de la olla, tortillas de harina o de maíz, con carne puesta en un asador y que entre todos cuidábamos. Nunca faltó la leche para el café de la olla o el chocolatito caliente que olía y sabia delicioso. También los domingos se hacían jamoncillos. Después a contar historias de miedo antes de dormir, que en verdad yo prefería historia de príncipes y princesas en lugar de historias que asustaban.

Lo bueno que dormíamos todos juntos en catres de madera y jarcia con pabellones para que no entraran los moscos y para que nos diera lo fresco de la noche. Y a contar las estrellas hasta quedarnos dormidos.

No había televisión, ni Internet, ni teléfonos celulares, sólo radio y tocadiscos, papel para dibujar y escribir y mucha imaginación, esa que no debe perderse.

Navolato del ayer tiene magia que la resguarda el cielo y sus estrellas, los campos y sus caminos, algunas calles de piedras, algunas casas de lodo y la memoria de los viejos que aun la pueden contar.

¿Por qué "El Rebote"?

EDUARDO BURGUEÑO

Foto: Pablo Sáinz-Garibaldi

Don Eduardo Burgueño, cronista del Municipio de Navolato, nos comparte del por qué el callejón de El Rebote, entre Hidalgo y Morelos, lleva ese nombre entre la raza. Su nombre oficial es "Avenida Pablo L. Sidar Escobar".

Porque en tiempos de la hacienda "La Primavera" del pueblo azucarero de Navolato ya existía una pequeña avenida (........de nombre) conocida como callejón, que por el lado oriente, limitaba una gran habitación que era usada como hotel para visitantes y ejecutivos de alto nivel; de tal manera, que durante la vigencia de la "The Almada Sugar Refineries Company of Nueva York", los gringos se daban tremendos "agarrones" jugando ulama con los indios tahues. En el vuelo de la pesada pelota de tan popular juego ancestral "rebotaba" en las paredes, dando razón a la vox populi "El Rebote".

Vivir con Papá Mercado

JUAN CARLOS SÁNCHEZ MARTÍNEZ

Desde que recuerdo estaba ahí, tengo más recuerdos del mercado que de mi casa.

Fue de principio algo sin sentido y coloquial, estar ahí, hacer lo que se pueda según mi edad, limpiar cebolla, limpiar tomate y después limpiar o cimar elote, cosas que detestaba hacer, por cierto, no precisamente por la propia actividad sino porque quería participar más en las actividades de mi familia.

Después me dejaron empezar a agarrar la carretilla, o diablito dirían los chilangos, e inmediatamente, empecé a ver la oportunidad de ganarme algo extra, esto porque al ayudar a llevar los pedidos para los clientes quienes muchos me daban una propina o una buena plática, las dos cosas fueron ganancia, después lo entendí.

Tener unos 10 años y la oportunidad de platicar con personas mayores y más al no contar con un padre era oro molido, entre ellos don Wulfrano García, doña Güera Plata, don César Malacón, doña Juanita Bonilla y don Enrique Marín y sobretodo don Gabino Burgos Padre, quien me dio una buena lección de lealtad que a la fecha no olvido.

Después entendí que algo pesado o que otros miraban como algo sufrido, podría ser y fue algo placentero y divertido.

Papá Mercado Hidalgo era el centro de todo, donde todos llegaban de una u otra manera e interactuar con ellos siempre te dejaba algo, aunque no quisieras, por eso hablan de personas en el grupo y de alguna manera o los conocí o escuchaba de ellos y pues si algo tengo es buena memoria larga, mi memoria corta es un caos.

Mi papá Mercado es toda una Institución de donde salieron o pasaron grandes personas y merece todo el reconocimiento posible, aun y cuando a las nuevas generaciones les pueda resultar aburrido visitarlo.

Siempre estaré agradecido con él y no me cansaré de reconocerle lo que hizo por mí, mis hermanos y mucha gente más, aunque no lo quieran aceptar, mi vida ahí en realidad fue grandiosa.

El camino real de El Bolsón

MARÍA ISABEL MEDINA GARCÍA

Desde muy pequeña y gracias a mi abuela Mercedes Leal, mi infancia transcurrió con mucha tranquilidad, calidez y amor. Los recuerdos de aquellos años hacen que mi corazón se estremezca y quiera regresar ahí, a esa humilde casa de latas y lodo en donde nos criamos, mi abuela, mis papás y mis 4 hermanos. Con mayor razón atesoro con mucho cariño cada uno de los relatos e historias que mi abuela me contaba y uno de esos es el famoso por aquellos tiempos en 1920 "camino real", pues pasaba por lo que hoy es el patio de la casa en donde me crie y vivo actualmente.

De acuerdo a los relatos de mi abuela, en aquellos tiempos entre el año 1920-1930, no había carreteras como las que hoy existen, pero si uno llamado camino real, que servía para conectar Culiacán, Navolato y Altata.

Según contaba mi abuela, en aquellos tiempos, esa era la única vía de comunicación en aquellos tiempos, por donde pasaban diligencias llenas de dinero, oro, joyas preciosas y diversas mercancías que se movían por aquellos tiempos.

Durante su época de niñez, mi abuela nos contó que se encontró en el patio de la casa cuando estaba barriendo una olla llena de monedas de oro, pero como ella era muy chica le dio mucho miedo, ya que otras de las costumbres de aquellas épocas era que a la gente la enterraban en ollas de barro, pues existía la creencia de que la olla simulaba el vientre materno y por ende los muertos podrían tener un nuevo nacimiento de manera más rápida. Debido a eso a mi abuela le dio miedo, pues pensaba que tal vez había algún cuerpo en aquella olla y lo que hizo fue ponerle mucha basura y prenderle fuego.

Durante esa época eran muy famosos unos asaltantes de diligencias llamados Los Laureanos, porque se robaban el dinero y mataban a todos los tripulantes junto con los caballos y mulas, los enterraban con todo lo que traían pues no les gustaba dejar evidencia de sus fechorías.

Esa fue una de las razones por las que mi abuela, aun siendo una niña, le dio miedo por lo que podía encontrar en aquella olla. También aseguraba que en todo el terreno familiar había varios tesoros enterrados, por lo que hacían Los Laureanos en aquellas épocas, pues a veces también dejaban enterrado el dinero y después regresaban por el para no levantar tantas sospechas.

Yo siempre le preguntaba a mi abuela si ella sabía en donde había quedado esa olla y solo se quedaba seria y decía que ese dinero tal vez no era para nosotros y que no nos tocaba y de eso siempre estuvo muy segura, pues yo creo que si tenía noción de donde había quedado.

Como recuerdo en mi época de niñez que venían varias personas de Estados Unidos con diversos aparatos para buscar los dichosos tesoros, mi abuela los dejaba buscar, pero me sorprendía que de manera muy tranquila aseguraba que jamás lo encontrarían, pues ese dinero a ellos no les pertenecía.

Era casi imposible no hacerme mi propia historia en mi cabeza con cada uno de los relatos, los caminos, las personas y la manera en cómo ellos vivían en aquellos tiempos.

Los relatos sobre el camino real siempre me sorprendían mucho, pues de solo imaginarme la cantidad de personas que transitaban por aquellos años por lo que hoy es el patio de mi casa, es algo que todavía me llena de asombro y nostalgia.

A veces me quedo viendo al patio y me parece transportarme a aquellos tiempos y poder ver a las personas, caballos y diligencias jaladas con mulas y llenas de maletas y otros insumos y solo puedo sonreír y voltear al cielo y darle gracias a mi abuela por tan grandes historias que hoy en día me hacen ver lo privilegiada que fui por escuchar sus narraciones, recrearlas en mi mente y ahora plasmarlas en este relato, para que nuestras futuras generaciones también disfruten y conozcan de nuestras raíces, costumbres e historias.

El camino real fue sin duda uno de los grandes legados de nuestra familia y testigo fiel de nuestra historia, costumbres e ideologías, prometiendo ser un legado incorruptible para las futuras generaciones.

Con profundo respeto...

Soy Generación X

VELZASAR ROBLES

Recuerdo aquellos días de mi infancia, época aun de oro en Navolato, los sábados ir a esos partidos de béisbol por las mañanas atrás de la actual central camionera, nuestros entrenadores Cosme Retamoza (q. e. p. d.), Papá Compita, (q. e. p. d.), por las tardes jugar en el barrio a la cebollita, cero por chapucero, las escondidas, el changalai, bombardeo, las canicas, los domingos acompañar a mi abuela al mercado era lo mejor, llegar y primeramente comprar un licuado de chocolate con plátano, y pasar a comprar frutas y verduras con la famosa Gringa, tradición y obligación, ¡pues sólo ella tenía las mejores! Después lo mejor de las compras agarrar el medio de transporte típico, esas arañitas jaladas por el caballo qué nos llevaban a casa, un Navolato del ayer, donde aún suelo recordar el sonido del pitón del ingenio dando la hora y los cientos de obreros en sus bicicletas, son recuerdos de mi generación X, y un Navolato maravilloso

Tiempos inolvidables

SANDRA CUEVAS

Uno de los recuerdos bonitos que tengo es cuando Eduardo Burgueño andaba con el movimiento para la municipalización de Navolato y fue a la secundaria en ese entonces secundaria federal, fue a pedirnos ayuda a Lolis, Mayu y a mí para que le ayudáramos a reproducir en el mimeógrafo unos documentos para dicho evento. Y nosotros a escondidas del entonces director el Profesor Lomelí (dep) hicimos todo el trabajo, picamos esténciles y reproducimos todo lo que Burgueño necesitaba.

También otro recuerdo bello cuando inició la secundaria federal es que los grupos eran de 65 alumnos en ambos turnos, n'ombre era un sacrificio hacer las listas, los exámenes, las hojas de firmas de los maestros, los horarios, n'ombreee y la estadística. En fin de cursos nos amanecíamos haciendo todo porque en ese tiempo no había computadoras sólo las maquinas tractoronas para hacer todooo y la verdad aprendimos muchísimo todas porque formamos un gran equipo de trabajo y éramos reconocidas en la SEP porque todo entregábamos en tiempo y forma y sin ningún error.

N'ombreee las graduaciones, los festivales, los días del estudiante, día del maestro, eran lo máximooo.

Con el tiempo me puse a estudiar para maestra de Español porque siempre me llamo la atención la docencia y bendito Dios me jubilé en 2011 como maestra tiempo completo, mis amigas hermanas de vida, también se jubilaron, y hasta la fecha nos visitamos, nos buscamos y nos vamos juntas de vagas, tenemos una amistad de hermandad muy bella.

Recuerdo de Navolato aquellas fiestas tan bonitas como las tardeadas con el grupo Los Cachorros en el Club de Leones, el grito del 15 de septiembre en la plazuela con banda y feria, el día de San Francisco de Asís con palo encebado, quema del malhumor, castillo, juegos pirotécnicos, el toro que le tenía muchísimo miedo, pero no me perdía esos festejos tan maravillosos llenos de color y ruido de la tambora por todos lados.

Yo creo que hago un libro con tantos y tantos recuerdos, vivencias y experiencias en mi queridísimo Navolato.

Tiempos de secundaria

GABRIELA FIERRO IBARRA

Mi nombre es Gabriela Fierro Ibarra. Soy habitante de la comunidad de San Pedro, Navolato. Les voy a contar una de las mejores etapas de mi vida que fue cuando cursé la secundaria que fue ahí mismo en la comunidad en la Escuela Secundaria Técnica Número 22. En ese entonces el director de la escuela era el maestro Héctor Peraza Osuna. Se caracterizaba por ser un director muy estricto. Toda la comunidad estudiantil le teníamos mucho respeto y admiración. Había quienes no acataban reglamentos y les iba muy mal.

Recuerdo que cada lunes después de los honores a la bandera el director pasaba al frente a los alumnos mal portados y a los que tenían alguna deuda pendiente, ya que como es una secundaria técnica se dividía en los siguientes grupos, que es agricultura, cultivaban rábanos, zanahorias, lechuga, a esos grupos les tocaba vender lo que sembraban. Salían a las calles a ofrecer, era parte de la materia de tecnología.

Los que estaban en el grupo B eran los de apicultura, el área de colmenas, también vendían miel. Me acuerdo que una vez picaron abejas a varios alumnos, por eso no quise entrar en ese grupo, me daba mucho miedo me fueran a picar.

En el grupo c era conservación de alimentos ahí elaborábamos salchicha, jamón, chorizo. Nuestro maestro era Martín Torres, un maestro muy bueno y noble. También teníamos que vender lo que hacíamos y en el grupo D era ganadería todo lo que tenía que ver con criar pollos, conejos, etc. De hecho, sacrificaban pollos y los vendían. A ese grupo le decían los matapollos, todo lo que se elaboraba en tecnología se tenía que vender ya sea

151

con los estudiantes o salir a vender a la comunidad. Como comenté anteriormente los alumnos que pedían fiado ya sea pollos, rábanos, miel o incluso chorizo los pasaban al frente y era una vergüenza todos temían salir en la lista que dictaba el director cada lunes. Apenas así presionaba para que pagaran los adeudos. Otro recuerdo que se me viene a la mente son los festejos del día del estudiante. Eran ahí mismo en la plaza cívica de la secundaria, sólo un año me tocó que fue en la pista de baile del pueblo, que por cierto fue tardeada. En aquellos años la secundaria tenía muchos alumnos porque venían de otras comunidades como Balbuena, Campo Romero, Las Ilusiones, Los Alamitos, El Batallón, Aguascalientes, La Laguna, Las Bebelamas, etc. Contaba con un transporte escolar que los llevaba a la hora de salida.

Cómo olvidar las participaciones en los desfiles tradicionales del pueblo como los del 20 de noviembre y el 22 de diciembre la secundaria siempre participaba con contingentes grandes, escolta y banda de guerra. Académicamente siempre fui muy destacada. Participé en concurso académico de zona en Mazatlán. Fui preparada por la maestra de Español, Profesora Yadira, no recuerdo su apellido. Durante los tres años de secundaria obtuve reconocimiento por alumna ejemplar.

Otro dato interesante es que la secundaria contaba con su propia cooperativa, una sala coeba que en la actualidad sería sala de cómputo, sólo había una computadora. Por cierto, era de esas que hoy sólo queda el puro recuerdo. Teníamos un laboratorio para química y física en el cual era obligatorio usar bata blanca si no, no podías entrar y te quitaban puntos en la materia, así como también estaba la biblioteca donde todos nos peleábamos por el libro del Quijote de La Mancha para un trabajo de Español para el maestro Inda Cervantes y todos los trabajos eran hechos a mano, apenas estaban saliendo las computadoras, era lo máximo quien contara con una. En el periódico mural poníamos efemérides escritas a mano o a máquina.

Quise escribir sobre estos lindos recuerdos de la época de secundaria donde mi generación fue muy privilegiada por contar con excelentes maestros y director escolar. La ETA Núm 22 en mis tiempos fue una escuela muy reconocida por su nivel académico a nivel zona, instalaciones limpias y todo muy ordenado. Hoy sólo quedan lindos recuerdos de compañeros alumnos, maestros, personal administrativo y nuestro querido director, que por cierto algunos ya partieron de este mundo terrenal.

Cuando los recuerdos te llaman

JUAN CARLOS SÁNCHEZ MARTÍNEZ

La verbena, la plazuela, las calles o tu colonia con sólo verlos te llaman.

Te recuerdan tu infancia, adolescencia y juventud. Te vez en el lugar, caminando ahí y disfrutando los olores y sabores.

Muchas veces me he visto recorriendo los pasillos de la Benito Juárez con el calor de la tarde, jugando futbol o tocando el piano de travieso.

En la Simón Bolívar comiéndome unos chicharrones del Chiquete y un refresco en bolsa.

En la prepa del centro con amigos muchos al estar en todos los turnos posibles (mixto, matutino, vespertino y nocturno).

La plazuela jugando futbol en la explanada o básquet en la cancha o simplemente platicando con mis amigos que son muchos al haber convivido con distintos grupos.

Navolato es luz, es alegría dice la canción, y eso es lo que llega a mi corazón con las fotos y recuerdos que me traen.

No me cambio por nadie, soy y seré siempre de Navolato, donde lo negativo se pierde y lo positivo perdura por siempre.

Añoranzas de mi viejo Navolato

OLEGARIO MILLER GASTÉLUM

Foto: archivo de Rudy Mendoza

Añoro las tranquilas y calladas calles viejas de mi pueblo. Con sus portales con poltronas elegantes de siestas vespertinas. El trotar de los caballos arrastrando con sus cargas muy temprano las carretas. Añoro esas frescas y aromadas bulliciosas mañanas del viejo mercado. Los comerciantes con pregones ofertando sus vendimias pueblerinas.

También añoro los cantos matutinos de gallos, cenzontles y gorriones. Los bellos atardeceres de arreboladas nubes de colores en horizonte. Escuchar por las tardes el triste tañer del viejo campanario llamando a los fieles feligreses a la iglesia a los rezos del rosario.

También recuerdos de aquellos disfrutes paseos y festejos en los ranchos que llevaron mis juveniles pasos de caminar presuroso por caminos y veredas. Y también

155

por rincones de barrios de callejones oscuros y estrechos y tortuosos. Recorridos por caminos arbolados de álamos y frondas rumorosas.

Mis paseos por los campos y el río en mi brioso caballo llamado Medianoche, y la compañía de mi fiel perro pastor llamado Guardián con sus ladridos protectores. El canto de los gallos mañaneros, la algarabía de los niños en la escuela. El aroma de pan recién horneado de don Pedro llevado en canastas al mercado. El atole de pinole de la güera atolera y los taquitos dorados de La Chata.

Tantos y tantos recuerdos con añoranzas de aquellos tiempos de mi vida en mi pueblo. Las mañanas de café de personajes arreglando los asuntos que atañen al pueblo. Los señores en las bancas de la plazuela presumiendo amorosas conquistas pasadas. Las muchachas dando vueltas en la plazuela con cadencioso andar y juvenil coquetería.

El esperado silbato del ingenio llamando a jornaleros y obreros al trabajo. Extraño La Casita de Dulce, los raspados, los churros, los quequis y las tardes en el quiosco. Recuerdos que fluyen en mis pensamientos como sueños evocando el pasado. Pero ahora vivo la ajetreada vida citadina y tampoco tengo tiempo para sueño

Atentamente,
Olegario Miller Gastélum
Tijuana, Baja California

Mi abuelo Jesús Almada

ARACELY HERNÁNDEZ OCHIQUI

Don Jesús Almada

Crecí como todos. Ya cuando tienes conciencia y sabes que parte de lo que hoy es Navolato se debe a que mi abuelo Jesús y mi tío Jorge (a ninguno lo conocí) tuvieron la visión de iniciar el ingenio que les facilitaron las condiciones para que mucha gente trabajara, etc.

Claro siento mucho orgullo de llevar un poquito de esa sangre que en su tiempo hizo mucho por nuestro pueblo, mucha gente gracias a ellos tuvo la oportunidad de tener casa propia (ignoro si pagaron en pagos o sólo por ser trabajadores del ingenio tuvieron el beneficio de ser propietarios). En una gran parte de la calle Almada estaban ubicados los hogares de los trabajadores.

Hoy en día el único recuerdo emblemático en recuerdo de ellos es el engrane al que todos conocemos como "La Botella".

Creo que una manera de honrar su memoria es reubicar los restos de dónde reposan los restos de ambos y ponerlos en un nicho justo en el único recuerdo que queda de lo que fue en su tiempo la fuente de trabajo más importante para los pobladores residentes y los que llegaron para quedarse en nuestro querido Navolato.

Foto: archivo de Rudy Mendoza

Una noche de lluvia en mi niñez

ALBERTO URÍAS SAINZ

Al ver la luz de los relámpagos iluminar el cielo, mi padre decía "Segurito va a llover. Es relámpago muy azul".

Mientras mis hermanos y yo empezábamos a levantar los catres, mi mamá le echaba petróleo a la lámpara, ya que a los primeros truenos se iba la luz.

Por otra parte, mi papá con lo que podía tapaba la leña que al otro día se utilizaría para atizar y preparar el desayuno y el café colado en una hornilla hecha por el mismo.

Ya estando adentro de la casa, empezaban las recomendaciones "Tu tapa el espejo por los rayos". Mi abuelo dibujaba una cruz de ceniza en el suelo para alejar los rayos: esa costumbre nomas la conocí en Navolato.

"Cúbranse el pelo y no anden descalzos".

"Dejen poquita abierta la puerta por las centellas".

Y nosotros con aquella inocencia, cumplíamos al pie de la letra todo lo dicho por mis padres, por temor a que nos cayera un rayo.

De repente empezaba un rico aroma a tierra mojada y con ello las primeras gotas de la lluvia, que empezaban a caer sobre el techo de la casa. Mis hermanos y yo nos tapábamos de pies a cabeza para evitar escuchar los fuertes truenos y entre más arreciaba la tormenta, mi mamá con su rosario en la mano le pedía a San Isidro Labrador que parara aquel aguacero.

Se llegaba la mañana y nos despertábamos con aquel rico aroma a tierra mojada, el aroma a humo de la lámpara y el canto de una que otra rana que alegremente estaba sentada en un charco.

Mis hermanos y yo nos poníamos a jugar en el patio, brincando en los charcos, esperando nos hablarán para ir a disfrutar de unos huevos con chorizo, tortilla recién hecha, frijoles con queso y una humeante taza de café, tostado y molido ahí en mi casa.

Así transcurría una noche de lluvia en mi niñez, recuerdos difíciles de olvidar.

De plebío

PABLO SÁINZ-GARIBALDI

Foto: archivo de Pablo Sáinz-Garibaldi

Por las noches a finales de abril, fechas cercanas al Día del niño y a un mes de mi cumpleaños 45, me acapara fuerte la nostalgia por mi infancia en mi barrio El Suspiro, en el corazón de Navolato.

Cierro los ojos y recuerdo los sonidos de los grillos por las noches, mientras que en la tele pasa una novela (quizá "Rosa salvaje") por el Canal de las Estrellas, y el comedor rústico de ocho sillas de madera en mi casa está lleno: mis abuelos maternos, mi bisabuelo materno, algunas de mis tías, mi hermano y yo.

Definitivamente tuve la mejor infancia navolatense de 1985 a 1990: correteaba por todo el barrio, iba contento al colegio y mi mamá me llevaba con ella a visitar a sus tantas amistades por la Hidalgo, en especial a cenar enchiladas y gorditas con doña Nena y a comer asado y tacos dorados los domingos con doña Chayo Díaz. Los vecinos me llamaban "Jaimito".

Vivía en abundancia, nada me faltaba: ni cosas materiales ni amor, gracias a Dios.

Era un plebito clásico del Navolato en los 80: la música de Timbiriche, las historietas de Memín Pengüín, las caricaturas de los Thundercats, los yogures Danone y Danonino, la Vita de fresa, entrar a la casa a tomar mucha agua bien helada porque anduve chiroteando con la plebada del barrio hasta altas horas de la noche.

Vivencias de mi niñez con mi Isa

LOURDES MALACÓN GALVÁN

Hoy es sobre mi abuela Isa, así que ya saben, y ya sé, quien lo leerá. ¿Quién fue mi abuela? ¿Quién fue mi abuela para mí? Mi todo, siempre supe que podía contar con ella, siempre me escuchaba, y me aconsejaba a su manera, era renegada, muy renegada, pero había magia en cada regaño, se sentía el amor que de su corazón salía. Cuando era niña tuve la fortuna que ella viviera a la vuelta de la casa, a espaldas de la iglesia, así que, para mí, era muy sencillo estar ahí. Siempre fui vaga, y un poco solitaria, me gustaba subir a los árboles, cuando llovía gozaba, mojando en el agua, me ponía bajo los tubos donde caía el agua de los techos, mi pelo largo, que se llenaba de hojas y demás, meterme en los charcos, y resbalarme en el lodo, y después de eso ¿a dónde llegaba? A su casa, renegando me subía al lavadero, y me decía ¡Mira como vienes! Te va a pegar tu madre. Me daba una buenas friegas con el estropajo, jajajaja y yo gozando, ponía mi ropa llena de lodo a remojar, ella siempre nos tenía ropa en su casa, tenía el cuidado de siempre comprarnos, en su casa podía tener los pajaritos que recogía cuando caían de algún árbol, y me hacia la masita para que yo les diera de comer, mi liebre, que me la regaló Juan Manuel, ¿se acuerdan de él? Estaba enfermita y la curamos. Una vez le pedí una víbora, sólo me trajo el cascabel. Los perros que recogía, el ultimo que llevé lo recogí de un arroyo, estaba herido y sin un ojo, lleno de lodo, llegué con él y como siempre, regañada, pero atendida, ese fue el Bull, feo como él solo, con la mitad de una oreja, tuerto, pero llegó a ser su compañero más fiel. No dormir con ella era un castigo, pero a mí me valía, siempre he sido

163

así, me escapaba y le llegaba a su casa y me acomodaba, a un lado de ella, a sentir su calorcito, ese calor que emanaba de su cuerpo me hacía muy feliz. En ocasiones, mandaban por mí, ella se enojaba, porque decía la niña está dormida déjenla aquí, jajaja que dormida ni que nada, jajaja. Mi mamá no nos daba café. Para ir al colegio su casa nos quedaba de paso, yo desayunaba corriendo, para poder llegar con ella, ya me tenía mi vaso de jugo de piña, invariable, mis 10 galletas marías, y a servirme mi café con leche, café de talega, sólo un chorrito le ponía, a que pintara la leche, ¡qué delicia! ¡Qué felicidad sentía! Bueno, esto es todo por hoy, creo que esto se trata más de mí que de ella. ¡Dios me dio una gran bendición! Tener una abuela caritativa, que hacia el bien sin mirar a quien. ¡Siento que el legado de bendiciones nos ha arropado porque somos muy bendecidos! ¡Su energía, su luz, nos sigue acompañando, una mujer de mucha fe! Quiero que sepan ella nunca asistía a la iglesia, pero siempre rezaba, la recuerdo ante su Sagrado Corazón de Jesús, orando, rezando por las mañanas y por las noches, alguna vez me pregunté, ¿no se enfadara? ¿Qué tanto le dice? Nos persignaba y nos daba la bendición a la hora de dormir, y nos tenia a nuestro ángel de la guarda. Ella me enseñó a rezarle, y mientras estuvo en la tierra, la primera llamada del día era para ella, ¡Buenos días, Isa, dame tu bendición! Sigo teniéndola, porque ella no se ha ido, ella sigue en mi corazón. Mamá Isa, Mamá Isa. Cinco años, cuando tuve a mi liebre.

De cómo inició la preparatoria de la UAS en Navolato

FRANCISCO URIBE BELTRÁN

Foto: archivo del profesor Hilario Guzmán Landeros

1971
Inicio de la Preparatoria Navolato en las casas de los Altos de Don Manuel González, ubicada por calle Lic. Benito Juárez casi esquina con Zaragoza al norte.

DIRECTOR
Ing. Gustavo Ignacio López Estolano

COMITÉ PROESCUELA PREPARATORIA NAVOLATO
Don Matías López Osuna
Don José Refugio López Martínez
Don Francisco Ramírez Corrales.

Entre otros alumnos se recuerda a

165

José López Camacho (PEPE hijo de Cuco López y Chela Camacho)

Jorge Humberto Inzunza Gil (hijo de Tiburcio Inzunza)

Jorge Pérez Mireles (Hijo de la Profesora Esperanza Mireles, baterista de rock)

Jesús Arturo Alcaraz Soto (hijo del diputado Arturo Alcaraz y Chuyita Soto)

Manuel Chucuán Jacobo (el Caballo, gran jugador de básquetbol)

Isabel Cristina Hión Rodelo (CHABELITA hija de Nacho Hión y Lucila Rodelo de Hión)

En noviembre del 71 y en periodo de clases se realizó el primer viaje de estudios en el camión número 7 ruta Culiacán-Navolato, propiedad de Matías López, a la ciudad de Hermosillo, Sonora, al Hospital Psiquiátrico Cruz del Norte bajo la responsabilidad del Profesor Francisco Uribe Beltrán, quién se hizo acompañar de su señor padre QFB. don José María Uribe Rodríguez, personaje muy reconocido y querido en la comunidad. Por falta de recursos económicos tuvieron que dormir en Bahía de Kino en el Hotel Camarena.

Entre los maestros fundadores estaban

Ing. Gustavo Ignacio López Estolano.

Prof. Gilberto Concilión Rivera.

QFB Francisco Uribe Beltrán.

En 1972, la preparatoria se traslada al nuevo edificio ubicado en calle Jorge Almada y Ramón Corona (antes oficina de Teléfonos de México).

Uribe y López Estolano diseñaron los laboratorios. Para la adquisición de los equipos el profesor Uribe se trasladó a la Ciudad de México para su compra de los equipos de laboratorio.

De nuevo en el mes de noviembre del 72 se realizó un viaje al Complejo Volcánico de Pinacate, Sonora, en el Desierto de Altar. Mientras estaban en ese viaje la Universidad Autónoma de Sinaloa concedió formalmente la incorporación a la preparatoria. El pueblo celebró con mucha alegría, música de banda y recorrido a pie por las calles a pesar de que estaba lloviznando.

En el 73 toma la dirección el CP. Ernesto Acosta Amarillas+ en cuya administración la UAS fusionó a la escuela con el nombre de Preparatoria Navolato.

Director y maestro, acompañándolo, entre otros, los maestros

Baldemar Bueno

Bruno Tamayo

Rafael Armenta M.

Francisco Uribe B. se retira de la preparatoria para trabajar en la Escuela de Economía de la UAS en Culiacán.

Un inmigrante japonés

PABLO SÁINZ-GARIBALDI

Don Héctor Ide Hirata fue un inmigrante japonés que llegó a Navolato y formó una hermosa familia en mi barrio El Suspiro.

Su esposa fue doña Isabel Toquillas, hija de padre japonés y madre mexicana.

Fue padre de mi amiga Margarita Ide Toquillas, y suegro de mi amigo Juan Felipe Almada Ley.

Ojo: la familia Ide Toquillas es una familia orgullosamente japonesa, no china. Dejemos de llamarles "chinos" a todas las personas de origen asiático.

En Navolato, don Héctor sembraba hortalizas y flores que mandaba pedir las semillas a Japón y ya que antes era puro barco, duraban 6 meses para llegar.

Era un hombre generoso, regalaba sus verduras y flores a quien le pidiera. Tenía su sembradío cerca de lo que ahora es el Parque La Primavera.

En Japón su nombre era Takao Ide, pero en México tomó el nombre de Héctor. Falleció en 1979, el año de mi nacimiento.

Su vida es un testamento más de que Navolato es tierra de inmigrantes, tierra de diversidad étnica.

El ulama en mi sangre

ALEGNA VERASTICA

En el corazón de Sinaloa, en el municipio de Navolato resguarda secretos y tradiciones que perduran con el tiempo. Entre estas joyas culturales, el ulama de Antebrazo se erige como un símbolo de identidad y resistencia.

Desde mi infancia, el ulama ha sido más que un juego; ha sido un legado transmitido por mi abuelo a través de sus cautivadoras historias. Sentados en el patio de su casa al caer la tarde, su voz me transportaba a un tiempo donde el ulama no solo era un deporte, sino el latido mismo de nuestra comunidad.

Ramón Maldonado, conocido como "El Dulcero", era uno de los nombres más resonantes en sus relatos. Mi abuelo hablaba con reverencia de sus habilidades en El Castillo Viejo.

"Para ser el mejor", solía decirme, "debes observar y aprender por ti misma", como Maldonado decía.

Aunque mi abuelo me enseñó los secretos del juego, Maldonado llevó consigo sus técnicas únicas a la tumba, dejando tras de sí la leyenda del invicto Maldonado.

En los años 50, la familia Haro destacaba en El Castillo Viejo antes de que la comunidad se mudara a lo que conocemos como "El Castillo", donde el ulama continuaba siendo el centro de atención. La demanda de jugadores era tal que se construyeron más canchas en terrenos baldíos, ahí los partidos podían durar hasta cuatro días desde el amanecer hasta que se ocultara el sol. Jugadores de lugares como El Molino, Sataya, Aguapepito, Rosa Morada, La Vuelta, La Pipima y la colonia Michoacana, antes conocida como Campo Acosta, visitaban para .enfrentarse en la cancha, donde las familias Moreno, Verastica, Valenzuela y Ruelas dominaban con habilidad y tenacidad.

Con el tiempo, muchos jugadores emigraron en busca de una mejor vida y otros fallecieron, lo que marcó un descenso en la práctica del ulama. La escasez de pelotas, cuyos fabricantes habían fallecido y los poseedores no las prestaban por su significativo valor, llevó a una pausa inevitable durante una década en Navolato. Sin embargo, el espíritu del ulama persistió.

Después de un tiempo con la llegada de nuevas pelotas, las generaciones veteranas revitalizaron el juego una vez más. Familias como los Acosta, López, Verastica, Ibarra, Moreno, Villa y Sánchez continuaron la tradición con fervor.

En los años 2000, las familias Moreno y Verastica eran leyendas vivientes. Los hermanos Moreno, reconocidos por su fuerza y técnica, junto a los Verastica con su estrategia impecable, emocionaba a los espectadores en cada torneo. Aunque rivales en la cancha, cultivaban una amistad fuera de ella.

Hoy en día, las familias Urías, Cárdenas, Quevedo, Moreno, Sánchez y Verastica trabajan unidas para asegurar que el ulama perdure en las nuevas generaciones. También se destacan los Ontiveros, Rubio y Morales por unirse en los últimos años. Mi abuelo Adolfo Verastica y yo hemos tomado el mando de la Delegación de Ulama de Navolato, comprometidos con documentar y difundir la historia y técnicas del juego para honrar las memorias de los jugadores de nuestro municipio. Nuestro lema diario es: "Deporte dormido, despiértame y actívame para que todo México te conozca".

Aunque hoy solo quedan jugadores activos en El Castillo, la esperanza de revivir esta tradición sigue viva.

El ulama de antebrazo no es solo un deporte, es una forma de vida. En El Castillo, los niños crecen viendo a sus padres y abuelos jugar, soñando con el día en que también podrán ser parte de este legado. Como yo, que inicié a practicar ulama a los ocho años, inspirada por los relatos de mi abuelo y motivada por la pasión de los jugadores. Aunque en aquel entonces la participación de las mujeres estaba limitada por considerarse un deporte rudo, aun así, obtuve el título de ser la primera mujer jugadora de ulama en Navolato, lo cual generó en mí más interés por integrar a más personas sin importar su edad o género.

Hoy en día, mi persistencia con este proyecto ha rendido frutos, creando más oportunidades para que todos, sin importar género ni edad, participen y disfruten de este deporte. Cada golpe a la pelota es un homenaje a nuestros ancestros, una forma de conectarnos con nuestras raíces y honrar nuestra historia, fortaleciendo nuestro sentido de identidad. Y mientras exista una pelota de caucho y un antebrazo dispuesto a jugar, el ulama permanecerá en los corazones de los Navolatenses.

Mención especial a los guardianes del Ulama en Navolato: Adolfo Verastica, Arnulfo Urías, Francisco Moreno, Bryan Quevedo, Othoniel Sánchez, Raquel Urías y Hannah Cárdenas.

La época dorada de mi juventud

ABEL JACOBO MILLER

Sin duda alguna la época dorada de mi juventud la viví en mi natal Navolato. Esa ciudad tranquila y donde todos nos conocíamos. Donde las tardes de los domingos era ir a la "visita" con la novia, ir a misa, sentarse en las escaleras de la iglesia ver pasar los carros, comiendo unos deliciosos churros de la Tere Machuca. O comprarle unos raspados al Chango, de esos raspados con nieve que no venden en ningún otro lado. Y después cenar unos tacos de con Pancho Reyes o de con el Chepe. Platicar con los amigos en las escaleras de la iglesia se extraña. Cuál café ni que nada... los escalones de la iglesia después de la misa era el centro de reunión de mucha gente, que sólo nos sentábamos a platicar y ver los carros que pasaban dando vueltas y vueltas por donde mismo. Así de tranquilo era todo. Una convivencia sana, sin malicia, sin teléfonos celulares que distrajeran. Pura risa.

Eso es lo que extraño de Navolato. Su vida pacífica y la convivencia con los amigos. Cuando uno se va de su tierra por motivos laborales o por buscar una mejor vida en otros lados, el terruño jamás sale de uno. Se extraña con mucha entraña. Por eso los de Navolato siempre andamos buscando algo que nos recuerde nuestra raíz. En Culiacán, dónde actualmente vivo, cuando el Mino Burgos puso una sucursal de sus tacos, inmediatamente salí a buscarlos, y cuál fue mi sorpresa, encontrarme ahí a varios de Navolato que hoy radican igual que yo en Culiacán. El ombligo jala, diría mi madre.

Cualquiera de nosotros que nacimos en Navolato y vivimos el Cine Alameda, el Cine Royal, sus bailes en el Club de Leones, comimos los tamales de "El Piña", los churros de La Machuca, los tacos de Pancho Reyes o del

Chepe, los mariscos de Altata cuando los restaurantes estaban en la orilla de la playa con todo y mesas, los que disfrutamos los tacos del Mino Burgos, los raspados del Chango, o de tomarnos una cocona de vidrio bien helada en La Casita de Dulce o en el kiosko con doña Paca. ¿Cómo crees que se puede olvidar todo eso? Jamás. Incluso las generaciones nuevas de navolatenses jamás sabrán lo que nosotros añoramos y vivimos de nuestra tierra. Porque a ellos ya sólo les quedan pocos iconos que puedan recordar de Navolato.

Somos de Navolato y no importa a donde vayamos, a Navolato no nos lo saca nadie de nuestra sangre. Y su vida pacífica, las amistades y vivencias que tuvimos en nuestro pueblo, esas se irán con nosotros a donde vayamos.

Mi barrio del huanacaxtle

ALBERTO URÍAS SAINZ

Nací en 1957 en la calle Porfirio Diaz. Hoy es la calle Morelos, muy cerca del huanacaxtle. Ahí recuerdo esa calle llena de algarabía, platicas y charras de la plebada. En aquellos tiempos platicábamos bajo ese árbol famoso qué estaba en medio de la calle. Recuerdo a mis amigos los Burgos, el Aarón, Jaime El Tigre (epd) y muchos más que se me pierden en el recuerdo. Una calle llena de recuerdos. Todos nos mirábamos como familia, empezando por mi abuela conocida como doña agustina. Enfrente vivía Gabino Burgos y familia, don Pancho Tamayo, don Manuel López y doña Lupe, don Ramón Leal, el Chito Miller, los Monge, mi madrina Tere Gonzáles, doña Lola esposa de Valentín, los Jacobo que tenían camiones azul y blanco, y tantas familias más. Ahí teníamos la Escuela Club de Leones a una cuadra. Muchas anécdotas de mi abuela Agustina qué ponía a fermentar el famoso chop suey, el cual se lo mandaba al restaurant de los chinos Julio y Arturo. Recuerdo esa casa de mi abuela llena de árboles frutales sin faltar el mango machete y las ricas y jugosas ciruelas. Esas son una pequeña remembranza de aquellos buenos tiempos de mi querido barrio y pueblo Navolato.

Navolato en mis recuerdos

RUBÍ HERNÁNDEZ

Crecí cerca del canal cañedo, justo en la equina donde está ubicada la Ley Juárez, veía pasar máquinas, trilladoras, camiones de carga y carretas de fierro a veces cargadas de caña y otras veces vacías. Eran muy ruidosas. En tiempo de aguas llovía por días enteros. Recuerdo el ruido de la lluvia en la lámina de fierro de dos aguas de mi casa y el olor a tierra mojada que despertaba antojos y así nació la tradición de comer kekis o pinturitas acompañados de un vaso de leche bronca bien hervida. Esa sí era leche. Me emocionaba ir así lloviendo a la tienda de doña Licha Guzmán a comprar harina para los "quekis". Me tocó ver bañándose a la plebada en ese charco enorme que se hacía en la calle de al lado. Al regresar me esperaba un balde con agua para lavarme los pies que traía llenos de barrial, muy difícil de quitar. Como vivíamos al lado del canal a muy temprana edad nos enseñó mi mamá a nadar. Yo aprendí a los 4 años y cruzaba nadando el canalón de lado a lado, parecía pajarito me decían. Mi casa la rodeaba un monte, cuentan que era sembradíos de flores en aquellos años, y el agua del canal al lado, agréguele que no teníamos luz y aunque usábamos cachimbas en esa oscuridad era un mundo de moscos atacando. Por eso antes de "la hora de los moscos " nos daba de cenar mi mamá y preparábamos las camas con los pabellones, insertábamos los cuatro palos de escoba en las esquinas de la cama y el catre, después nos mandaba a jugar para protegernos de los moscos un rato, con un chiflido de mi padre regresábamos a casa más tarde. Nunca era suficiente el tiempo para jugar al stop, al bote escondido, a la cebollita, al túnel del amor (jajaja), a la tiendita, changaray, a "la conea", porque así decíamos, era como "la traes". También jugábamos un tipo beisbol pero con dos palos cortos de escoba y a las escondidas. El punto de reunión era la calle Juárez. Nos íbamos brincando uno sobre otro hasta con Licha: ¡tres de aquí otra vez! ¡Cinco de aquí te brinco!

Pero también el patio de la familia Garibaldi era nuestro lugar de juegos. Me tocó conocer a don José "El Chato" Garibaldi, un señor recio de botas y sombrero. Tenía una cuarta, así lo recuerdo, tenía por amigo decían al artista Antonio Aguilar, que lo visitó algunas veces, cuenta mi mamá. Su esposa doña Dolores, a quien conocí como doña Lola, una señora de muy bonito corazón, con una familia muy bonita y numerosa. Como les decía, andábamos hasta por las caballerizas; esto me recuerda que pasando el puente del canal por la calle Benito Juárez se organizaban carreras de caballos y se llenaba de gente de todos lados y vendimias. Me acuerdo de los enormes álamos que dividían la calle, esa que llevaba a la casa de los Almada, que tenía una entrada que me parecía majestuosa, una calle empedrada y palmeras a los lados. Mi papá trabajó ahí cuidando y de velador y me tocó conocer la "casona" por dentro. Recuerdo que había un baño revestido de cuadritos de azulejos negros y una bañera, ya estaba en deterioro todo para ese tiempo. Me daba miedo porque alguna vez supe que alguien se había privado de la vida en una de esas recamaras algo que no se si haya sido verdad. Recuerdo había una huerta de mango "cachetón" cerca y por el lado contrario estaba ese canalito de riego la "Pozita y el Chifón". La plebada y yo nos dimos buenos chapuzones allí. El lodo fue nuestro tobogán, nos deslizábamos y se nos rompía el "shors", pero felices . Hoy en día cuando sopla un poco de viento en mi cara me llegan sensaciones de esos días debajo de las pingüicas que estaban en el patio de mi casa y lo disfruto porque me lleva a esos días felices.

Tríptico navolatense

PABLO SÁINZ-GARIBALDI

Polvolato

Es que en aquel entonces no todas las calles estaban pavimentadas, alguna que otra conservaba el empedrado tradicional, y las principales, como la Almada y la Hidalgo, esas si rozaban pavimento. Pero la mayoría eran caminos o callejones polvorosos, que con los ventarrones que hacían durante tiempos de lluvia, la pequeña ciudad quedaba cubierta de polvo, un polvaderón, un tierrero por todas partes.

Lodolato

Y el polvo, cuando llovía, se convertía en lodo. Entonces: Lodolato. A mí me encantaba andar en los charcos que se formaban, especialmente la alberca natural en la esquina de Niños Héroes, La Costerita, y Benito Juárez, a un ladito del abarrote de Licha Guzmán. Lodolato era el parque acuático de toda la plebada, pero la tortura de tanta muchacha en zapato de tacón que iba brinque y brinque tratando de no llenarse de lodo rumbo al trabajo en Culiacán.

Navo York

Porque ahí donde nos ves, en Navolato hay gente bien, gente con dinero, gente de la alta, puesn. Familias de abolengo que son conocidos por todos, que convierten al pueblo en Navo York, aunque hayan cerrado el Cine Alameda, aunque casi todos vayan a trabajar a Culiacán, aunque la mayoría del mundo exterior solo sepan de Navolato por el himno sinaloense. Pero Navo York es nice. Es cool. Es world-famous. ¡Aya pinchi!

Recordando al Mercado Hidalgo

ANA LUCÍA LEYVA SOTO

Foto: José Enrique "Pepito" Sainz

La presente anécdota ha sido expresada por mi mamá Ofelia Antelma Soto Castelo sobre el Mercado Hidalgo.

El Mercado Hidalgo tiene su origen donde hasta hoy se encuentra, entre la calle Hidalgo, Juárez y Morelos, pero sólo eran puestos al aire libre, con un horario de 4:00 am hasta las 6:00 pm, mismos que al cerrar sólo cubrían con tela su mercancía y así se conservaba hasta al día siguiente para iniciar un nuevo día de ventas.

Como había un sólo puesto de carnes tenían que ir en cuanto abrían a las 4:00 am para poder alcanzar producto, de otra manera ya no alcanzaban y no había donde más comprarla. El puesto era propiedad de don Heriberto Zazueta. Así como también la leche, tenían que ir muy temprano para apartar sus litros, me cuenta que ponían las ollas en fila y así poder alcanzar leche que era recién ordeñada. El puesto lo atendía un señor que lo apodaban "El Chupa". Contaba también con un puesto de granos de don Pancho Tamayo, donde vendían azúcar, frijol, maíz, arroz, milo, linaza, semillas de girasol, harinas, etc., éstas estaban en costales, no empaquetado como lo encontramos hoy en día, donde cada quien pedía según lo que necesitaba, un cuarto, medio kilo, un kilo, etc. Se encontraba también un puesto de abarrote de don Armando Acosta, donde vendía gran variedad de productos tanto como para la comida como para el hogar. Había puestos como el de doña Quetín donde vendían los famosos esquimos, chocomiles, tortas y gran variedad de pan. Se encontraban también varios puestos de frutas y verduras, todos, como propietarios y trabajadores navolatenses. Se podía encontrar además dentro del mercado una zapatería, propiedad del señor Heriberto Burunda y su esposa Silvia. Y no podía faltar el puesto a un lado del Mercado Hidalgo los churros, los quequis y chocomiles de doña Guadalupe y don Pablo Machuca, distinguidos navolatenses que hasta la fecha podemos disfrutar de su delicioso y único legado gastronómico.

Durante la charla con mi mamá y de esta breve reseña, me llama mucho la atención cuando menciona que los puestos solo eran cubiertos con tela, y se respetaba, no había robos y los propietarios podían dejar así sus puestos con toda confianza; me transporto a esos ayeres y utópicamente añoro (sin haber vivido aún en esa época) que hoy en día pudiéramos vivir de esa manera con respeto y confianza entre navolateños, como cuando dormían tranquilamente en banquetas, patios y techos de sus casas y hasta con las puertas y ventanas abiertas, pero esa, esa es otra historia de mi amado Navolato.

Una plática llena de recuerdos de Navolato

RAFAEL HERNÁNDEZ JACOBO

Fuimos invitados a un cumpleaños de un joven, y nos reunimos varios amigos de la tercera edad, y empezamos nuestra charla recordando algunos lugares de antaño que identificaban plenamente a nuestra natal población, actualmente municipio de Navolato, Sinaloa. Empecé la plática recordando el monumento o la torre que tenía un reloj grande, el cual se ubicaba en el cruce de las calles Morelos y Ángel Flores, la cual era una glorieta rodeada de jardín y banquetas alrededor, la tengo muy presente pues todos los días pasaba por ahí cuando iba a clases a la Escuela Primaria Benito Juárez en los años de 1960 a 1966.

Otro amigo del cual coincidíamos la edad, pues yo tengo 70 años, le vino a la memoria otro edificio que le llamaban Sociedad Cooperativa de Consumo S. A. de R. L., que era una especie de abarrote grande que surtía mercancías a los obreros de la fábrica de caña de azúcar del Ingenio La Primavera, misma que se ubicaba en la misma cuadra donde yo vivía, desde mi nacimiento hasta el año de 1984, lugar que le llamaban y se le conoce todavía como El Rebote, que es el domicilio de Pablo L, Sidar No. 134, una pequeña callecita que se ubica entre las calles Morelos e Hidalgo. Una de mis vivencias de mi infancia con relación a la cooperativa de consumo fue cuando me daban 20 centavos mis papás, me iba corriendo a comprar galletas de animalitos y me daban un cartucho (un cono de hoja de papel moreno) grande por los 20 centavos.

Siguiendo con los recuerdos de nuestro querido Navolato, a otro de los invitados le vinieron a la memoria varios lugares cercanos a la torre del reloj como son: el billar de don Peñuelas, la tortillería del Yaqui, los tacos de Pancho Reyes, la terminal de camiones de la ruta de Navolato-Culiacán, Zapatería Urías, El Gallo y la tienda de don Baudilio. De esta última surgió la anécdota de cuando la mayoría de la gente del pueblo decía: si quieres encontrar algo ve a la tienda de Baudilio y ahí lo encontrarás. La tienda estaba en una esquina donde hoy se encuentra un Oxxo, entre las calles de Hidalgo y Benito Juárez, surtida exageradamente desde la entrada, el techo y todo lo que abarcaba el local.

Como no recordar el Club de la Buena Amistad que se encontraba en lo que es actualmente Bancomer, nos vino la nostalgia pues ahí, a un lado se encuentra el antiguo Cine Emancipación, hoy un auditorio abandonado del sindicato de obreros de la Sección XV del Ingenio La Primavera, donde se celebraban los festivales de las distintas escuelas de nuestra población y en especial los actos políticos de campaña.

Ya entrados en la charla de nuestros afortunados e inolvidables recuerdos, por cierto, nos vino a la memoria el Padre Alejandro, párroco de la Iglesia San Francisco de Asís, santo patrono de nuestro querido Navolato. Los comentarios inmediatamente se hicieron llegar del grupo de amigos que festejábamos al cumpleañero. Uno, nos contó sobre las peregrinaciones que se hacían desde las diferentes colonias de Navolato, así como de las rancherías cercanas a la parroquia, la organización, la banda sinaloense y el fervor de la gente para asistir a ese compromiso religioso. Me viene a la memoria la emoción que sentíamos los niños y jóvenes cuando tronaban los cohetones y las cordilleras de cámaras y buscapiés durante el recorrido de la peregrinación. Ya no se diga en la celebración de la fiesta del santo patrono con el torito y el castillo cargado de canastillas voladoras y buscapiés. En lo personal les recordé el lugar al cual le llamábamos La Experimental, que era un taste para carreras de caballos y que ahora es la prolongación de la calle Benito Juárez hacia la salida sur de Navolato, lugar que ha sufrido una gran transformación, albergando actualmente oficinas municipales, escuelas, restaurantes, colonias, negocios y campos deportivos, mostrando el avance geográfico y urbano que actualmente se ha desarrollado en nuestro apreciable municipio de Navolato, Sinaloa.

Navolato de mis recuerdos

MARÍA OFELIA RUBIO PÉREZ

Navolato y mis recuerdos. Me fui hace 24 años pero sigo yendo cada año porque hay muchas cosas que me hacen volver, la familia, los ambientes, la comida, los amigos, los recuerdos de infancia, los cuales se agolpan en mis memorias como un ancla hacia mis raíces, hacia esas cosas que no quiero dejar ir, que no quiero olvidar: las tardes que pasábamos en familia en el río del Limoncito, las visitas a Altata, los costales llenos de mangos, la mayoría regalados, las ciruelas super deliciosas, jugar en el barrio todos juntos por la tarde a la traes, bote robado. Los mayores sentados en sus poltronas sólo para platicar o ver pasar a la gente.

Luego la juventud dorada donde todo podíamos, que nada nos detenía, ni siquiera las carencias económicas o las restricciones de los padres. Los domingos en la plazuela eran sólo dar vueltas y vueltas, no importaba cuántas fueran nunca eran suficientes. Las discos de la Alameda, salir a las 12 de la noche todos juntos e ir a comer tacos con los Chepes.

La preparatoria UAS, sus pasillos que sirvieron para el estudio, las pláticas y los amores de juventud. Ir a comer esas deliciosas tortas de don Cuco que jamás las he vuelto a probar. Ir a entrenar tae kwon do en el gimnasio de la UAS, correr en el Estadio Juventud, ir a entrenar pesas con el Many. Nada nos cansaba; porque aparte teníamos que cumplir con nuestros estudios y con las obligaciones de hijos. Éramos unos super héroes que nada nos cansaba.

Esa juventud que ya no regresará, que está en los recuerdos de los que ahora estamos fuera. Y que sólo regresamos por todo lo que dejamos allá. Regresar para volver a recargar, para seguir añorando lo que nuestros hijos ya no podrán vivir por la vorágine de la actualidad.

Mis visitas son ahora recorrer en Navidad las verbenas, ir al mercado y comprar carnitas, chicharrones, la machaca de los Meza, los coricos, los churros Machuca: ir a Navolato y no comerlos es un pecado. Revivir y revivir lo poco que queda de ese Navolato de antaño.

Ahora vemos cuánto ha cambiado, en unos aspectos para bien, en otros para reflexionar sobre lo que hemos perdido: nuestra seguridad, nuestra tranquilidad, nuestra juventud.

Navolato una ciudad llena de matices, de fuerza, de gente con ganas de siempre salir adelante, de seguir y seguir. Ese es el Navolato de mis recuerdos y de mi presente y espero que mi futuro sea siempre poder regresar allá.

Repartiendo carne de cochi en Navolato

CARLOS BERNAL MORALES

He aquí una de las mil y una vivencias durante mi adolescencia y mi efímera juventud en mi pueblo querido. Transcurría el año de 1968 y vivíamos por la calle Almada en la salida a Altata, yo estaba estudiando la secundaria en la heroica escuela Eva Sámano, mi horario era mixto, es decir, clases en la mañana, de 6 de la mañana a las 8. A esa hora tenía una hora para venir a desayunar.

Eran aproximadamente las 5 y media de la madrugada cuando un carro atropelló a un cerdo de regular tamaño, era enfrente de donde estaba el abarrote del señor Chepe Varela (qepd), yo corrí y arrastré como pude el animal hasta la banqueta para que no lo molieran otros carros, me fui a la escuela, cuando volví como a las 8 y media ahí estaba el cerdo atropellado. Mandé a unos niños a avisar por si aparecía el dueño, pero sin señales de nada. A un costado estaba una vulcanizadora y fui a pedirles una cuchilla con las que pelan las llantas, como los veranos son muy intensos me di prisa para que la carne no se dañará, lo empiezo a pelar y a repartir entre las señoras que iban al abarrote.

Lo que tengo grabado es que le di los costillales a la esposa de un miembro de la familia Santiesteban, que le había caído un tanque de 200 litros y le amputaron todo el pie con la pierna. Me dio mucho gusto hacerlo. Al último le di la cabeza a un señor que vendía cebada y el cuero a un grupo de niños para que lo vendieran en la tenería.

185

Bien, ni un pedazo de carne a la familia, pero satisfecho.

Lo curioso vino después. El cebadero al que le di la cabeza era yerno de un agente de la judicial de aquel tiempo, que era el dueño del cerdo, y vivía por lo que hoy es La Costerita, quien le preguntó, "¿Dónde compraste esa cabeza para el pozole?" Y él le respondió, "Me la regaló Bernal". Ahí empezaron los problemas, el judicial empezó a buscarme y tratar de levantarme, yo fui y me refugié en la Eva Sámano, duró como tres días la persecución. Entonces viene lo bueno; el Lic. Leonardo Martínez Verdugo fungía como sub-procurador de justicia del Estado de Sinaloa, se enteró del problema en que estaba metido y le hizo llamar, le pagó el cerdo, lo cesó de la corporación y me envió un mensaje: "Dile a Bernal que de aquí en adelante si mira una vaca, un cerdo o cualquier animal comestible en las mismas condiciones, y lo reparte igual, que lo haga, YO RESPONDO". Ya sabrán, me la llevaba buscando algo que repartir, jajajajaja. ¡¡¡Esta es una de mis mayores obras y memorias de mi adolescencia!!!

El niño, el viajero y el músico

JESÚS "CHUCHY" BARRAZA ARMENTA

Los Navsin Boys

Con gran fuerza comparto algo tan especial que pocas personas saben de esto muy mío que aún añoro tanto, ya que es algo que sólo queda en un rincón muy sagrado dentro de mi palpitar y mi mente. Eran los años 80s, para ser preciso el año de 1981, yo tenía 4 años y felizmente bajo dos techos, el familiar y el techo de la música, junto la casa donde vivía había un cuarto donde resonaba al ritmo de diferentes géneros musicales un conjunto que en esa época se hacían llamar "Los Guapachosos", un conjunto musical conformado por los hermanos Barraza Payán, Ramón Rubio y otros excelentes músicos. Ellos ensayaban frecuentemente en ese muy íntimo estudio ubicado por la Niños Héroes del Pueblo Nuevo Número Uno "El Venecia", conocido también en aquellos ayeres como "El barrio de los artistas". Recuerdo como yo de niño, con sólo puesto un short entraba a ese cuarto y me colocaba a un lado del baterista, "El Tiger" le decían a don Ramón Rubio, me daba una baqueta y me decía que también le pegara a los platillos, era toda una fiesta cada vez que ellos ensayaban. Recuerdo cómo se turnaban para ver por la única ventana de metro cuadrado que tenía el estudio y sólo la puerta de entrada donde también ahí se colocaban varios seguidores y amigos de los músicos. Una ocasión llegó una persona como de otra época, vestido muy extraño y con una melena larga, cuando terminó el ensayo se puso a platicar con mi papá, Chayo Barraza Payán, él tocaba en ese entonces los teclados y hacia coros. Recuerdo que tenía un Yamaha tipo Fender Roads, yo miraba como esa extraña persona de repente sus ojos empezaban a brillar cuando se despedía de mi papá, pero lo más extraño sucedía y acontecía muchas veces que esa persona también se acercaba a mí, se hincaba y me abrazaba fuerte y solía mojar mi cabeza con sus lágrimas diciéndome "que todo va a estar mejor" y como un suspiro de paz y un susurro de esperanza, yo, Jesús chuchi Barraza, despertaba de ese hermoso sueño el cual tengo años que dejé de tenerlo. Añoro tanto soñar esos momentos, pero hoy en día siento haber dado un gran paso emocionalmente donde mi paz se respira armónicamente muy bien.

P.D. Los recuerdos comentados aquí son meramente verídicos.

Con amor para mi padre Rosario Barraza Payán (pionero del rock n roll de Sinaloa), que en paz descanse.

El bichi de La Asegurada

PAÚL BENITO GONZÁLEZ DÍAZ

Hace muchos años, durante mi infancia, la Asegurada del IMSS era uno de los lugares clásicos para practicar el basquetbol, el voleibol, el futbol en cancha chica (la de básquet o la de voli), y por supuesto la natación. La alberca de ahí era la única en el pueblo, además de que estaba bien agradable. Todos nos queríamos bañar ahí. Bueno, pues resulta que cuando estaba plebe, como de 12 años, mi mamá me había comprado un pantalón Levi's Straus bien chilo, de los conocidos como mezclilla, en sus tiempos de los más caros. Mi mamá ya me había advertido que no me fuera a meter a la alberca de la Asegurada, pero pues este gallito bien jugado hizo caso omiso de la indicación de su santa progenitora.

Para meterme a la dichosa alberca me quité el pantalón de mezclilla a espaldas de los baños y regaderas de la alberca, y donde se me ocurre esconderlo entre los matorrales que se daban en el lugar. Debo aclarar que en esos tiempos aún no se vislumbraba lo que hoy se conoce como la Colonia Obrera, ahí se sembraba caña de azúcar. Bueno, pues por ahí dejé escondido mi gran Levi's Straus.

Luego me divertía de lo lindo echándome clavados de los trampolines de la época, ya fuera el más bajito o el de los mayores. En esas estaba cuando me doy cuenta que ya pardiaba la tarde, y en ese momento me dije para mí mismo, es hora de irme a casa. Y me voy a buscar mi pantalón, y gran sorpresa que me llevo, el mendigo pantalón ya no estaba en el lugar. La vista se me nublaba, la piel me cambiaba de color y pensaba para mis adentros, a que chinga me va a poner mi mamá.

Pero eso no fue lo peor, lo peor sería después. Me pregunté ¿y ahora como jodidos me hoy ir a casa? Vivía bien lejos, hasta allá hasta la salida de Navolato por la calle Almada, rumbo a Limoncito. Pues no hubo más, dejé pasar unos minutos esperando a que cayera la oscuridad para encaminarme a casa por el bordo del canal, siempre buscando caminar por donde hubiera menos personas que se recrearán la pupila viéndome en paños menores, hasta que por fin llegué a la casa. En eso que entro a casa y lo primero que me topo fue a mi madre querida y entonces me dijo: Te lo dije cx*r+n, siquiera no te lo hubiera dicho pero, te lo dije, y aunado al regaño estiró la mano para tomar el fajo (cinturón) de mi padre que fue a dar en mi pompis, para demostrar que los consejos de los padres siempre tienen que tomarse muy en cuenta, pues siempre serán para beneficio de los hijos. Adicional que ellos por la edad y la vida vivida siempre nos ganarán en experiencia...

Ahora, casi medio siglo después, sigo diciendo que deben hacerle caso a su papá y mamá, para que después no anden bichis por las calles.

El Suspiro

PABLO SÁINZ-GARIBALDI

"El barrio es el barrio, socio, y al barrio se le respeta".
"El gran preténder"
Luis Humberto Crosthwaite.

Al barrio donde crecimos le dicen El Suspiro porque al barrio vecino, en otro tiempo considerado el barrio bravo de Navolato, le llaman El Cochambre.

Quesque por jediondo.

Quesque por el lodazal.

Quesque por el cochinero en los callejones.

Entonces, al atravesar El Cochambre, tenías que aguantar la respiración, y cuando por fin lograbas salir del laberinto de callejones, suspirabas: de ahí, El Suspiro.

Pero nosotros no nos quedábamos atrás: en las noches, mientras todo el plebero de la primaria andábamos jugando y correteando afuera, incluyéndonos a mi Eliud y a mí, al fondo, en lo oscuro, se alcanzaban a ver las pequeñas luciérnagas, esas que emanaban un peculiar aroma que nomás de olerlo te ponía a volar.

Crónicas de pesca

GUILLERMO ALFONSO MORACHIS LÓPEZ

Foto: archivo de Nereida Villegas

En esta foto tomada seguramente en la peluquería de don Poncho, aparece mi padre don Humberto Morachis, don José María Montoya, el señor Acosta (Chupas) los cuales eran muy aficionados a la pesca. Los lunes de cada semana se juntaban con Poncho y platicaban, ¿cómo te fue ayer en la pesca?, preguntaban entre ellos. Pues saqué un robalo como de dos kilos y una curvina mediana ¿y a ti? Pues yo dos parguitos regulares sarteneros, apenas para la frita. Y un muchacho que iba a hacer bola con los señores siempre decía, yo saqué un pargo que me daba hasta aquí (señalando con la mano a la altura de la cintura). Y así sucesivamente cada lunes el muchacho platicaba, mi pargo me daba hasta aquí (señalando cada vez más arriba). O sea que el susodicho pargo crecía cada semana. Hasta que uno de ellos decidió aplacarlo y le dijo: "Mira, chamaco, ya cómete ese pargo, porque si no, para la próxima semana te va a arrancar una oreja".

Y soltaron la carcajada todos los presentes.

Con todo mi respeto y reconocimiento para don Bautista Castro, don Roberto Verdugo, don José María Montoya, don Acosta (El Chupas, disculpas, pero yo nunca lo llamé así), don Poncho, de oficio peluquero y anfitrión de las tertulias, y mención especial para Mino Burgos Sainz, también amigazo de mi padre y compañeros de aventuras.

Si pudiera regresar el tiempo (mi barrio)

ALBERTO URÍAS SAINZ

Foto: archivo de Rudy Mendoza

Cuántos recuerdos tengo de mi barrio, cuántos sueños de juventud se quedaron en el pasado. ¿Cuántos pasos habré caminado por estas calles solo o acompañado?

Tantas historias, tanta gente querida, amigos de juventud con los que crecí como hermanos, tanta bohemia y nostalgia por mi barrio viejo adorado.

Cada vez está más lejos aquel adolescente que solía parar en la esquina siempre rodeado de amigos, a veces con un refresco en la mano y otras simplemente charlando... Cómo olvidar a mis amigos y a toda mi palomilla de aquellos años, las fiestas y los bailes de antaño.

194

Cuántas historias acumulamos. Si pudiera regresar el tiempo, viajaría hasta aquellos años, guardaría mi reloj y sería menos esclavo de los horarios.

A veces, tarde te das cuenta de que eras feliz y no lo sabías, tienes tanta prisa por crecer, por dejar tu juventud sin saber que, a través de los años, tus recuerdos te llevarán al pasado y habrá cosas que estarás extrañando.

Si pudiera detener el tiempo, sin duda, hay minutos que me gustaría hacer eternos, pasajes y momentos que viví en mi Navolato, en mi barrio viejo que tantas noches entre sus calles me escuchó cantando y bromeando con los amigos cuando éramos apenas unos niños y adolescentes.

Hay cosas que ya no existen y que nostálgicamente recuerdo como el Cine Royal, la tienda de la esquina, muchas otras cosas que me dejaron muy buenos recuerdos de un bonito pasado.

Pero así es la vida, creces, algunos llegan, otros se van yendo. Hasta tu imagen en el espejo porque empiezas a notar que has cambiado, que tienes algunos surcos en la piel marcados, que aquel cabello largo también se ha marchado, que ahora es más escaso y de un tono plateado.

Qué bonito mi barrio. Cuántos recuerdos, cuánta añoranza, cuántos partidos de fútbol, cuántas canicas rodaron por aquellas calles de barrio viejo. ¡Qué tiempos aquellos! De cuando esas mismas calles me vieron perder mi inocencia y dar mi primer beso.

¡Qué tiempos aquellos! Cuando estaban papá, mamá y la abuela, cuando había que llegar temprano a la Escuela Club de Leones, cuando las calles eran seguras, cuando los 20 de noviembre eran todo un acontecimiento, una algarabía porque cada año en esa fecha, realmente se vestía de gala mi barrio viejo.

Cuántos recuerdos vienen a mi mente de aquellos años finales de los 60s y principios de los 70s, donde la amistad se convertía en hermandad porque los amigos eran de verdad y no estaban detrás de un teléfono.

Qué bonito mi pueblo, qué bonito barrio de la Morelos y barrio Los Ángeles que me permitió conocer la vida libre de jugar en la calle y las huidas al río aun sin permiso, aunque al regreso me daban una cintariza.

Si pudiera regresar el tiempo, sin duda regresaría a mi adolescencia, tal vez les diría a mis amigos, al yo de aquellos tiempos, que no cambie su historia, pero que trate de no perderse a través del tiempo y que abrace más a sus padres y sus amigos, sobre todo a los que hoy ya se fueron, pues no sabe que algún día los echará de menos.

¡Qué bonitos recuerdos de Navolato y mi barrio! ¡Qué buenos tiempos!

El por qué El Cochambre es El Cochambre

ÁNGEL MANUEL CABRERA ESQUIVEL

Foto: archivo de Ricardo Mercado Ponce

Mi nombre es Ángel, nací en Navolato por allá en el año de 1970, en la colonia Pueblo Nuevo no. 2, que por allá por los años 80 y como hasta el 85 nosotros aclarábamos con coraje y con mucha convicción que nosotros no éramos del "Cochambre". En ese entonces el "Cochambre" era la esquina donde ahora está un partido político y una cristalera. Ahí vivía el Dengue, los Chiquetes, el Mayo, el Teco, el Leonel, uno que corría rápido y siempre andaba descalzo; enfrente vivían mis parientes los Cuates, el Rubén, en fin, otros muchos más.

Y ahí por esas casas había unas personas que trabajaban en la recolección de basura, o a eso se dedicaban, por eso les decíamos "los cochambres", era a manera de burla, pero todavía a los que vivíamos por el canalito no nos gustaba, ni presumíamos que nosotros éramos del barrio "Cochambre", hasta que crecimos y llegamos a la adolescencia y juventud, hasta que llegaron los pleitos de barrio y fue entonces cuando cada rato nos peleábamos. Nombraré a la mayoría de peleoneros, primero a nuestros amigos que en paz descansan: el Franquío, el Marro, el Amado, Gilberto y José Juan Petris, mi compadre Tony, Cucuy, el Piña, Monchío, Leyva y Monchío de la Blanca. A los que seguimos en la vida, como caiga y me acuerde, algunos no eran originarios de aquí, pero igual fueron parte de aquel barrio peleonero y unido: el Pollero, el Luna, el Chelis, Martín Petris, el Negro Paúl, el Erizo Row, el Chetos, el Pollo, el Lico, el Panchío, Pinino, el Jalín, Chico Pesado, Tomasío, Joelío, Benito, Cheko, el Pipí, Julio, y otros tantos más de los cuales no me acuerdo, pero se peleaban junto con nosotros. Y fue a partir de ahí que nosotros les pedíamos apoyo al Mayo, al Teco, al Héctor Piriguas, y a la gente de ese lado que eran mayores que nosotros, y eran buenos para echar chingazos. Y fue desde esos pleitos que a nosotros se nos llenaba la boca al decir que éramos del barrio "Cochambre", y en todos lados presumimos y rayábamos las paredes. Pero aparte de peleoneros también fuimos conocidos porque andábamos en todos los golletes de Navolato: Club de Leones, Alameda, Disco Patín, el Salón Violeta, incluso en lo que ahora es un lugar para pelear gallos por la Almada yendo para Limoncito, y en cualquier casa donde hubiera fiesta. Tiempos felices y muchas anécdotas.

Si en un principio no éramos, y luego fue por conveniencia, pero al final orgullosos y felices de ser del COCHAMBRE, y todavía.

EL BARRIO NO ES DONDE NACES NI CRECES, ES DONDE TIENES Y HACES AMIGOS PARA SIEMPRE...

Cine Royal

JESÚS MANUEL RODELO

Foto: archivo de Rudy Mendoza

Para el Dr. Jesús Haro Camacho
A su memoria

Caminas por la calle Hidalgo mirando a las arañas que trajinan de aquí para allá con los pasajeros y sus comestibles: un costal de harina, bolsas con carne, uno de ellos lleva un marrano, atado de las patas, que no deja de dar chillidos. Una araña con los rines reforzados lleva a King Kong con sus botes de leche. Por la banqueta camina El Clavo, con su andar desigual, se dirige al mercado, ahí cargará los bultos de los marchantes por unos centavos. Pasas por la peluquería de Rangel, los tres sillones están ocupados, en la orilla de la banqueta está el tendedero de cuentos para su renta. Llegas al edificio que alberga la sindicatura. Siete ventanas enrejadas y un portón de madera conforman la fachada del edificio. Sobre el portón se extiende un muro hacia las alturas que remata en un frontispicio de cal y canto. Ahí se encuentra enmarcado el escudo de Sinaloa que diseñara el muralista Diego Rivera. Arriba el reloj sin prisa marca las horas. En la parte trasera se encuentran las celdas para los infractores de la ley. Al frente se hayan las oficinas del registro civil y la oficina del síndico municipal. En ese lugar ejerció Belem Torres su oficio de juez y síndico por muchos años. Su ingenio salomónico para ejercer la justicia en el ejercicio de su profesión, hicieron de sus actuaciones un inventario de mitos y consejas de la tradición oral de Navolato.

A un costado de la sindicatura observas el Cine Royal. Es un gran edificio con techo de dos aguas. Consta de dos pisos: luneta y galería. En una gran pantalla se proyectan las películas de la época. En el lobby se encuentra la taquilla, unos tubos de hierro enfilan a los aficionados, en lo alto las láminas ilustradas de películas se balancean, "Lo que el viento se llevó" se alcanza a leer en una de ellas, en otras la humedad ha oscurecido los nombres; "El Tunco Maclovio", "La cucaracha...".

En las afueras del cine se muestran como si fuera una exposición de pinturas los carteles de las películas. Admirar las fotos fijas de los filmes constituye por sí solo un espectáculo. Uno podía tardar hasta una hora o más en ir viendo uno a uno cada cartel. Debajo de la acera se encuentran los puestos de golosinas. Tres enormes barriles de agua cebada, piña y horchata montadas sobre carretillas se ofrecen al público. Jaime despacha dos conos de agua de horchata y uno de cebada. En tres pedazos de papel coloca dos pays de queso y uno de piña.

Los estudiantes observan los carteles de las películas, ríen con los comentarios de cada uno de ellos, mientras dan cuenta de las viandas.

Los enamorados oyen la misa de seis, pasean por la plazuela, cenan tacos dorados con la Chata y van a dar al cine. Es una manera de acceder a otros mundos. La oscuridad te aísla de los demás: algo sucederá. La matiné de los domingos era otra cosa. Desde muy temprana hora había niños y adolescentes luchando por obtener un boleto en una cola interminable. Era tanta la aglomeración al llegar a la taquilla que no pocas veces terminaba en trifulca. Aun así aquello valía la pena, el programa doble sería sin duda tema de comentario el lunes por la mañana con los compañeros de la escuela.

La bandera y el reloj

JESÚS MANUEL RODELO

El monumento a la bandera está situado justamente en el centro del cruce de las calles Hidalgo y Ángel Flores. Vas pensando si estará abierta la cooperativa para comprar una coquita, en la máquina expendedora, después del desfile. Una carreta jalada por burros lleva un viaje de arena, se detiene, los contingentes de estudiantes impiden el paso, los jumentos empiezan a rebuznar fuerte, el hombre emite unos silbidos largos que los burros captan de inmediato, callan, el hombre se baja de la carreta y toma un morral, saca unas mazorcas y les pone una a cada uno en el hocico, los animales levantan la cabeza para no perder los granos que van desprendiendo con sus dientes. El hombre va a la esquina donde el Chango vende sus nieves, compra un vaso de cebada, un niño pide un "changulé".

La construcción es una torre forrada de piedra que en lo alto tiene un nicho con una ventana de cristal a través del cual se puede apreciar el estandarte tricolor. En un nicho anexo se encuentra un reloj que siempre marca el mediodía. En los bordes de sus cornisas anidan las palomas y en las tardes vuelan alrededor aleteando con algarabía para luego desaparecer en el cielo. La torre está rodeada por un jardín con rosales, tiene una protección de hierro forjado, la circunscribe un empedrado siempre húmedo por el agua que corre de las plantas. El 24 de febrero de cada año se celebraba el día de la bandera y el lugar era punto de convergencia de los contingentes de las diferentes escuelas del pueblo, perfectamente vestidos de blanco. "Me dijeron que si no tenía zapatos negros". Después de desfilar por las calles llevaban a cabo el homenaje al pie del monumento. Por la Almada pasaba el pelotón.

El kiosko

JESÚS MANUEL RODELO

Foto: archivo de Rudy Mendoza

Las muchachas de cabello largo y aromas de primavera levitan en su andar de crinolinas por los andadores de la plazuela. Todos los caminos llevan al kiosko. Las majestuosas palmeras batidas por el viento parecen librar un encuentro de esgrima veraniego. El jardín está poblado de tupidos rosedales cómplices de las parejas que en los estíos ardientes dejaban olvidadas, en sus prisas amorosas, algunas prendas íntimas como testimonios de cumplidas ansias juveniles.

En la planta baja, el kiosko tiene entradas con forma de arcos, ahí se expenden bebidas y golosinas. Un joven se acerca a la rockola, introduce una moneda, el brazo del tocadiscos escoge la pieza elegida. En la parte posterior hay una escalera que lleva al segundo piso abierto con sus balaustradas y gárgolas de piedra rosada, su techo es de tejas de barro crudo.

El kiosko está dedicado a don Conrado Solís director de la banda de música que alegrara con sus notas muchas noches placenteras a los habitantes de la región. En un rincón del jardín se escucha el solo de trompeta con su tono plañidero que se aproxima lentamente desde La botella: es el niño perdido recuperando sus recuerdos a través de las notas musicales. Era inimaginable que un día pudiera no existir.

PARTE II

Se le fue
la tripa
al plebe

Leyendas de Navolato

Y no es maravilla, porque el mismo Satanás se disfraza como ángel de luz. Así que, no es extraño si también sus ministros se disfrazan como ministros de justicia; cuyo fin será conforme a sus obras.

2 Corintios 11:14-15

"Desde el fondo de la tierra
Fantasmas humanos se buscan.
Algunos olvidan frío,
Otros nunca se encuentran.
Hacen temblar la vida:
Tiemblan sueños, tiembla amor".
"La Llorona"
Caifanes

"He oído que la noche
Es toda magia
Y que un duende te invita a soñar".
"Maldito duende"
Héroes del Silencio

Una noche de mitad de verano

PABLO SÁINZ-GARIBALDI

En Navolato, una noche de mitad de verano a finales de los 80 era una experiencia llena de encanto y tradición.

Las temperaturas calurosas del día daban paso a un ambiente más fresco, aunque el calor seguía presente. Las calles se llenaban de sonidos nocturnos, especialmente el canto de los grillos, que creaban una sinfonía natural bajo el cielo estrellado.

Las familias se sentaban en los portales de sus casas, buscando alivio del calor. Las poltronas eran el lugar de reunión, donde los adultos platicaban animadamente sobre los eventos del día, mientras los niños jugaban a su alrededor. Las conversaciones fluían fácilmente, acompañadas de risas y anécdotas. El aire se llenaba de historias compartidas y el sentido de comunidad se hacía más fuerte.

Pero no todas las noches de verano eran tranquilas. A veces, las tormentas rompían la monotonía con relámpagos y truenos. Cuando esto ocurría, la electricidad solía fallar, sumiendo a Navolato en la oscuridad.

En esos momentos, la plebada se reunía rápidamente. Las velas se encendían, proyectando sombras titilantes en las paredes, y la atmósfera se volvía misteriosa y mágica.

Sin la distracción de la televisión o las luces eléctricas, las familias y amigos se sentaban juntos para contar leyendas de terror.

Historias de la mujer de blanco, los duendes traviesos de las escuelas y los naguales recorrían de boca en boca, capturando la atención de todos. Los relatos se volvían más vívidos con cada narración, y los oyentes se estremecían al escuchar los detalles más espeluznantes. Las risas nerviosas y los susurros llenaban la noche, mientras las velas parpadeaban, añadiendo un toque de misterio a la escena.

Una noche de mitad de verano en Navolato era una mezcla perfecta de tradición, comunidad y un toque de misterio, que creaba recuerdos imborrables para todos los que vivíamos ahí.

La mujer de blanco de la carretera

PABLO SÁINZ-GARIBALDI

Arte: Pablo Medina Domínguez

Esta es la leyenda más conocida de Navolato.

Se trata de la mujer de blanco que se le aparece de noche a los conductores varones sobre la carretera Culiacán-Navolato, a la altura de lo que era el antiguo Restaurante Los Mangos.

En los 80 se contaba mucho que si un hombre manejaba de noche frente al Restaurante Los Mangos se le subía una mujer vestida de blanco que hacía que el hombre se paralizara con el propósito de hacerlo chocar.

La parálisis terminaba una vez que el hombre podía manejar hasta la curva de Vázquez, a unos kilómetros del Restaurante Los Mangos.

¿Pero quién era ese supuesto fantasma de la mujer de blanco?

La raza dice que se trataba de una muchacha a quien su novio la asesinó a cuchilladas en el carro y que arrojó su cuerpo cerca del restaurante.

Desde entonces, cuenta la gente, el alma en pena de la muchacha busca vengarse de los hombres que pasan por ahí manejando.

Tanto así, que sí el carro viene lleno de hombres, pero también incluye una mujer de pasajera, el alma en pena de la muchacha no se aparece.

Su sed de venganza es sólo en contra de los hombres.

El Restaurante Los Mangos ya no existe, pero la gente cuenta que el alma en pena de la muchacha continúa apareciéndose en las noches a los conductores varones.

La leyenda de la muchacha del Restaurante Los Mangos sigue viva entre los habitantes de Navolato, recordando a todos que, aunque los lugares cambien y el tiempo pase, algunas almas en pena nunca encuentran su paz y su historia continúa siendo contada en las noches oscuras junto a la carretera.

Los duendes de la Secundaria Federal y de la Escuela de los Mangos

PABLO SÁINZ-GARIBALDI

Arte de Pablo Medina Domínguez

En Navolato se cuentan dos leyendas que ni yo me las creo, y eso que dicen que yo me creo todo.

Las leyendas de los duendes han encontrado un lugar en la memoria colectiva de sus habitantes, especialmente en dos lugares emblemáticos: la Escuela Secundaria Federal Simón Bolívar y la Escuela de los Mangos.

En la Escuela Secundaria Federal, en el antiguo taller de taquimecanografía se cuentan historias sobre la presencia de duendes traviesos.

Los rumores comenzaron cuando se descubrieron pequeñas huellas en el cemento del piso, huellas que parecían más pequeñas de lo normal y que aparecían misteriosamente en lugares que no habían sido pisados.

Los alumnos y profesores han intentado explicarlas sin éxito; las huellas parecen reaparecer incluso después de ser limpiadas o cubiertas.

Aquellos que han trabajado en el antiguo taller aseguran haber sentido una presencia inquietante, y algunos incluso han escuchado risas suaves y pasos diminutos durante la noche.

Se cree que estos duendes son juguetones pero inofensivos, buscando simplemente llamar la atención y hacer notar su presencia en la escuela.

Por otro lado, en la Escuela de los Mangos, la leyenda de los duendes toma un giro más inquietante. En este antiguo establecimiento, los duendes son conocidos por su naturaleza aún más traviesa.

Los relatos cuentan que, en medio de la noche, estos seres diminutos escriben mensajes crípticos en los pizarrones de las aulas, dejando garabatos y frases sin sentido que desaparecen al amanecer.

Además, son famosos por desordenar las aulas, derramar papeles y mover los muebles de forma caótica. Las historias aseguran que, a pesar de sus bromas, los duendes tienen una forma peculiar de comunicarse con los estudiantes, dejándoles pistas y desafíos que, al ser resueltos, parecen llevar a una sorprendente claridad o a una lección inesperada.

Ambas leyendas reflejan la rica tradición de lo sobrenatural en Navolato, mostrando cómo las historias de duendes han dejado su marca en estos dos lugares, manteniendo viva la fascinación y el misterio en la vida cotidiana de la comunidad.

La pianista de la Benito Juárez

PABLO SÁINZ-GARIBALDI

Navolato tiene muchas leyendas.

Esta es sólo una de tantas.

La Escuela Primaria Benito Juárez guarda una leyenda que ha sido transmitida de generación en generación: la historia del piano fantasma.

La leyenda remonta a hace décadas, cuando la escuela aún era un edificio nuevo y vibrante, y el viejo piano cuadrado ocupaba un rincón solitario en el salón de música.

Mi amigo Juan Carlos Sánchez Martínez me cuenta que el piano se escuchaba en la parte alta de la escuela, por las tardes al caer el sol o cuando la escuela se encontraba sola.

Por el edificio trasero había unas escaleras amplias con barandal negro. Al subirlas, doblas a la izquierda y una vez más a la izquierda, se veía una puerta de madera que resguardaba al piano y otros artículos e instrumentos musicales: tambores, cornetas, una corneta en desuso y demás.

Al piano se le notaban unas cuerdas por atrás.

"La parte que a mí en particular se me hacía tétrica y me daba miedo no era tanto el cuarto", relata Juan Carlos, "sino el espacio en el que te digo creo estaba un pozo, olía muy mal, como a animales muertos.

"El cuarto y el piano en mis tiempos tenía la puerta de madera rota o parte de madera suelta, por eso era fácil entrar y salir.

"La puerta era de color tinto, color que nos distinguía a los del turno de la tarde.

"Los sonidos que se escuchaban no eran musicales, sino como si rasgaran el teclado. El propio lugar en el que se encontraba el piano lograba maximizar el sonido, lo que lo hacía más escalofriante".

El nagual de Bariometo

PABLO SÁINZ-GARIBALDI

Arte de Pablo Medina Domínguez

Plebes: esta leyenda no me la sé muy bien. Quizá no sea así, quizá sí. Quizá me la contaron mal, quizá me la contaron bien.

El caso es que dicen que en Navolato hay varios relatos sobre los naguales, esos seres que poseen la capacidad de transformarse en criaturas de formas inquietantes, y en esta región, los naguales suelen aparecer con cuerpos de perros, pero con manos y pies humanos. Esta mezcla perturbadora de características es lo que hace que sus apariciones sean tan aterradoras y memorables.

Una de las historias más célebres es la del nagual que hizo una aparición inolvidable en una boda en Bariometo, según me contaban mi abuela paterna Mamá Lupe Quintero Morales y mi tía Pipí Sainz Quintero.

La boda estaba en pleno apogeo, con música alegre, baile y una mesa repleta de comida deliciosa, entre la que destacaban los frijoles puercos, un plato tradicional muy esperado por todos.

A medida que la noche avanzaba y los invitados se relajaban y disfrutaban, un gran perro apareció en los alrededores de la casa. Nadie se sorprendió al principio, pensando que se trataba de un perro vagabundo atraído por el festín. Sin embargo, lo que nadie esperaba era la naturaleza realmente inquietante de este visitante.

El perro comenzó a acercarse a la mesa de los frijoles puercos, y a medida que se movía bajo la luz de las lámparas, los invitados notaron algo extraño. Aunque el perro tenía un cuerpo de can, sus patas delanteras y traseras eran claramente manos y pies humanos. La visión de esas extremidades humanas en el cuerpo de un perro generó un escalofrío colectivo.

A medida que los invitados observaban horrorizados, el nagual comenzó a comer los frijoles puercos con una voracidad que asombraba. Utilizaba sus manos humanas para servirse el plato, llevándose los frijoles a la boca con movimientos grotescos. Los murmullos de asombro se convirtieron en gritos cuando se dieron cuenta de que lo que estaban viendo era algo fuera de lo común.

La escena se volvió caótica cuando algunos intentaron ahuyentar al intruso, pero el nagual, ajeno a sus intentos, continuó devorando los frijoles.

Finalmente, tras un aullido profundo que resonó en la noche, el nagual se levantó y, con una mirada llena de desafío, se dio a la fuga, desapareciendo en la oscuridad.

Desde esa noche, la leyenda del nagual que interrumpió la boda en Bariometo ha perdurado entre los habitantes de Navolato.

La historia se cuenta con un escalofrío, recordando a todos la presencia de lo desconocido que puede irrumpir en cualquier momento, incluso en los momentos de alegría y celebración.

Los frijoles puercos, de ahí en adelante, se convirtieron en un símbolo de aquella noche inquietante, y el nagual, con sus manos humanas y cuerpo de perro, quedó inmortalizado en la memoria colectiva como una criatura de otro mundo.

La mujer de blanco de las pingüicas

PABLO SÁINZ-GARIBALDI

En nuestro Navolato las leyendas de las mujeres de blanco que se aparecen en los árboles de pingüicas son de las historias más fascinantes y temidas por los habitantes del pueblo.

Las pingüicas, árboles nativos de la región, crecen robustos y tupidos, llenos de unos frutos pequeños que la plebada usa como munición para los tirabolitas. Se cree que su sombra oculta secretos que van más allá de la comprensión ordinaria.

Según la leyenda, en las noches silenciosas, cuando la luna llena ilumina el cielo despejado, las mujeres de blanco comienzan a aparecer entre las ramas de estos árboles. Se dice que sus vestidos blancos flotan como niebla, y sus figuras espectrales se mueven con una elegancia etérea que contrasta con el entorno sombrío.

Los relatos afirman que sus rostros son a menudo difusos, y su presencia está acompañada por un aire de tristeza y desolación.

Algunos habitantes creen que estas apariciones están vinculadas con la famosa leyenda de La Llorona. Según esta versión, las mujeres de blanco son en realidad manifestaciones de La Llorona, el espíritu de una madre que, tras perder a sus hijos en circunstancias trágicas, vaga eternamente en busca de su progenie perdida.

La conexión entre La Llorona y las mujeres de blanco en los árboles de pingüicas está alimentada por el lamento y el llanto que, en ocasiones, se dice que se oye en la distancia durante las noches en que estas figuras aparecen.

Los encuentros con las mujeres de blanco suelen estar acompañados por un sentimiento de inquietud. Se dice que aquellos que se acercan demasiado a los árboles de pingüicas en busca de respuestas o simplemente por curiosidad pueden sentir un escalofrío profundo, como si estuvieran siendo observados por ojos invisibles.

Algunos afirman haber escuchado susurros suaves, que se asemejan a un lamento distante, y otros han visto cómo los árboles parecen moverse de manera inquietante, como si las figuras fantasmales estuvieran atrapadas entre sus ramas.

La leyenda sirve como un recordatorio de que lo desconocido puede acechar en los lugares más inesperados, y que el dolor del pasado puede manifestarse de formas inesperadas en el presente.

Los árboles de pingüicas en Navolato no son sólo una parte del paisaje natural, sino también un vínculo entre el mundo de los vivos y el de los espíritus, donde las mujeres de blanco, y posiblemente La Llorona, siguen buscando un consuelo que parece siempre fuera de alcance.

Las lechuzas del huanacaxtle de la Morelos

PABLO SÁINZ-GARIBALDI

Arte de Pablo Medina Domínguez

Por todo Navolato se contaba una historia que ponía los pelos de punta a quienes la escuchaban.

En la calle Morelos, donde alguna vez se erguía majestuoso un antiguo huanacaxtle, la gente aseguraba que por las noches se escuchaban los inquietantes chillidos de las lechuzas que se posaban en sus ramas.

Pero estas no eran aves comunes: se decía que eran brujas que tomaban forma de lechuzas para espiar y hacer el mal.

Los vecinos, especialmente los más viejos, evitaban pasar por esa calle después de que caía el sol. Los niños, a quienes los abuelos advertían con historias de lo que ocurriría si desobedecían, preferían no asomarse ni por curiosidad. Había quien juraba haber visto cómo las lechuzas, con sus grandes ojos brillantes y penetrantes, parecían transformarse en figuras humanas antes de volar al amparo de la oscuridad.

La historia cobró mayor fuerza cuando un hombre, conocido por ser valiente, decidió enfrentarse a las lechuzas. Una noche, armado con un tirador y piedras, salió a la calle Morelos decidido a espantar a las aves.

Sin embargo, al apuntar y lanzar la primera piedra, las lechuzas simplemente lo miraron, y se dice que el hombre, al día siguiente, apareció con el cuerpo lleno de extraños moretones, como si hubiera sido golpeado por una fuerza invisible.

El miedo se apoderó aún más de los vecinos, y muchos empezaron a pedir que el huanacaxtle, testigo de tantos sucesos, fuera cortado. Argumentaban que en su tronco y ramas se escondía algo maligno, algo que traía desgracias al pueblo.

Finalmente, años después, las autoridades accedieron, y un día, el sonido de la sierra rompió la calma de la calle Morelos. Cuando el árbol cayó, los vecinos suspiraron aliviados, aunque otros se quejaron de que un icono navolatense haya sido derrumbado.

Desde entonces, las lechuzas nunca más se volvieron a ver. Algunos decían que con el huanacaxtle se había ido también el refugio de las brujas, que habían regresado a los montes, lejos del pueblo. Otros, en voz baja, murmuraban que tal vez solo estaban esperando un nuevo árbol donde poder posarse y continuar con sus extraños ritos.

Para algunos, desde la caída del huanacaxtle, la calle Morelos se sentía diferente, más ligera, como si una sombra pesada hubiera sido levantada.

Sin embargo, cada vez que el viento sopla fuerte por la noche, algunos afirman escuchar un lejano eco de aquellos antiguos chillidos, recordándoles que las leyendas nunca mueren del todo.

Los tesoros enterrados

PABLO SÁINZ-GARIBALDI

Arte de Pablo Medina Domínguez

Bien dice la Biblia que el amor al dinero es la raíz de todos los males. Si no, pregúntenle a mi abuelo Jaime (que en paz descanse).

Resulta que hace muchísimos años, cuando él era joven y ambicionaba ganar mucho dinero, llegó uno de sus compadres con un notición.

-Compa Jaime-, le dijo su compadre Ciro. –Fíjese que me acaban de dar santo y seña de la ubicación de una olla llenita de puras monedas de oro.

Jaime luego, luego se emocionó, pues desde hace tiempo soñaba con encontrarse una de esas ollas que se decían están enterradas por todo Navolato, de esas que los revolucionarios enterraban con el propósito de volver después por el botín, cuando las cosas se calmaran.

Pero la verdad es que la Revolución se llevó entre la bola a mucha gente. Y los que habían enterrado esos cofres, morían a balazos lejos, quedando los tesoros perdidos y olvidados, repletitos de monedas, a veces de oro, otras de plata.

Mi papá Jaime junto a su compadre Ciro y un grupo de amigos, seducidos por las promesas de oro y joyas, decidió emprender una búsqueda con la esperanza de encontrar una de estas riquezas ocultas.

Con mapas antiguos y una mezcla de entusiasmo y avaricia, se adentraron en un terreno apartado que, según los rumores, escondía un gran tesoro, por allá por las parcelas que estaban cerca de la salida a Bachimeto.

A medida que cavaban con fervor, la camaradería que inicialmente los unía comenzó a deteriorarse. La ambición y la envidia florecieron entre ellos, creando tensiones y disputas.

Cada uno de los amigos soñaba con ser el que encontrara el mayor botín, y los desacuerdos se volvieron frecuentes.

Después de horas de excavación bajo el sol del verano navolatense, uno de ellos dio con una olla de barro enterrada en el suelo.

El hallazgo generó una ola de excitación, y todos se reunieron alrededor de la olla, imaginando las riquezas que podría contener. Con manos temblorosas, abrieron el recipiente, pero en lugar de monedas de oro y joyas, encontraron algo completamente diferente.

Dentro de la olla había restos humanos. Los huesos, enredados entre fragmentos de barro, revelaban una visión aterradora. La ambición y la codicia que habían acompañado la búsqueda se desvanecieron en el horror del descubrimiento. La olla, lejos de contener el tesoro prometido, era una tumba olvidada de nuestros antepasados tahues, los antiguos habitantes de Navolato antes de la llegada de los europeos.

El grupo, aterrorizado y abatido, se dio cuenta de que su búsqueda no había llevado a una fortuna, sino a un recordatorio sombrío de la historia.

Avergonzados y asustados, los amigos se dispersaron, cada uno llevando consigo el peso de su avaricia y el miedo a las consecuencias de su búsqueda.

La leyenda del tesoro enterrado se convirtió en una advertencia viviente sobre los peligros de la codicia y las consecuencias de buscar riquezas sin considerar el costo humano.

Así, la historia de los huesos encontrados en las ollas de barro se convirtió en un relato que los habitantes de Navolato cuentan con un escalofrío, recordando que los verdaderos tesoros no siempre están hechos de oro, sino en las lecciones aprendidas a lo largo del camino.

La mano peluda

PABLO SÁINZ-GARIBALDI

En una noche de tormenta, cuando los relámpagos iluminaban el cielo de Navolato y la lluvia golpeaba los techos de las casas con furia, las hermanitas Sofia y Olga Rivera y otras amiguitas estaban jugando en su casa en el barrio El Suspiro. La oscuridad había caído sobre el pueblo cuando, de repente, la luz se fue. Las niñas se miraron unas a otras con nerviosismo, sus rostros apenas visibles bajo el parpadeo de una vela temblorosa.

—¡Necesitamos cerillos para prender las cachimbas de petróleo! —exclamó Sofia, la mayor del grupo, con determinación.

Las demás asintieron, sabiendo que, sin luz ni calor, la noche sería interminable. Así que, armándose de valor, decidieron salir en busca de cerillos al estanquillo de doña Esther Rivera, que quedaba a unas pocas casas de ahí.

El viento ululaba entre las ramas de los árboles mientras las niñas corrían bajo la lluvia, cubriéndose con lo que podían.

Cuando llegaron al estanquillo, todo estaba oscuro y silencioso. Sofía, que lideraba la pequeña expedición, tocó la mesa de madera, esperando que doña Esther les abriera.

Pero no hubo respuesta.

Tocaron de nuevo, esta vez con más fuerza. El sonido de los golpes se perdió en el retumbar de los truenos. Entonces, cuando estaban a punto de darse por vencidas, la puerta crujió lentamente y se abrió apenas un poco.

—¿Doña Esther? —preguntó Sofía con voz temblorosa, intentando ver algo en la penumbra.

Una mano salió de la oscuridad. Era una mano peluda, con dedos largos y retorcidos, que se movían de forma espeluznante hacia las niñas. Un rayo iluminó el cielo en ese momento, y el destello reveló aquella mano en toda su aterradora realidad.

Las niñas gritaron al unísono y salieron corriendo sin mirar atrás. El corazón les latía con fuerza, el miedo las empujaba a correr más rápido de lo que nunca habían corrido en sus vidas.

No pararon hasta llegar a la casa de Sofía, empapadas y jadeantes, con los ojos llenos de lágrimas y el cuerpo temblando.

A las pobres plebitas, a la Sofía y a la Olga, se les fue la tripa del miedo.

Esa noche, en la oscuridad de sus camas, ninguna de ellas pudo dormir.

La imagen de aquella mano peluda persiguió sus pensamientos, y el estanquillo de doña Esther Rivera se convirtió en un lugar al que nunca le perdieron el miedo.

El nagual tomacocas

PABLO SÁINZ-GARIBALDI

Raza te comparto una leyenda chusca que me contaban de niño para que no tomara Cocacola.

En el barrio El Suspiro, en el corazón de Navolato, Jaimito, un niño curioso de diez años, solía jugar hasta tarde en las polvorientas calles.

Una noche, mientras volvía a casa por un callejón oscuro y silencioso, escuchó un extraño sonido detrás de él, como pasos suaves pero pesados.

Al voltear, se encontró con una figura que lo dejó helado: un perro grande, pero no era un perro común. Tenía manos de humano.

El perro lo miraba fijamente, sus ojos brillaban con un destello extraño, casi burlón.

Antes de que Jaimito pudiera gritar o correr, el animal habló con una voz ronca: "Niño, ve y cómprame una Cocacola. Ahora."

Jaimito temblaba de miedo, nunca había visto algo tan extraño, y mucho menos había oído hablar a un animal.

Sabía que no era un perro ordinario, sino un nagual, una criatura legendaria capaz de transformarse en animales y que, según las historias, podía llevarse a los niños que no obedecían.

Sin pensarlo dos veces, Jaimito salió corriendo hacia el estanquillo de doña Amalia, que quedaba a unas pocas casas.

Cada paso que daba lo sentía más pesado, pero el temor de desobedecer al nagual lo impulsaba.

Al llegar, jadeando y sudoroso, pidió la Cocacola sin decir una palabra sobre lo que había visto.

Doña Amalia, con su habitual sonrisa, le entregó la botella y le dijo: "Toma, Jaimito, pero ten cuidado en el camino."

Con el refresco en la mano, Jaimito regresó al callejón. El nagual lo esperaba, sentado como un perro, pero con esas inquietantes manos humanas.

Sin decir nada, Jaimito le entregó la Cocola. El nagual tomó la botella con sus manos y, mientras la abría, miró al niño y dijo: "Hoy te dejo ir, pero no siempre será así".

Luego, con un gruñido, desapareció en la oscuridad.

Jaimito nunca volvió a pasar por ese callejón de noche.

La niña

ADRIANA ACOSTA CALDERÓN "CANA CALDE"

Con 8 años pasó la mudanza de mi hogar roto para irnos por la misma calle Zaragoza hacia "arriba" a una casa extraña, lúgubre y silenciosa.

Mi primera impresión fue que desde entrar era como otra atmósfera.

Los oídos zumbaban. Era como ser atrapado por un silencio pesado y agobiante.

El lobby o entrada era lo único que parecía 'limpio' ya caminando hacia dentro era escalofriante.

Parecía que esa casa fue hecha a trozos porque no tenía medidas normales. Angosta con pasillo ridículamente diminuto hasta hacerse el cuello del embudo para pasar a las habitaciones, tres, las cuales carecían de privacidad todas. No puertas para poner cierta intimidad.

Y ahí en medio del gran cuarto la puerta de madera color ladrillo, discordante con todo. Cerrada con candado. Era el año de 1972, la moda psicodélica estaba en su apogeo. Así mi padre decoró la casa. Muebles nuevos en colores chillones y una ridícula alfombra para el polvaderón de Navolato.

En el lobby se puso un linóleo de colores limón y amarillo con canapés naranjas. Éramos vecinos de patio con la señora Lolita que inyectaba. Cuando todo mundo estaba poniendo sus cosas en la casa, abrieron la puerta. Hery de 6 años y yo corrimos a conocer el patio que era una jungla abandonada y chocaba con la parte inmaculada del patio de Lolita.

Y ahí fue la primera vez que vimos a la niña. ¿Asomándose como diciendo "¿Quiénes serán?" "Papá, apá, ¿viste a la niña que juega sólita?" Pero no nos hacían caso. Era la parafernalia de mover muebles, acomodar, dirigir, mandar, etc. Y nosotros únicos niños entre una tribu de gente no teníamos voz ni voto. Hery y yo poníamos juguetes para atraerla, al día siguiente había cerritos de tierra con hojitas secas, como un agradecimiento. Las veces que quisimos jugar, las pocas oportunidades de esa puerta abierta, la niña sólo observaba. Mi padre limpió un espacio pegado a la puerta para Hery que jugara con sus soldados y canicas. Tenía un límite para no pasar de ahí, y eso fue cuando Lolita le dijo a mi padre que nosotros decíamos que la niña estaba en su terreno, parada muy seria con su vestido blanco y sus calcetas de olanes y zapatos de charol. "Heriberto, aquí no hay ningún niño. Pero no es la primera vez que la gente que ha vivido ahí lo dice".

Eso fue suficiente para mi padre y ponernos reglas. Puerta cerrada, y sólo estar en el patio con alguien vigilando. De hecho, la persona que planchaba por órdenes expresas lo hacía con la puerta abierta para así nosotros jugar. Pero nadie aguantaba. Dejaba de ir. Simplemente ya no venían a trabajar. En las tardes, hubo niños que vieron a la niña sentada en la banqueta observando jugar a los demás.

Una de ellas fue Alma Delia Garmendia que me preguntaba quién era. Una mañana muy temprano Alma Delia tocó la puerta y mi padre le abrió.

Traía consigo un hermoso perro amarillo y así con desparpajo dijo:

"Es para Adriana, lo quería esa niña, pero no me dejé".

Mi padre en chones y su camiseta de tirantes agarró por inercia al perro y le dijo, "¿Qué niña?"

"Ay, don Heriberto, la niña que vive con Lolita".

Desde ahí, con el perro, en la puerta de madera, era diario a cierta hora de la tarde que se cimbrara de tres manotazos pidiendo que se abriera. La casa se había despertado.

Una tarde mi padre llegando de la tienda del Gallo, escuchó a mi hermano conversar animadamente y pensó que alguien estaba jugando con él. Silenciosamente se asomó y encontró Hery solito.

"¡Ya espantaste a la niña, papá!"

Ahí mi padre ordenó jamás abrir la puerta bajo ningún pretexto. Habló con nosotros y fue el primer trozo de inocencia quebrada. Conocimos el miedo. Y nadie quería decirlo. Varios vieron a esa niña, y ninguno se quedó, por supuesto.

La casa comenzó a manifestar presencias malvadas.

Leyenda urbana: la bebelama

JESÚS ARTURO ALCARAZ SOTO

Hubo hace algunos años un viejo árbol, una bebelama, que estaba a un costado de la carretera que iba de Navolato al Ingenio La Primavera.

La citada carretera estaba bordeada de álamos cuyas ramas se entrelazaban en las alturas dando un aspecto de túnel; era una hermosa postal y también la única entrada que había para llegar a nuestro pueblo, mucho antes de que adquiriera el rango de ciudad, este añejo árbol cobró gran notoriedad, ya que de voz en voz se corrió la fama de que en dicho lugar se presentaban algunas apariciones fantasmales, decían que se aparecía un hombre colgado, la famosa gallina con pollos y otras figuras espectrales, por tal causa muchos de los obreros que laboraban en el ingenio, sobre todo los que entraban y salían en el tercer turno, que era de 10 de la noche a 6 de la mañana, empezaron a evadirlo tratando de no pasar cerca de él, cuentan que más de alguno optaba mejor por irse por el camino de la Experimental, que es la actual calle Benito Juárez y que en aquellos años, además de transitar por ella se utilizaba como taste para carrera de caballos.

Con los años esta famosa bebelama se secó y fue retirada del lugar. Hoy recordando aquellos hombres que forjaron con su trabajo, dejando parte de su vida, el Navolato del ayer, y como un homenaje, se planta una nueva bebelama para dar testimonio al esfuerzo de los obreros del Ingenio La Primavera.

La mujer de blanco de El Bolsón

MARÍA ISABEL MEDINA GARCÍA

Relato basado en hechos reales relatados por la Sra. Mercedes Leal (QEPD)

El siguiente relato lo realizo con la finalidad de honrar la memoria de mi abuela paterna, dueña del terreno en donde habitamos actualmente y relatora invaluable de todos estos sucesos que sin duda marcaron mi niñez y que siguen presentes ahora en mi vida de adulta.

Además de crear un precedente sobre su paso por esta vida y mi idea es que su legado perdure por generaciones en nuestra familia y que perdure por siempre su recuerdo.

Trataré de realizarlo con todas las características y palabras dichas por ella, sin tratar de olvidar todos esos detalles que tantas veces me relató y que aún siguen vivos en mi mente.

Este relato sucedió en la comunidad de El Bolsón, Navolato, Sinaloa. Más o menos por los años 1930–1940, pues mi abuela nació en Mojolo perteneciente a la ciudad de Culiacán, en una hacienda en donde mi abuela María trabajaba más o menos en 1920 (no tenemos el año exacto de su nacimiento).

Por razones que jamás le pregunté, mi abuela, su mamá y hermanos emigraron de pequeña a la comunidad de El Bolsón. Como no había en que moverse ni transporte sólo carretas, pero eran para los terratenientes de la época, tuvieron que venirse caminando por las veredas entre el monte y en ocasiones por el camino real, aunque comentaba mi abuela Mercedes que a sus hermanos que estaban más pequeños que ella les daba miedo las carretas y las mulas que por ahí transitaban.

Salieron muy temprano de allá y comentó que llegaron ya cayendo la tarde a El Bolsón, sus hermanos que eran más pequeños que ella, uno traía en una canasta las pocas vasijas y platos que tenían, su mamá cargó durante todo el trayecto a un bebe en brazos y ella de aproximadamente 4–5 años traía una canasta con tortillas por si les daba hambre por el camino.

Llegaron a la comunidad y mi abuela comentaba que estaba todo enmontado y que había algunas cosas de los caciques de los alrededores del pueblo, cosas que ella conservó durante toda su vida cómo portarretratos, cuadros, pinturas y una cama de mecates en donde muchas veces me tocó dormir y donde ella aseguraba habían velado a una infinidad de difuntos, pues antes esa era la costumbre en aquellos tiempos y ya que los echaban a las cajas hasta que ya los llevaban a enterrar.

Cabe mencionar que enfrente de mi casa en el terreno mencionado mi abuela comentó que pasaba el camino real, aquel que en aquellos tiempos servía como vía de comunicación principal de la época y de la cual me contó muchas otras historias. Ella siempre mencionó que en el terreno había tesoros escondidos debido al gran tránsito de carretas con dinero que circulaban por aquí.

En aquellos tiempos en la humilde casa en donde vivía mi abuela, su mamá y sus hermanos se les aparecía una mujer de blanco, la descripción era la siguiente de acuerdo a lo relatado por mi abuela: el vestido era blanco totalmente, de tul de la época y llevaba un manto blanco que cubría toda la cabeza y que no dejaba distinguir su rostro.

Mi abuela Mercedes comentaba que se paseaba por toda la casa y que ni su mamá ni ella le temían porque estaban seguras de que no era mala y aseguraba que ella sólo resguardaba un tesoro.

A continuación, les relataré algunos sucesos que mi abuela me contaba, con las palabras y la historia tal cual me lo contaba:

–No me dejaba dormir en ocasiones el ánima y no porque le tuviera miedo, mija, es que se sentaba a un lado de mi cama y me sobaba el pelo, recuerdo bien cómo sentía cuando se sentaba al lado mío y podía sentir su mano acariciándome el pelo y le decía yo: Sóbame el pelo, cabrona, de todos modos, no te tengo miedo. Y así transcurría la noche hasta el amanecer, y es que en aquella época no existía la luz eléctrica y se alumbraban con cachimbas de petróleo y con la luz de la luna.

–A tu tío Raymundo (Mundo le decíamos QEPD), estaba acostado en el catre y lo agarraba de las manos y lo paraba.

Mencionaba que mi tío si se asustaba pues era más pequeño que ella y que su mamá le decía que no tuviera miedo, que sólo era un ánima que muy probablemente cuidaba un tesoro.

–En una ocasión tu tía Bertha cuando ya se hizo de noche se quiso meter a la casa y en aquel entonces teníamos una cama alta y lo único que aluzaba un poco el cuarto era la luz de la luna que entraba y aluzaba un poco la humilde choza donde vivían... de repente cuando quiso entrar vio los pies de una mujer descalza que tenía los pies colgados de la cama, creo que estaba sentada y con la luz de la luna solo le vio los pies que colgaban y se movían de un lado para otro y me dijo, Amá ¿que hace sentada en mi cama y yo le conteste de afuera?, no, hija, estoy acá afuera en la hornilla haciendo tortillas... Amá, me dijo, ¿entonces quién está aquí en mi cama? y pegó un grito y yo me apuré a llegar con ella, la cual estaba muy asustada y yo regañé a la mujer de blanco: Cabrona ya me asustaste a la plebe, tu tía duró mucho tiempo asustada y no se hacía a la idea de que no vivíamos solas.

Pasado el tiempo las caminatas de la mujer de blanco eran cada vez más comunes, pero no todos podían lidiar con eso como mis hermanos y mis hijos, así que un día decidimos que era momento que se fuera pues tenía muy asustados a mis hijos y hermanos menores.

No recuerdo exactamente cómo pero mi abuela Mercedes me comentó que le tiraron un puño de mostaza para que se fuera y no siguiera molestando, que de castigo (no sé de quién), tenía que juntar todos los granitos de mostaza.

Desde aquel tiempo y hasta que yo fui pequeña no se volvió a aparecer la mujer de blanco en la casa y también recuerdo que en algún momento le comenté a mi abuela que si qué iba a pasar cuando después de tantos años la mujer terminara su castigo y juntara todas las semillas y lo que recuerdo de su contestación fue: Mija no le tengas miedo, ella no es mala, por alguna razón, tal vez castigo, ella se quedó cuidando ese tesoro, falta mucho para que regrese, si es que lo hace, y me apretó fuerte la mano. Me insistía que jamás le temiera y que la reprendiera si en algún momento la miraba.

Actualmente tengo un sobrino llamado Alejandro que en cierta ocasión venía de su casa que está a un lado de la de mi abuela, eran como las 10 pm y de un momento a otro se escuchó un enorme estruendo en la puerta, el niño literalmente arañaba la puerta para querer entrar y su cara de pánico era indescriptible pues aseguraba haber visto a una mujer de blanco sentada en un tronco de limón, con un velo en la cara, nosotros nos quedamos viéndonos entre nosotros, pues poco o nada saben de esta historia de la mujer de blanco.

Mi abuela ya no está físicamente con nosotros, tal vez ha llegado el momento que tanto temía y la mujer de blanco ha regresado a nuestras vidas y realmente no sé cómo lidiar con eso, cómo me gustaría poder preguntarle a mi abuela qué hacer con esto, cómo actuar, sólo retumban en mi mente sus palabras de no temerle jamás a esta mujer, pues sólo Dios sabe hasta cuándo su alma estará vagando, sólo esperamos que Dios se acuerde de su alma y logre pronto descansar o tal vez algo quiere y nunca le preguntaron. Pero eso tal vez jamás lo sabremos.

Con mucho cariño de tu nieta Chabelita.

La mujer de la estación de bomberos

RAFAEL ANTONIO MALACÓN ITURRÍOS

Una vez un grupo de bomberos de Navolato estaba arriba donde eran antes los dormitorios y en eso vieron a una señora afuera a pie de la carretera y no recuerdo quién les dijo miren plebes hay una doña haya afuera. Y todos se bajaron por el tubo, pero al Barny no le gustaba bajarse por el tubo bajó por la escalerilla. Pero al estar bien chiquito y ligero mi carnal el Barny pues se tardaba algo para hacer la maniobra pues ya todos habían llegado juntos para con la señora y el Barny aún seguía bajando la escalerilla. Y no recuerdo quién le preguntó a la señora, creo fue Cuacua, oiga ¿está bien? Y no respondió, le volvió a hacer la pregunta. Y no respondió, le volvió a hacer la pregunta, pero el asunto que la primera pregunta fue a los 10 metros retirados de ella o esto (no sé cómo llamarle); para la segunda pregunta ya eran 5 metros; para la tercera pregunta ya estaban tan cerca como a tres metros. Lo que aparentaba ser una señora siempre tuvo la cabeza agachada y con el pelo super largo hacia el frente. Y al escuchar la pregunta, levantó su cabeza hacia el lado izquierdo contestándoles a los bomberos sin voz en boca, sólo con una mirada escalofriante y gestos desencajados. Y poniéndose en marcha hacia La Curva de Vázquez y aún el Barny bajando las escalerillas... Todos corrieron despavoridos a lo que era el dormitorio en esos días y el Barny alegre porque ya había bajado las escalerillas pero a la vez sorprendido porque todos se habían subido por el tubo hasta Cuacua... Preguntaba el Barny Eh no se pasen de lanza ¿que pasó? y todos decían a medias palabras no viste w, la doña, la doña. Y le dijo la doña qué, la doña y lo vieron seguro abajo y les dijo a los demás, la doña qué, la doña ya se fue, y se bajaron todos de una a acompañarlo y ver a dónde se había ido la doña. Y pasando la gasera antes de La Curva de Vázquez comentan que se desapareció sin dejar rastro de ella y todo pasó sobre la carretera, no se desvío al monte o adentro de la gasera... Y todos subieron espantados las escalerillas en cuestión de segundos hasta el Barny y ya el Barny les dijo arriba, por qué no me dijeron si soy reculoncisimo pa esas cosas, hay voy bien valiente al frente de todos ustedes... Y así parte de la historia... Acortada a una décima parte por cuestiones de derechos de autor jejeje más bien pa no escribir tanto.

Pero si, ahí en la estación de bomberos puede ir a preguntar y le contarán varias de este tipo.

La calaca de blanco

ADRIANA ACOSTA CALDERÓN "CANA CALDE"

Mi padre, Heriberto Acosta Godoy, alias El Gallo, en paz descanse, me contaba siempre sus anécdotas.

Él tenía una tienda de ropa en Villa Ángel Flores La Palma.

Le rentó el local doña Licha López.

Yo lo atendía los fines de semana. Por esos entonces yo tenía 15 años.

Mi padre agarraba camino por la bajada del río en Navolato, por la mera esquina del abarrote de doña Rosenda Quevedo.

No le gustaba irse por Limoncito.

Desde ahí bajando me contaba que vivió por la bajada del río en el mero enfrente de donde antes había una lechería. En un edificio de varios pisos, que veía las grandes inundaciones y que por eso eran las banquetas tan altas.

Luego vivimos por la Zaragoza enseguida del abarrote.

Cada que íbamos en el carrito y dábamos vuelta para agarrar la carretera a La Palma me contaba más historias.

Y antes de llegar pasábamos por una casona en ruinas.

Muchas veces yo estuve ahí.

Me llamaba mucho la atención.

Pues me contó que ahí le pasó algo terrible.

Mi padre era asiduo a los grandes y famosos bailes de La Palma. Estaba casado con mi madre pero no le importaba. Agarraba de irse. Tenía muchos amigos en La Palma y hacían club.

Una madrugada recién terminado el baile se regresó con un amigo del Potrero de Sataya. Agarró el 'raite'.

Ya tomado no manejaba.

Y casi llegando a esas ruinas en esa negrura y a esas horas ocúrresele que necesitaba orinar.

"Párate, compa, párate", le dijo mi padre a ese señor.

"Hombre, Heriberto, aquí está muy peligroso pararme. Espérate tantito, ahí con los Plata (los dueños del camión verde Navolato/Villa Ángel Flores) nos bajamos".

Pero no.

No aguantaba.

Con la poca luz que daba el foco del carro mi papá se apeó y no se quedó en la carretera... Bajó a la tierra.

Estaba orinando cuando dijo que entre las ruinas escuchó un llanto de recién nacido.

Caminó hacia el llanto y fue como que el llanto se trasladó más atrás.

"Hombre, hace mucho frío, quién chingados fue capaz de tirar un recién nacido".

Él presumía mucho sus compras del 'otro lado', cuando estaba casado con mi madre iba mucho a Las Vegas, Nevada.

Entre las bolas con agua y nieve traía bolígrafos. Pero en realidad eran linternas.

Buscó palpándose la ropa hasta dar con la linternita.

Cuando menos pensó se fue siguiendo el llanto de ese recién nacido y no se dio cuenta que 'eso' lo iba jalando a lo más oscuro.

"¡Heriberto! ¡Heriberto, ya apúrate!", le gritó su compa y ahí mi papá se dio cuenta que se había alejado bastante del carro.

Quiso darse vuelta y entonces escuchó el llanto ahí mero pegadito a él.

"¡Ahí voy! ¡Es que acá dejaron tirado a un recién nacido!", nomás alcanzó a gritar.

"¡Éstas loco, Heriberto! ¡Estás tomado! ¡Vente!"

Y fue cuando mi padre lanzó un alarido.

Fue tan fuerte su grito, tan desesperante y angustioso que el compa corrió casi a ciegas pues estaba completamente oscuro.

Muy retirado de las ruinas vio en la tierra una luz que era de la linterna/bolígrafo.

A tientas dio con el cuerpo de mi padre.

Con la linterna lo revisó.

Le salía espuma de la boca, y los ojos en blanco.

A como pudo lo arrastró hablándole y se llenó de miedo porque al ir arrastrando a mi padre escuchó ese llanto también.

Pero este señor sabía rezar.

De inmediato lanzó una oración y también aventó un madrazo, una grosería para espantar lo que fuera.

Escuchó muy cerquita de él gruñidos y bufidos.

Logró meter a mi padre al carro.

Y le metió velocidad.

Ya para entonces veía como mi padre vomitaba, pero desmayado.

Sólo lo puso de lado porque por nada del mundo se iba a detener.

El compa pensó que no era prudente llevar a mi padre en ese estado a la casa. Tampoco iría hasta El Potrero.

En ese entonces había un hotel en Navolato.

Y ahí fueron.

Como ambos eran conocidos no batalló en conseguir que fuera un doctor a domicilio.

Mi padre nunca quiso decirme qué doctor fue.

El doctor le dijo al compa que necesitaba ponerle suero intravenoso.

Un despapaye porque necesitaba una enfermera.

"No, doctorcito... Aquí ya no entra más gente. Hágale como pueda", dijo el compa.

Y así fue.

La presión la traía muy baja y mostraba que el corazón estaba muy errático.

A todas vistas parecía que había sufrido una convulsión.

No era un choque etílico, no estaban ninguno tan tomado.

Algo había pasado.

Con todo y suero lo metieron a bañar.

El doctor al ver que ya había pasado todo se fue.

Eso sí: jurando discreción.

Ya solos, mi padre le contó que primero había escuchado ese llanto. Luego lo adentró a los matorrales. Iba como hipnotizado, la voz del compa lo medio despertó y al darse cuenta que estaba ya muy adentro de ese terreno al voltear a regresarse vio el bulto de tela en sus pies y el llanto.

Ya iba agachándose cuando vio una figura blanca, de bata, ahí enfrente de él.

Se agachó también y le vio el pelo largo negro.

Y vio que agarró el bulto, pero vio que 'los brazos' eran de calavera, descarnados y en forma de garras las manos.

Ahí no soportó... Fue cuando gritó.

El compa le contó que escuchó el llanto y gruñidos, bufidos como de un animal muy grande.

Yo tenía 5 años cuando eso le pasó.

A los 15 me contaba cuando pasábamos por ahí: "Ya te contaré que me pasó ahí".

Me lo contó a mis 38 años.

Supongo esperó que para esos entonces le creyera.

Desde ese suceso jamás regresó a los bailes en La Palma ni pasar de noche por ahí manejando solo.

Se lo contó a varios amigos muy íntimos.

Uno de ellos le dijo:

"Heriberto, era el demonio".

Vaya que sí.

El nagual del álamo

NORA GUZMÁN

Cuando estábamos chiquitos, había dos álamos muy grandes, uno ahí más o menos donde están los Mendoza. Era por donde a los muchachos les gustaba jugar beisbol. Era un álamo que estaba ahí con los Mendoza y otro aquí donde vivían los Corucos, así les dicen. No sé si a ti te tocó verlos. Es por aquí en Pueblo Nuevo #1 yendo para el panteón. Ahí le gustaba juntarse a toda la chabalada a jugar beisbol, mis hermanos, los Franco, los Gil López, mi hermano Esteban, mi hermano Marco, era un montón de muchachos que se juntaba de aquí del barrio.

Y en el otro álamo casi a un lado de mi casa, ahí doña Alejandra, la señora que vendía leche y que tenía vacas, venía un día muy asustada y nos dijo, le platicaba a mi amá, "Fíjate, Chepina, que ahí en el hueco del álamo me salió el nagual, me salió un perro chiquito con los ojos

252

muy brillantes y cuando yo caminaba el perro me seguía y cada vez que caminaba yo más grande se hacía".

No sé si se lo dijo para asustarnos a nosotros, porque se lo dijo delante de todos, sus hijos de mi mamá. ¡Nos dimos un susto tremendo que ya nadie quería estar en ese álamo en la tarde!

Se los diría porque le molestaba que hubiera tanto muchacho ahí, tantos plebes, porque jugábamos a la peregrina, a los encantados, a la roña, que el cinto escondido, eran unos tiempos tan bonitos, como jamás ningún niño de esta generación.

La dichosa bestia de El Castillo

BENIGNO AISPURO

"La Bestia es inquieta, se moviliza rápido de un lugar a otro como si anduviera desesperada. Es su tamaño aproximadamente al de dos veces un perro bóxer. Sus ojos tienen color rojizo y quienes pudieron apreciarla, aseguran tiene hocico babeante. Es similar a un nahual".

Tal es un ejemplo del periodismo que practicaba un diario local hace 30 años, cuando, para aumentar sus ventas, inventó o dio vuelo a la fabulación de La bestia de El Castillo, campo pesquero del sur de Navolato.

2
El caso inició el 11 de abril de 1991, con la publicación de una notita sin firma, que tenía como cabeza: "Alarma causa una bestia desconocida en El Castillo".

En ella se refiere, al más clásico estilo de los cuentos de Lovecraft, al temor entre la población de ese sitio por la presencia de "un enorme y feroz animal" que deambula en las noches, por calles y patios, y ataca a animales domésticos.

Cita un primer caso, en que supuestos testigos lo describen como una onza o puma (en otro párrafo es como una "gigantesca hiena") que atacó un chiquero de puercos de un vecino apodado "El Negreles".

Sus huellas son "grandes y profundas" y, aunque sean de onza o de hiena, dejan "marcas de pezuñas" (privativas de los chivos, vacas y caballos). Esto sí está raro.

3

El 12 de abril, "Sigue atacando la feroz bestia en El Castillo". Se comenta que es la quinta ocasión que ataca: ahora es "como un perro bóxer pero más grande" y tiene características diabólicas (ojos rojizos, boca babeante, "similar a un nahual").

Se mueve muy rápido, rasguña las puertas y ataca gallinas, perros y puercos.

En esta nota, como en la anterior, no hay informantes. Todo se basa en el "dicen".

Por ejemplo "dicen", que el boxeador "Tyson" Vásquez, nativo del lugar, tiene que salir a hacer sus ejercicios, acompañado de un grupo de amigos, para protegerlo si les sale la bestia.

Mientras, la policía de Navolato (bien, gracias) afirma no tener reportes de nada.

4

El 13 de abril cabecea: "Marinos y pescadores tras la bestia de El Castillo". El caso ya atrae a infantes de Marina que, en vez de corretear "changueros", ahora persiguen sombras, junto con policías municipales.

La bestia aparece entre las once y doce de la noche (cual debe ser) pero ahora ya no es onza ni hiena, sino que "lanza gruñidos similares a los del mandril". Pescadores lo corretearon por rumbos de la escuela, pero escapó "subiéndose ágilmente a los árboles y a los techos" hasta perderse en los manglares.

El pueblo está dividido entre los que creen y los que no.

5

"¡Atacó la bestia de El Castillo!", dice el titular del 14 de abril. La extraña bestia atacó por vez primera a una persona que, por fortuna, evitó "caer en sus garras" (aquí ya no son pezuñas).

Un vecino, José Antonio Oropeza, que vive cerca de los manglares, dijo que iba a su casa cuando notó "movimientos extraños", por lo que se apresuró a llegar, y en eso vio a la bestia, y en unos segundos se metió en su hogar.

"El animal o lo que sea comenzó a bramar bien feo y daba fuertes manotazos a la puerta de la casa; la zangoloteó toda", dijo. (Nótese cómo, de los gruñidos o rugidos, ahora brama como los toros, y es tan fuerte que puede zangolotear toda una casa).

6

El 16 de abril, ya es la plena sicosis. El caso vende tan bien que amerita toda una plana, con abundantes fotografías y la firma del reportero.

"Intervino la policía en el caso: La consigna, matarla".

Narra que la Policía de Navolato "se ha lanzado en busca del extraño animal". Treinta policías son destinados al caso.

Intervienen "expertos" (no dice nombres para saber qué tan expertos son), quienes dicen que no puede ser un gato montés porque es un animal "sumamente tímido", pero que a la mejor es un puma (¡peor tantito!)

Para entonces ya abundan los testigos con nombres: "Muchos no creen –dice uno—, pero van a aceptarlo cuando se encuentren a uno de nosotros muerto por ahí".

Por lo pronto, la "psicosis ha invadido a este poblado".

Y cómo no, con el "¡tas, tas, tas, y ándale!", todos los días desde temprano, con notas que magnifican cualquier incursión de perros de monte en busca de sobras.

7

Entre las fotos, se incluyen la de una "huella" (que podría ser de cualquier cosa) y de la zona de manglares donde se escabulle el animal, así como tumultos de gente.

Se afirma que todos andan armados, aunque sea con dagas; los vendedores de cena cierran temprano y los aparatos modulares se escuchan a todo volumen "para alejar a la bestia" (y junto a las bocinas, supongo, los pescadores bebiendo duro para agarrar valor).

Los relatos son confusos y repetitivos: No aportan nada, solos sombras o sonidos distorsionados por la psicosis.

"Nos tildarán de locos, ni modo; pero aconsejo al que no crea que no se confíe porque se amuela", dijo uno.

Es tan "feroz" la bestia, que, para alejarla, basta un grito o una piedra que le arrojes, y tan vista que nadie sabe describirla decentemente.

8

El 17 de abril trae dos notas: "Aseguran atacó otra vez el extraño animal" y "Posible sea un vival y es intensamente buscado".

La primera contiene más testimonios: dos muchachitas de secundaria afirman que la noche anterior entró al patio de su casa, azotó la puerta y rasguñó la ventana.

"No lo vimos, pero sí escuchamos sus gemidos", dijeron. Una de ellas se desmayó (Aquí ya no ruge ni brama ni relincha: gime).

No creen que alguien les haya gastado una broma porque "son muchos ya los que han visto y oído".

Cuando llegó la policía, por supuesto, no halló ni siquiera los rasguños en la ventana.

En la segunda nota, el director de la Policía Municipal de Navolato, Gilberto Pérez López, expresa "sus dudas" sobre la bestia, pero dijo que todo indica que "el autor es un vival", y no agregó más.

Pero 30 agentes que deberían estar haciendo mejores cosas, llevaban ya varios días correteando sombras en El Castillo.

9

"Tirotearon a la Bestia de El Castillo y nada le hicieron", se publicó el 18 de abril, a una plana y con mucha fotografía, como les gusta a los distribuidores de periódicos ("¡Tas, tas, tas, y ándale!").

Al parecer, ahora no podía haber dudas porque "fueron policías" los que le vieron y hasta le dispararon esa madrugada (aunque no le dieron).

Dos adolescentes dijeron verlo en su patio, temprano: "Es un animal raro y miedoso porque lejos de atacarnos, en cuanto nos vio pegó la carrera", dijo uno. "Está feo el animal, me metió miedo", dijo el otro.

Esa madrugada, como a la una, dos policías y unos pescadores que buscaban en la zona de porquerizas, vieron a un animal agazapado que, de repente, pegó la carrera (ante el tumulto, hasta yo corro).

Un policía le disparó cuatro veces pero el bicho se metió a la casa de un pescador.

Se dijo que "corre a brincos en forma similar a la del mandril".

10

"Bendicen las calles de El Castillo", se publicó el 19 de abril, y muestra fotos del sacerdote Héctor Orozco "El Padre Jeringas" en el templo del lugar y luego caminando por las calles, seguido por los fieles. Lo entrevistan y su declaración da pie a anotar en un sumario: "*Revelan constantes prácticas de brujería".

(El diablo vuelve a asomar la cola).

"Esta comunidad de pescadores está muy alejada de Dios. Me han comunicado que aquí se practican muchos ritos, pero al respecto (de la Bestia), no puedo opinar", dijo.

La redacción trata de vincular -con base en esa declaración- a la supuesta bestia con lo sobrenatural.

Al terminar la misa, policías y gente en camionetas "con faros de alógeno" (de moda), que venían de Culiacán, corrían a gran velocidad rumbo a la laguna, donde se reportó otra aparición. De oquis.

11

Por alguna causa, el único diario que le daba vuelo al tema dejó de reportar desde esa fecha, pero aun el 26 de abril hizo un último intento de llamar la atención, con una nota cuyo cabezal decía: "¡Apareció nuevamente la bestia!".

Ello, a la luz de otra nota en plana aparte que decía: "La bestia de El Castillo pudo surgir de Palmitas, Angostura".

En la primera, otra vez el vecino José Antonio Oropeza, "quien todo el tiempo se ha abocado a la captura" de la bestia, intenta reavivar el fuego.

El cuento es más o menos el mismo, pero como que, con la certeza de la policía de que todo era obra de un vivales y que lo iban a meter al bote, la gente se cansó de andar correteando sombras.

No así "Pepillo el Pescador", como le dicen, quien afirma: "Les aseguro que con ayuda o sin ayuda, nosotros lo vamos a atrapar".

En la nota de Palmitas, se afirma que podría ser "la madre de un cachorro canguro", porque hacía como 15 días atraparon al cangurito y la cangura lo andaba buscando, pero desapareció y puede que, en su búsqueda, haya llegado a El Castillo.

12

Todas son notas del diario El Debate. Noroeste publicó sólo una vez para después disculparse diciendo que era puro amarillismo y que, por respeto a sus lectores, ya no le entraba.

El Sol de Sinaloa intentó seguirles el paso y envió reporteros a El Castillo buscando datos, pero pronto se cansó de reportar rumores.

El caso es que la tan mentada Bestia, dejó de "verse" en cuanto dejó de publicarse sobre ella, junto con reportajes sobre el chupacabras, del que en esos días llegaba información desde Puerto Rico, que le chupaba la sangre al ganado.

Este chupacabras local, en cambio, pasó de ser algo así como un perro bóxer a nagual, gato montés, onza, puma, hiena, mandril, y lo último, un canguro.

Pero la gente de El Castillo como que se enfadó de ser la comidilla en todo el estado y, a cómo llegó, la susodicha bestia se fue, en 15 días.

¡Ah, pero cómo vendimos periódicos!

PARTE III

CUÉNTAME TU VIDA
VOCES DE NAVOLATO

"Cuéntame tu vida, cuéntamela toda"
Caifanes

Con ruta al "Limoncito".
Recuerdos de Navolato

JULIO CÉSAR FÉLIX

Foto: José Enrique "Pepito" Sainz

A mis primos:
Jesús Ernesto Sauceda Lerma,
Jesús Arturo Lerma,
Francisco Meza Lerma,
Jesús Reynaldo Meza Lerma y
Karlo Moreno Lerma

Cada Semana Santa, o cada verano, o cada vez que mis primos podían venían a Navolato, el pueblo que los vio nacer y el cual habían dejado para irse a vivir a La Paz, por motivos laborales de mi tío Rosendo. ¡Cómo queríamos a mi tío Rosendo! Era un señor amable, educado y simpático. Era de Culiacán. Trabajaba en una línea aérea internacional. Era lo que se dice coloquialmente, un buen esposo, buen padre y un tío a todo dar. Alegre y consentidor.

Esos días de verano, o de semana santa, se volvían de pura botana, pura vagancia, pura convivencia familiar. Pero lo mejor, sin duda, era el cotorreo que traíamos los primos.

—Vamos al "Limoncito", Chuyín,—dijeron a coro el Rey y el Pancho.

—Vamos, vente, Federico. ¡Marco, Karlo, Arturín, vámonos!—me animé a decir como si fuera la voz cantante de las expediciones aventureras en el pueblo.

Marco tenía 10 años y Federico, 6. El Pancho era el mayor con 12, le seguía el Rey con 11, como yo. Karlo también tenía 6 años, como Federico. El Pancho y el Rey eran hermanos, hijos de mi tía Chabé (la mayor de las hermanas Lerma); Marco y Federico también eran hermanos, hijos de mi tía Alma; Arturo era hijo de mi tío Chuy (el de la moto), y Karlo era hijo de mi tía Norma.

También había otros primos y primas pero los protagonistas de las historias del Limoncito eran el Panchito, el Rey, Marco, Arturín, Federico y Karlo... son con quienes me iba de casa sin decirle nada a nadie en esas vacaciones.

Esa mañana de junio, el calor se apostaba desde temprano en el pueblo. Eran las 9 de la mañana y hacía un calor húmedo y pegajoso. La casona de la Benito Juárez, en la colonia Centro se prestaba directamente para bajar al río, pa' la Cofradía. Vivíamos enfrente de "Juano", el zapatero y los Tanamachi.

Manuelito Tanamachi era mi mejor amigo. A veces también nos acompañaba, pero en esta ocasión éramos puros primos.

Bajando por el camino de la Juárez veíamos los camiones que iban rumbo a Culiacán y a Altata. Su base era ahí en la Conasupo. De ahí donde salían también era conocido como La Mariposa. Era como 1981, 1982. Nosotros hicimos esas excursiones durante varios años. Atravesábamos La chispa, donde vendían pizza y había maquinitas, lugar obligado para quedarnos de regreso después de ir al "Limoncito". Nuestra travesía era más o menos la siguiente: atravesábamos los chiqueros del bajío y sus aromas penetrantes hasta la médula. Teníamos dos rutas: la directa (más corta) y la otra, por donde atravesábamos la zona de los cochis, pasando por una huerta de donde tomábamos ciruelas aciditas del monte y nos la íbamos comiendo en el camino. Desde luego este era el camino preferido.

Era un recorrido total como de 1 km, quizás poco más, pero a esa edad era una verdadera aventura épica salir de casa, sin el permiso de tus padres, sin rumbo preciso más que el hecho de querer ir al río con los primos. Sabíamos que lo más divertido y disfrutable era el camino y no solo el destino, la meta.

Una vez que cruzábamos los caminos de tierra, lodo y plantas y árboles de la rivera, nos acomodábamos bajo la sombra de un manglar, ahí veíamos correr el agua del río constatando la frase de Heráclito de que "Todo fluye como el agua en un río". Y esperábamos quién iba a ser el primero en aventarse al agua, o empujábamos a quien estuviera descuidado

El Rey (el más atrevido o despreocupado) se subía a las ramas colgantes de los manglares y desde ahí en forma de bomba se lanzaba sin miramientos...de inmediato provocaba la algarabía de todos: empezábamos a meternos al río, entre gritos, burlas y risas. Le seguía su hermano el Pancho, con rictus serio pero animado; el Arturín, un poco pasado de peso se aventaba de panza, seguido de Karlo, que no sin cierto cuidado hacía lo propio. Marco y los demás hacíamos formas o proyectiles acuáticos con las manos y nos atacábamos todos contra todos. Federico se iba alejando cada vez más con la corriente. En ese momento la fuerza del "Limoncito" crecía. Los caimanes que se habían visto en algún momento no nos preocupaban, ni nos acordábamos de ellos, ni de la fuerza de la corriente.

Estábamos en medio de la algarabía, las risas, los saltos despreocupados al río, que la corriente se iba llevando de manera estrepitosa a Federico, cada vez se veía más lejos...El Rey alcanzó a mirarlo y a seguirlo corriendo por la orilla del río, hasta alcanzarlo, se echó al agua y como pudo jaló a Federico a la orilla otra vez, y le salvó la vida.

Nomás se rieron de nerviosamente y alegres. Los demás ni cuenta se dieron.

La nostalgia del olor a caña

CARLOS HERMOSILLO JACOBO

La mirada de Alia recorría el final de la vía del tren; acababa de regresar a aquel lugar una vez más. Ese sitio donde había corrido descalza de niña, sintiendo la alegría en las plantas de sus pies al rozar las partículas de tierra que le conectaban con sus raíces.

El recuerdo del olor a caña también invadía su mente: el aroma de la melaza, de la azúcar quemada que se mezclaba con la imagen de una lluvia de cenizas que en pocos minutos teñía las calles de color negro. Sentía nostalgia al reencontrarse con los tres tubos de concreto de más de 30 metros, eternos emblemas de su infancia. Los pitones de salida de humo, inolvidables desde siempre, le recordaban cómo su corazón latía cada vez más fuerte al acercarse al crucero que marcaba el límite de la fábrica de azúcar. Por fin, después de tanto anhelo, los tenía frente a ella. Con ello, llegaba la paz interior.

En esos breves instantes, resonaba en su mente el sonoro estruendo de una válvula de presión que transformaba el vapor caliente en un armonioso sonido, la voz del pueblo, el anuncio de la salida de los trabajadores exhaustos en busca de descanso o comida. Para todos, ese sonido era el himno de la fábrica, la reencarnación de la adrenalina que le recordaba los rostros de miles de obreros, las bicicletas, las historias de vida; una ventana a la infancia y un grito de fortaleza que recordaba a los habitantes el propósito de la ciudad.

Hacía muchos años que el tren había partido por última vez, y tal vez esta sería la última vez que pisara esas tierras. Quizás la historia del tren era una metáfora de la vida misma.

De repente, una sensación de nerviosismo la invadió al darse cuenta de quién era en realidad. Había estado fuera por más de 30 años y esos recuerdos repentinos la sacudían profundamente. Se debatía entre la niña que fue y la mujer en la que se había convertido.

Al recorrer con la mirada el campo de fútbol, se dio cuenta de que ya no estaba; la modernidad había erigido estructuras de concreto y anuncios que cubrían las canchas donde jugaron generaciones de niños y jóvenes. Recordó cómo los remolinos de tierra suelta se paseaban por ese espacio, ganándose el apodo de "ciudad del polvo" para los visitantes y, quizás, en ese lugar icónico.

Luego, pasó por la alameda, que ahora estaba mucho menos poblada. Los monumentos naturales convertidos en madera, con su sombra y sus hojas, habían sido testigos de tanta historia. Las lechuzas que dormitaban en los huecos de los troncos eran los guardianes de los que entraban, salían o nunca volvían.

Alia había cumplido su último deseo al regresar a ese pueblo. Su rostro se iluminaba con cada recuerdo.

Al pasar por la colonia de los obreros, vio a hombres con sueños convertidos en abuelos, personas que habían perdido su fuerza, movilidad, éxitos y sueños con el paso del tiempo. Ya no se veían las sillas y poltronas afuera de las casas, una costumbre que caracterizaba al pueblo mágico.

El hospital seguía igual, con largas colas de personas impacientes por ser atendidas. Frente a él, destacaba la nueva construcción de la Cruz Roja.

La rapidez de sus pensamientos la llevó al parque que solía ser atravesado por un canal de desagüe de la fábrica, donde los estudiantes se bañaban en los días calurosos. Ese parque, que fue testigo de los primeros amores de muchos niños que se sentían jóvenes, ahora era solo un estacionamiento lleno de tierra suelta. Todo parecía distinto, sin magia.

Alia estaba inmersa en un choque de emociones encontradas, entre la nostalgia y la realidad de lo que veía ante sus ojos.

El canal Cañedo, antes lleno de curiosos y jóvenes que saltaban desde el puente, ahora lucía seco, sólo quedaban los vestigios de la sequía que asolaba al pueblo, junto con plásticos, llantas y desechos arrojados por personas sin conciencia.

La entrada del colegio también había cambiado; ya no estaba en la calle principal. En su lugar, había una larga pared blanca adornada con rayones y manchas de colores de niños. Fueron esos años en ese lugar los mejores de su vida.

No quería avanzar, pero su cuerpo le pedía seguir adelante...

La tarde avanzaba con la misma templanza con la que Alia caminaba por las calles de Navolato. De repente, se encontró frente a la glorieta donde se erguía imponente el monumento al cañero, una escultura de bronce que retrataba a un campesino con sombrero, sin camisa, pantalones arremangados, sombrero y guaraches, sosteniendo con una mano la caña y con la otra el machete, como si estuviera deteniendo el tiempo en un gesto eterno de trabajo y esfuerzo. Esta figura era más que una representación; era un símbolo arraigado en la idiosincrasia del lugar, una muestra del esfuerzo y la laboriosa dedicación que caracterizaba a los habitantes de Navolato. Era un recordatorio de los miles de hombres y mujeres valientes que habían labrado la historia de ese municipio con sudor y sacrificio.

La tarde se deslizaba con una cadencia suave mientras Alia se sumergía en el corazón de Navolato. Continuó su peregrinaje y se encontró con la emblemática plazuela, un remanso de nostalgia y sueños. Allí, se distinguía el engrane que se asemejaba a una botella y brillaba con un encanto especial, un santuario para los enamorados que encontraban refugio en sus escalones para tejer sueños de futuros prometedores. Era un lugar donde el tiempo se detenía para dar paso a la magia del amor y la esperanza.

Ese lugar que evocaba los días en que las arañas de don Chuy, tiradas por caballos, recorrían las calles de Navolato llevando a la gente a donde quisieran ir. Aquellas arañas eran testigos de un pueblo donde los sueños se tejían con esperanza, donde cada rincón estaba impregnado de historia y donde la tranquilidad reinaba en cada esquina.

Recordó el lugar donde se ubicaba la casita de Dulce, un establecimiento familiar lleno de alegría y camaradería. Las mesas allí eran testigos de largas conversaciones acompañadas de refrescos y dulces regionales, mientras que los jóvenes disfrutaban de los futbolitos y las máquinas electrónicas de juegos. Era un espacio donde la diversión y el entretenimiento nunca faltaban.

Al mirar hacia el centro de la plazuela, notó la ausencia del antiguo kiosco donde solía estar doña Paca, la cual con su inigualable carisma mantenía la tranquilidad en el lugar. Ese kiosco era el escenario de festivales y ceremonias, un punto de encuentro para celebrar las tradiciones del pueblo.

La mirada de Alia recorría la calle principal de Navolato; había regresado una vez más al lugar que había sido testigo de incontables momentos de alegría y camaradería. En su mente, resonaban los recuerdos del Club de Leones, un santuario de amistad y servicio que había dejado una huella imborrable en la comunidad.

El Club de Leones era mucho más que un edificio; era parte del corazón palpitante de Navolato, un lugar donde se celebraban miles de eventos que les recordaban a los ciudadanos el valor de la amistad, la alegría y la celebración. Cada rincón del club estaba impregnado de historias y recuerdos, desde las reuniones semanales hasta las fiestas benéficas y los reconocimientos a quienes habían hecho una diferencia en la comunidad. A medida que avanzaba, el aroma de los churros recién horneados llenaba el aire, recordándole el deleite de los sabores de Navolato. Los churros de "Chololo", con más de siete décadas de tradición, eran mucho más que un postre; eran el símbolo viviente de la pasión y el amor que se vertía en cada bocado. Aquellos churros eran aderezados por azúcar, el fruto de la caña, el sabor único de la tierra que se reflejaba en un postre regional característico de Navolato.

Y justo detrás de los churros, se alzaba majestuosa la iglesia de San Francisco de Asís, testigo de innumerables celebraciones, de los discursos del Padre Alejandro y de los eventos que marcaron la vida de los habitantes del municipio.

Y allí, en la parroquia de San Francisco de Asís, el corazón de Navolato latía con fuerza, resonando en cada rincón con la historia de sus habitantes. La majestuosa palmera junto a la iglesia era testigo silente de los ciclos de la vida, desde los bautizos hasta las bodas y los cortejos fúnebres.

Recordar todo eso, era demasiado, pero seguían llegando en su mente los recuerdos de las celebraciones de fuegos pirotécnicos y quema del castillo, de las vivencias del palo encebado, la quema del torito y el cochito encebado, todo ello, captado por el ojo incansable de don Pancho, el famoso fotógrafo blanco y negro, el reloj de la iglesia que marcaba el ritmo de la vida en cada campanada dominical y de las salomónicas decisiones de don Belem Torres.

Los pasos de Alia resonaban con la pasión y el amor propio que solo se puede sentir por un lugar que se lleva en el corazón. Cada calle, cada rincón, vibraba con la esencia misma de la vida, invitándolos a sumergirse más profundamente en el alma de Navolato. Y así, entre susurros de nostalgia y suspiros de gratitud, Alia continuaba su viaje, explorando esos lugares mágicos que se convertían en hogar con cada paso que daba.

Todos esos elementos se fundían en un caleidoscopio de recuerdos que tejían la historia viva de Navolato.

Continuará...

Preservemos nuestras raíces de identidad: Rina Cuéllar

M. ÁNGEL GONZÁLEZ CÓRDOVA

Rina Cuéllar Zazueta

Navolato es un buen lugar para reflexionar sobre lo que estamos haciendo con nuestro pasado y con todo su valor histórico y cultural.

Esta idea surge de los conceptos de la pintora e investigadora Rina Cuellar, quien apunta que su tierra natal es también buen principio para elevar un reclamo ante quienes pueden, y deben, dar viabilidad a una acción, efectiva y eficiente, de rescate arqueológico en Sinaloa.

Una breve entrevista con la maestra Cuéllar, realizada en su domicilio de Culiacán, permite apreciar que, para ella, la vocación de investigar y preservar nuestros valores ancestrales autóctonos fue producto de una herencia nada casual, sino transmitida por conducto de sus primeras vivencias, sus primeras experiencias y recuerdos en el expediente del amor paterno.

"Mi padre fue un hombre increíble", sintetiza la investigadora con esa tesitura donde la emoción modifica el timbre de la voz. "Fue el primer médico titulado que llegó a hacerse cargo del hospital del ingenio en Navolato. Yo fui su hija mayor y una puntual compañera. Casi siempre me llevaba con él a visitar a los enfermos".

Ese primer contacto con el dolor humano enseñó a Rina la existencia de la humanidad con toda su realidad, sin castillos en las nubes, sin príncipes encantados, sin el colorín colorado de los finales felices.

Era una niña muy madura para su edad, cuando su padre empezó a transmitirle un gran interés por la historia y un afán de búsqueda retrospectiva.

"Recorríamos las riberas del río y nos adentrábamos hacia el monte en busca de vestigios prehispánicos", apunta Rina antes de lamentar que, por falta de un museo en Culiacán, y en Sinaloa, el doctor Cuéllar donó entonces algunas piezas al museo de Monterrey.

"El propósito de mi padre era mostrar la cultura sinaloense en algún lugar de la república", aclara.

Los conocimientos adquiridos, más tarde en el aula, habrían de intensificar su deseo y definir su propósito de ir más allá de la teoría en busca de la realidad. Enfocó hacia las raíces de nuestro pueblo y encontró una vena de inapreciable riqueza histórica y cultural hacia los orígenes del juego de ulama.

No hay duda de que Rina Cuéllar ha sido la más significativa participante sinaloense en la tarea de preservar ese deporte milenario de México, cuyo principal bastión es Sinaloa.

"No se puede desconocer tanta riqueza", sentencia Rina al tiempo de localizar una referencia: "En Navolato subsiste una importante presencia de ese juego. Hay magníficos exponentes en Campo Acosta, El Zanjón y La Pipima. También en El Castillo, y todos participan en los tradicionales torneos de Altata. El propósito es mantener una tradición de miles de años, que nos debe enorgullecer".

La expresión de la entrevistada, hasta aquí un tanto festiva, cambia cuando observa que, pese a todos estos valores, el ulama no tiene un solo espacio propio para su práctica.

"Se habla de la construcción de una ciudad deportiva en Navolato; con canchas y campos para beisbol, futbol, basquetbol; y todos los boles habidos y por haber, así como para disciplinas acuáticas... ¡qué bueno! Pero ¿cómo es posible que se ignore la necesidad de un taste para ulama?".

En el mismo tenor de inconformidad, la pintora navolatense acusa que la sola creación de una o varias delegaciones del Instituto Nacional de Antropología e Historia, en Sinaloa, vienen a cubrir apenas un espacio representativo de las autoridades en la materia.

"¿De qué sirve una delegación sin infraestructura y sin los recursos humanos y materiales para explorar, investigar y hacer un levantamiento censal, así como un inventario de la gran cantidad de vestigios históricos que hay en Sinaloa?"

Más que a una pregunta, esta frase corresponde a una aseveración seguida por otra:

"Nuestro estado registra la mayor presencia de petroglifos en el país, una gran mayoría de los cuales es desconocida para los investigadores".

Como un adelanto de la realidad que prevé, Rina advierte: "Creo que la delegación del INAH va a tener funciones de registro y gestoría, actividades que desde hace años han sido realizadas individualmente, y que no van a rescatar ni a hacer justicia a nuestros valores históricos".

Su convicción la hace reiterativa en el sentido de que esos recursos culturales son abundantes, pero se concreta a mencionar sólo algunos casos en el municipio de Navolato.

"Hay manifestaciones muy importantes en Montelargo y en la minisierra del Tecomate. En ese sitio, como a dos kilómetros del mar, al centro, hay un lugar con petroglifos, ruinas de unos baños y vestigios de muestras rupestres en unas cuevas. Don Nicolás Vidales sostenía que ahí estaba el origen de Huitzilopochtli".

Enseguida, Rina subrayó: "Cualquier afirmación al respecto no pasará de ser un mero punto de vista, mientras no contemos con recursos y medios para realizar una investigación profunda y sistematizada".

Agrega que, en Navolato, ha habido participación extranjera motivada por el interés arqueológico, lo cual es una muestra de que la riqueza de ese municipio ha trascendido internacionalmente.

"Existe en El Vergel lo que se conoce como el paraje de la gringa, que no fue otra cosa que el sitio donde realizó estudios la doctora Isabel Kelly, quien también estuvo en Culiacán y recorrió la franja costera hasta Chametla, Rosario, a fines de los años cuarenta".

Prosigue la referencia a esa misma zena, cerca de El Vergel, donde existe un lugar conocido como el cerro de las calaveras. "Al abrir un dren quedaron al descubierto restos y enseres de gran valor histórico. ¡Todo fue destrozado por el trascabo!", protesta la entrevistada. "¿Cuántas cosas más se han perdido y se seguirán perdiendo?", inquiere a punto de hacer otra precisión conceptual: "No basta con sustraer algunas piezas y llevarlas a una vitrina, pues tal procedimiento limita al hallazgo. Los vestigios antropológicos tienen mayor valor en su lugar de origen, como testimonio histórico y cultural".

En este sentido hay coincidencia con el pronunciamiento de la arqueóloga Beatriz Braniff, que recientemente visitó Culiacán.

La conclusión de Rina Cuéllar es contundente: "Creó que estamos de acuerdo en que existe una gran riqueza testimonial de nuestras raíces de identidad en Sinaloa. Debemos acordar también sobre la urgente necesidad de preservar esos valores".

La propuesta es un reclamo vigente.

[Publicado originalmente en revista *Presagio*, Culiacán, Sinaloa, 1995]

¡Vamos a hacer un silencio, plebes!
Caifanes en Navolato, otoño de 1992

PABLO SÁINZ-GARIBALDI

Vamos a dar una vuelta al cielo
Para ver lo que es eterno
"Nubes"
Caifanes

"El silencio", disco que Caifanes publicó en 1992

En el otoño de 1992, la tocada de la legendaria banda de rock en español, Caifanes, fue un parteaguas en la historia del rock en Navolato.

Junto con el apoyo de Juan Felipe Almada Ley, este concierto inspiró a muchos jóvenes adolescentes de Navolato a aprender a tocar un instrumento, o ayudó a cimentar el espíritu rockero en la plebada.

Raza que nunca había asistido a un concierto de rock se reunió junto a rockeros de hueso colorado en la explanada de la plazuela Vicente Guerrero para corear los grandes éxitos de la banda.

Caifanes acababa de publicar su tercer disco, "El silencio", y andaba de gira por el estado como parte del Festival Cultural Sinaloa 1992, organizado por lo que en aquel entonces era la Dirección de Investigación y Fomento de la Cultura Regional (DIFOCUR), hoy el Instituto Sinaloense de Cultura (ISIC).

Aunque la banda ya gozaba de mucha popularidad entre la raza en aquel entonces, aún no se convertía en la banda de culto y en el ícono del rock mexicano que es ahora. A casi 30 años del histórico concierto de Caifanes en Navolato, un coro de voces se unió en el Grupo Somos Navolato en Facebook para compartir sus recuerdos, creando esta crónica de testimonio colectivo.

***

En lo personal después de eso inició mi búsqueda musical... y fluyó tan bien que se armaron después varias tocadas. Sin duda alguna un impulsor de rock en Navolato es y será Juan Felipe. Nos echó mucho la mano. Pero sin la tocada de Caifanes anduviéramos varios desbalagados sin haber aprendido a tocar algún instrumento. Al fin y al cabo es cultura. Y eso es lo que genera: que amplíes tu mente. Chido por esa época tan fregona. ¡Caifanes hasta morir!

- Oscar Augusto Mejía Castro, exintegrante de Seres

Recuerdo ese show como uno de los mejores de mi vida, fue el primer show que me aventaba a una corta edad y fue un gran impacto en mi vida que me impulsó a meterme a esto de la artistiada.

- Chuchi Chu, exintegrante de Orto

Navolato tuvo la irrepetible suerte de tener la mejor versión de Caifanes en la gira del que para mi gusto fue su mejor disco.

- Hosoi Abraxas, exintegrante de Cold Turkey

Hasta ahorita es el mejor acontecimiento de rock que se ha dado en Navolato y de ahí el concierto de los Traumath, "los metálicos navolatenses".

- Chuchi Barraza, integrante de Orto

Yo asistí, pero lo que me acuerdo es que solo estaba esperando que tocaran "La Negra Tomasa", espectacular e inolvidable evento cultural.

- Ramón Jacobo, fotógrafo navolatense

Yo fui a ese concierto venía de mis clases de danza con mi falda y mis zapatos bajo mi hombro derecho. Llegué y vi a los jóvenes cantando, bailando y brincando, me uní al canto y al baile desde el lugar donde logré pararme y disfrutarlos... estaba lleno... nunca se paró de cantar y bailar las canciones... recuerdo que con ese tumulto al final dañaron bocinas... y al irse recuerdo siguieron al camión hasta la salida. Fue una gran experiencia verlos.

- Ana Lucía Leyva, maestra de danza

Yo fui y el vocalista (que no me acuerdo su nombre) le llamó la atención a los que estaban tirando botellas de agua.

- Marco Sánchez

Los señores mayores decían "Pos dicen que van a estar Los Caimanes". En cuanto empezaron a tocar se fueron.

- Juan Carlos Sánchez, experto en rock

Recuerdo estábamos Kirito y yo cuidándole las espaldas a Hill y cuando comenzó a sonar "Nubes" Kirito y yo comenzamos a brincar y un camarada alto de ojos de color que le decían Gato nos regañó y nos sacó del slam porque nos andaban aplastando.

- Chuchi Chu, exintegrante de Orto

Alguna vez fui con Santiago Avilés y David Balderrama a Navolato y fuimos con Milo Soto, creo, a una casa donde Gregorio Lagrimaldo - que ahí vivía- ensayaba rock con un grupo que tenía por allá. Nunca he sido afecto a esas cosas, pero aguanté como los machos. Luego el Milo nos llevó a una casa sola a dormir. Qepd el pinche Milo. Tenía un negocio de carnitas que se llamaba Fritangas Nangas, en la salida a Altata. Pasamos esa tarde allí, creo, todo en la misma ida. Fue como en los 80. Yo aborrecía ciertas tendencias del rock, el más ruidoso.

- Benigno Aispuro, periodista cultural

Yo sólo recuerdo que andaba en el hombro de mi padre. Sinceramente no recuerdo mucho, era muy pequeño, pero es por ello que desde el momento que empecé a apreciar mejor la música me ha gustado Caifanes.y el saber que estuve ahí se siente fregón y aún más con mi señor padre.

- Emmanuel Villarreal

Cuando llegó Poncho (Alfonso André, baterista de Caifanes) al sound check, el Abeja se subió corriendo al camión y aventó a Poncho André a un lado gritando: ¡¿Dónde está Sauuuuuuúl?! (Saúl Hernández, vocalista de Caifanes).

- Hosoi Abraxas, exintegrante de Cold Turkey

Si yo también asistí al concierto. Estaba a reventar la plazuela como nunca. Yo estaba en la Botella para alcanzar a ver, aunque sea un poquito.

- Patricia Ugalde

Ooooh, yo estuve ahí. Recuerdo que el escenario estaba dónde están las canchas de frente a la Almada: un escenario alto, dónde estaba o está el asta a la bandera. Frente al

Teatro del Pueblo estaba el ingeniero de sonido, yo estaba a un lado. Todos podíamos verlos y escucharlos perfecto, pero creo había una estructura y recuerdo que algunos jóvenes se subían en ella, no sé si esa estructura tenía luces o algo, mucha gente.

- Eva Moraila

Al final y como siempre, Los Ganchos le querían pegar a dos conocidos míos (Jaime Burgos y otro, muy tranquilos los dos por cierto) y terminé repartiendo fregazos, después me querían pegar a mí y los que terminaron tirándome esquina fueron los rockeros que nomás me llevaba con uno de ellos.

- Juan Carlos Sánchez, experto en rock

Yo estaba en la secundaria cuando vinieron. Me tocó ver cuando se electrocutó un trabajador de ellos y me acuerdo bien porque me fui sin permiso y me regalaron una friega memorial jajaja.

- Alfredo Jiménez

También anduve por ahí hasta adelante, haciendo slam con raza de Culiacán que nunca volví a mirar. Salieron juídos por la Alcafores cortesía de los Ganchos.

- Hosoi Abraxas, exintegrante de Cold Turkey

Yo los vi pasar por la Almada a la altura del Seguro, en friega el autobús con los cristales todos quebrados. Hay que recordarles la fecha a los Caifas y enviarles una disculpa pública.

- Oscar Augusto Mejía Castro, exintegrante de Seres

Yo fui y unos señores a mi lado comentaban qué quienes eran los que estaban tocando y uno contesta: "Sabe. Que unos tales 'Caimanes'". Los plebes soltaron la risotada.

- Jandy Sánchez

Poncho Aguilar y yo patinábamos cuando llegó el camión del staff entre ellos venía el André. En friega le dije al Ponchío Aguilar, w vamos por la cámara y a comprar un rollo pa tomarnos fotos con el baterista de los Caifas, pero todavía no llegan los Caifanes, me dijo, ahí está el batako w, el trasher que se bajó con la bola, luego nos identificamos con el vato ya que andaba bien skateboard, fuimos a la casa patinando en friega y de ahí hasta la Benavides frente a la sección XV por el rollo para la cámara, nomás volaban los copetones en friega, llegamos a la plazuela y ahí estaba hasta arriba en la batería el Ponchío André cambiando un parche de su tarola, le chiflamos y nos hizo señas que fuéramos, trepamos sobre la enorme plataforma que ellos traían ya que le dieron jonda al templetío que tenía el ayuntamiento (¡al modo!). En fin, subimos ¡y ahí estuvimos cotorreando machín con el vato! ¡Fue chila esa travesía! ¡El Ponchío Aguilar se quedó bien piñado! Yo convencido de que tenía que vivir esa mágica vida de la música, tocar en escenarios como esos y ser parte del movimiento, y con todo y golpe que me di esa noche quedé bien sietón ¡hasta la fecha! ¡Por ende aquí los resultados!

- Chuchi Barraza, integrante de Orto

Ese concierto estuvo genial. Por ahí un cabrón lanzó una botella de cerveza al escenario y Saúl el vocalista paró de cantar para pedir que la raza dijera quien había sido y sacarlo de ahí y todo mundo dijimos quién fue. Lo sacaron y la tocada siguió sin más altercados. Qué buena tarde fue.

- Abel Jacobo Miller

Anécdota del Cholío Batakas:
Se decía que cuando terminó el concierto de los Caifanes, que fue con La Negra Tomasa, se dice que se bajaron y se subieron a un camión bien perrón y salieron rumbo por la Almada y detrás de ellos hasta el Ingenio La Primavera dos morros corriendo diciendo "adiós, adiooos Saúl, caifanes los amamos vuelvan prontooooo" el vato decía que era el abejorroo y el champiñón bien piñados por el concierto ofrecido por los Caifanes.

- Chuchi Barraza, integrante de Orto

Allí anduvimos jejeje desde que empezaron a armar el escenario.

- Hill Gastélum, músico navolatense

Estuvimos platicando con Alfonso André mientras le ponía un parche a su tarola, un día antes en Badiraguato lo había roto, pláticamos de rock, de skate y de la raza del pueblo.
Andábamos igual ese día, traíamos los dos tenis de la misma marca (visión street wear), chores largos y yo traía una playera de red hot chili peppers, ambos copetones, solo que el traía las greñas verdes y azules... ¡Y simón era mi ídolo! Hasta hoy mis respetos pa ese compa.

- Chuchi Barraza, integrante de Orto

Una morra a un lado mío gritándole al Sabo Romo: "Papacito cuántos años tienes". A Sabo Romo que está más feo que un carro por abajo.

- Juan Carlos Sánchez, experto en rock

Ese día a mi hermana le compraron una playera de los Caifas que obviamente le quite, porque ella era bien ranger.

- Hill Gastélum, músico navolatense

Yo me subí al escenario y le di un beso a Saúl. Después de mí se subió otra muchacha, pero ya estaban los policías ahí cerca y la bajaron antes de que llegara.

- María Magdalena Medina Reyes

Ese día noté que Sabo Romo siempre estaba volteando hacia arriba como buscando ovnis.

- Hill Gastélum, músico navolatense

Yo asistí en Culiacán y en Navolato y fue súper cantar sus canciones.

- Clarisa Aldapa Garibaldi

Vi la configuración de la guitarra de Marcovich, misma que aún tengo cuando palomeaba las rolas de los caifas.

- Hill Gastélum, músico navolatense

Yo estuve en ese toquín pero el equipo de seguridad nos quiso quitar la cámara con la que queríamos tomar video y nos prohibieron. Se portaron muy gacho y eso que éramos compañeros músicos. También me tocó mucho antes una tocada de Dug Dugs en el Club 20-30, donde hoy es el ayuntamiento.

- Alberto Cordero Millán, pilar de la música navolatense

El solo que se aventó Diego Herrera en sobras en tiempos perdidos en el sax fue épico o sería el madrazo y la mota que se quemaron los ganchos y que nos tenían bien horneados...

- Chuchi Barraza, integrante de Orto

Yo asistí. ¿Alguien se acuerda que el cantante se tiró al público y la gente no sabía que eso era una costumbre en los conciertos de rock y se quitaron? Jaja la verdad yo no entendía porque se había tirado. Pobre: se levantó adolorido jeje.

- Wendy García, soprano navolatense

Estaba en primera fila mirando como tocaba Alejandro Marcovich. Tiempos de secundaria y aprendiendo a tocar guitarra, rock de los 90.

- Ismael López Medina, músico navolatense

Mi esposo y yo fuimos, excelente tocada, pero entonces había unos plebes desmadrosos que se hacían llamar Ganchos y empezaron a tirar piedras, los palos de los elotes y agua. Nosotros nos salimos de ahí porque llevábamos a nuestra niña de dos años.

- María Aide Herdebar

Yo fui saliendo de la secundaria. Fue mi primer concierto y de ahí quedé prendido con el rock. Recuerdo el alma que se hizo. También recuerdo que hubo un pleito con una banda que venía de Culiacán a escuchar a los Caifanes y la rola que más recuerdo es la de "Nubes". Fue un gran concierto legendario.

- Tiojari Guzmán, músico navolatense

A mí si me tocó, y Saúl se molestó porque no faltó el salido, que aventó algo al escenario, y nos tocó de parte del Caifán un madrazo, pero como yo no fui, ¡ahí me quedé hasta el final! Fue en las puras canchas, no estaba la techumbre.

- Martha Zazueta

¡Claro que lo recuerdo! ¡Fue muy divertido! Llevé a mis hijas estaban muy contentas. Recuerdo que llegaron un poco tarde. Ya nos estábamos retirando cuando llegaron y corrimos detrás del camión. Fue muy divertido ver a mis hijas reír tanto. ¡Me encantó poder llevar a mis hijas y que pudieran conocerlos!

- Reyna Castillo

Tuve la fortuna de asistir. Fue todo un acontecimiento. Creo que ningún joven la podía creer, como un pueblo casi, casi olvidado tenía un escenario, para mí gigantesco, luces, humo, este estaba situado del lado de la Benito Juárez, la juventud abarrotando el lugar, desde la techumbre (ahora) hasta el Teatro del Pueblo, unos casi encima de otros, los que estuvimos hasta enfrente del escenario, bailando slam, y todo alrededor y la plazuela llena de gente, no me la creía, recuerdo que al poco tiempo se desintegró la agrupación, un masivo para la historia. ¡Bendita juventud!

- Carlos Emilio Ruiz Guerra

Recuerdo mucha gente y un aroma a mota jajaja. Tenía 11 años. Fuimos mi hermano y yo. Recuerdo que desde ahí me gustó el rock. Dure mucho tiempo escuchando a Caifanes y a Maná durante un tiempo. Casi no me pude acercar, había mucha gente. Fue una experiencia muy padre. Hoy me sigue gustando el rock pero para alabar a nuestro Señor.

- Israel Villa, músico navolatense

Muy bonitos recuerdos. También me tocó estar presente cantando todas sus canciones. Estaba en segundo de secundaria, fue en la plazuela, en las canchas y cante todas sus canciones. Estaban promocionando "El silencio" donde estaba la canción de "Nubes".

- Tania Borrás

Aunque no lo crean yo estuve en la tocada. Tenía apenas cinco años y mis hermanos me traían cargando para que yo pudiera ver. Gracias a Dios tengo una memoria excelente y lo recuerdo fácilmente. Había muchos muchachos vestidos de acuerdo con la ocasión. Todos se miraban emocionados, uno que otro fumando y el grupo de los muchachos de pelo largo y de negro (los rockeros) así les decía yo de niña, estaban todos juntos. Unos quisieron pelear, pero los controlaron y todo siguió. Me llevaron temprano a mi casa, que estaba frente a la Ley vieja. Desde ese tiempo soy fan de Caifanes.

- Yessica López Coronel

Lo que recuerdo, una bicicleta que iba por arriba del público, la gente la iba rolando antes de iniciar el concierto. Estaba oscuro el escenario y de repente salía un greñudo y la gente gritaba, pero eran del staff, creo pasó un par de veces. Hasta atrás había dos muchachos grabando todo el concierto y uno le dijo al otro "Voy a subir al escenario, me grabas" y se fue hasta enfrente, se trepó pero inmediatamente lo bajaron los Security. Yo lo disfruté mucho ya que ya era fan de Caifanes. Saúl dijo "Que chi.. a su mad.. el racismo". Mi tía dijo, "Estuvieron muy groseros". También por esas fechas vino un equipo de basquetbol de USA a jugar contra la selección de Navolato, la raza les pegó.

- Alejandro Iribe

No recuerdo el nombre del que estaba tocando el requinto, de lo loco que estaba, se acabó la canción y siguió tocando, lo agarraron del brazo y lo bajaron.

- Panchón Santiesteban

Cómo no recordar esa tocada. Recuerdo que Sabo Romo, el bajista, se miraba que andaba pasadito y un Marcovich muy apático. Y por supuesto el botellazo que les tiraron.

- Ernesto Duarte

Creo que todo Navolato fuimos a ver y escuchar el concierto pues era algo nuevo para el pueblo. Recuerdo la plazuela súper llena y la música se escuchaba desde lejos.

- Sandra Santiesteban

Padrísimo y con dolor de espalda, pero feliz, inigualable, de los únicos conciertos, y más único en Navolato.

- Víctor Hugo Chaidez Elenes, promotor de talentos

A mí me toco ir, aunque no recuerdo del todo. Tenía yo 16 años. Fue en octubre. Recuerdo que hubo algo de bronca y Saúl dejó de cantar y los paró en seco. Y también cuando dijo algo sobre el racismo también que chi... a su p.... el malinchismo. Dijo esas palabras muy cohibido como cuando te da pena. Muy padre. Cuando tocaron "Nubes" todo mundo gritó. Todos esperábamos "La Negra Tomasa" y sí fue igual cuando para cerrar el concierto sonaron los primeros acordes. Y todos gritaron. Muy bueno estuvo. Siempre he sido fan de Caifanes. Y mi primer concierto al que fui, fue precisamente de Caifanes.

- Tony Quintero

Claro que sí, era una plebía. Me acuerdo que mis papás no me querían dejar ir pero mis hermanos me hicieron el paro que me cuidarían. N'ombreee había un montón de gente y la de rigor "Si te pierdes nos vemos en la Botella", y que creen, sí me perdí y ahí estaba esperándolos.

- Elvia Pérez Torres

La verdad yo estuve ahí. Fue algo impresionante, más no fue algo nuevo. Ya en esas épocas estaba la Feria Cañera y asistían cantantes de talla internacional en el Palenque. Pero a lo que respecta del concierto de Caifanes en la Plazuela Vicente Guerrero de Navolato lo que se me viene a la mente es que el concierto lo abrieron unos artistas de Navolato muy conocidos como los Metálicos (saludos a todos ellos El Mike, El Cholo (epd), El Deybi, entre otros). Fue algo muy padre.

- Edgar Paul Cortez

Los elotazos que aventaron jajaja. Se pasaron. Recuerdo que los muchachos los regañaron jajaja.

- Beatriz García

Claro que recuerdo. Estaba morro pero quedó grabada por siempre. Y mucha raza no cree ni creyó en esa tocada de inicios de grupo. Hasta por un momento pensé que había sido un sueño. Pero sí fue real. Crean o no.

- Eddy Bravo

Bueno, pues cuando anunciaron el concierto nadie se lo esperaba. Yo estaba en la secundaria. Todo el mundo estaba muy ansioso por ese día. No recuerdo muy bien grandes detalles, pero lo que sí sé es que fue una noche grandiosa como ninguna. De hecho, se atrasó un poco, pero todos fueron bien pacientes. Todos vestían playeras de los Caifanes. Llegaron de Culiacán, Mochis, de Mazatlán y lo sé porque Saúl Hernández saludaba a todos los presentes preguntando de dónde venían. Una locura. Cuando el solo del guitarrista Alejandro Marcovich, fue genial la verdad. Otra cosa que me quedó grabada es que a mí hermano lo levantaron como tabla de surf y lo traían en el aire hasta que lo bajaron hasta atrás. Ya se me hacía que lo dejaban caer. Sinceramente pocos espectáculos así en Navolato.

- Rubén Rivero

¡El slam, plebes! Un polvaderón machín. Recuerdo que me di un costalazo machín de lomo por qué no me cacharon.

Me levanté todo polveado y seguí brincando... ¡"Miércoles de ceniza", recuerdo bien!

- Chuchi Barraza, integrante de Orto

[De *La historia del rock & roll en Navolato. Edición conmemorativa, revisada y ampliada*, Juan Felipe "Juanfe" Almada Ley, Hermilo "Milo" Soto Miller y Pablo Sáinz-Garibaldi, La Poltrona, San Diego, 2021.]

La Furia Cañera

CARLOS RODELO MORALES

Recuerdo cuando vivíamos por la calle Juárez, aún sin estar pavimentada, unos metros antes de llegar al canal Cañedo, cuando en lo que hoy es la Ley, había establecimiento de casas.

Vivíamos a un lado de la casa de César "el Galán", justo frente a la casa del Sr. Beto Garibaldi y de la señora Meche Zazueta, su esposa, que en paz descanse (quien dicho sea de paso, fue quien me preparó para mi Primera Comunión). Recuerdo también que, frente a nuestra casa, estaba el taller de don Guillermo, mecánico y gran amigo también de mi papa.

En esa época, a finales de los 80's, era una tradición tomar y recorrer un caminito ya conocido que cada quince días tomábamos precisamente mi señor padre, Carlos Rodelo Landeros, y yo, rumbo al Estadio Juventud (o Juventus), junto a otros amigos también movidos por el interés de asistir a los partidos de la Furia Cañera, equipo de Futbol de 3ra División, que competía contra las Águilas de la UAS, los Tacuarineros de Culiacán y otros equipos.

El solo hecho de entrar al estadio, era memorable, pasar por los accesos polvorientos, voltear a ver a la tribuna buscando caras conocidas de amigos o vecinos que ya habían llegado con antelación y, por consecuencia, ya estaban entrados en el levantamiento del codo. A mis 10 u 11 años, era fácil pero complejo, subir los altos peraltes de las gradas de concreto rústico, y al sentarme en ellas, sentía la alta temperatura a la cual estaban a causa de esos soles de mediodía.

Solo era cuestión de tiempo para ambientarse y así emergieran de entre la "ola" de muchedumbre, señores de alrededor de sus 35 o 40 años, gritando vituperios al árbitro que, dicho sea de paso, ni siquiera salía a la cancha, pero ya estaba siendo objetos de cumplidos inversos por parte de esas personalidades.

Cómo disfrutaba las frituras que vendía "el Papero", señor que me parecía ya de avanzada edad, acompañado de su hijo, ambos un poco robustos y haciendo la vendimia de agosto cada quince días. Era tradición *echarle carrilla* al Papero, sin que éste se quedara callado y rápidamente devolviera lo propio mediante ingeniosas frases u ocurrencias propias de una mente ágil y veloz, inversamente proporcional a su habilidad para subir o bajar las gradas. Recuerdo bien que nos acompañaba un gran amigo de mi padre, Alejandro, que le decían el Burrico, chofer de autobuses de pasajeros, de los azules, y que vivía justamente por la misma calle Juárez, a unos metros de la entrada al Suspiro.

Fueron tantas las anécdotas vividas en ese recinto deportivo, que no cabrían en un solo libro.

Una de estas aventuras, fua la ocasión en la que casi casi pasábamos a la final del torneo y creo que era crucial para lograr un objetivo de gran importancia; esa vez, salimos con los ánimos por los suelos, enojados, tristes y decepcionados. Era sólo haber anotado un tiro penal, pero lo fallaron y se vinieron abajo muchos sueños que durante años se buscó. Recuerdo que, en aquella Furia Cañera, estaban enlistados jugadores como el Papitas, Kiki Araujo, Pippen, el Venado, el Chiquilín, Carlos Valerio, Kory, Rulo, el Tacua, entre otros.

Pero cada juego, cada partido, se suscitaban acciones que se repetían de manera invariable los fines de semana. Entre algunas de ellas, recuerdo que incluso mi papá, para exigir de manera elocuente, la amonestación hacia algún jugador, y que el juez central le mostrase un tarjetón amarillo, mi jefe emitía el siguiente mensaje en un muy alto volumen de voz, es decir, le gritaba al árbitro de manera airada y desde la tribuna: ¡*Saca la tarjeta Coppel, wey!*; y ese mensaje era uno de los cuales encabezaba una serie de vituperios soeces, que el resto de espectadores refinados y educados, continuaban con vocabulario un tanto altisonante.

O cuando a un jugador le pasaban el balón entre las piernas, es decir, le hacían túnel, los aficionados más experimentados en la jerga mexicana futbolera, exclamaban de manera muy pertinente y contundente, frases como: *ponte una sotana, wey.*

Era un clamor exacerbado y asertivo para la ocasión al exigirle al árbitro que tomara cartas en el asunto, cuando un jugador de casa era lesionado por un visitante, es decir, era reclamarle a los árbitros de manera altisonante y con el menor respeto posible, que sancionara a los infractores mientras fuesen visitantes; pero cuando un jugador local era quien golpeaba o cometía una falta al reglamente, de igual manera le recordaban el 10 de mayo al pobre del árbitro central o los jueces de línea (abanderados).

Así como estas historias, eran un sinfín de vivencias y experiencias sociales en lo colectivo, dentro de un contexto que permitía ser intruso en el historial de vida tanto de los árbitros, como de los jugadores visitantes, incluso con los propios aficionados asistentes; es decir, nadie quedaba a salvo de aquel escrutinio sociocultural, de una duración aproximada a 2 horas.

Recordar aquellos tiempos es volver a vivirlos a detalle, emulando en nuestra mente y nuestros corazones, esos recuerdos y sentimientos, relacionándolos con determinados lugares o música, que forman parte de nuestro *soundtrack* de vida.

El legado de mi padre

JUAN GENARO CORDERO MILLÁN

Don Juan Cordero

Hoy quisiera relatar algo que siempre he querido sobre mis queridos padres don Juan Cordero y doña Concepción Millán, lo hago de todo corazón porque habrá personas que aún se acuerdan, pero otros no los conocieron, y con el único afán de dar a conocer como vivíamos antes en un pueblo (hoy ciudad) tranquilo donde éramos tan felices y hoy lo extrañamos.

Llegamos a Navolato en 1957 procedentes de Costa |Rica, Sinaloa, donde mi padre trabajaba en el ingenio y los dueños eran los mismos del ingenio de Navolato, los Suarez, y le propusieron a mi padre trabajar acá porque casi todas las casas eran del ingenio y ocupaban una persona que se encargara del mantenimiento de las mismas, en cuanto albañilería, plomería, electricidad, etc. Y lo llamaron Departamento de Exterior porque se encargaba todo lo que era fuera del ingenio, y había muchos obreros que estaban clasificados como albañiles, plomeros, jacaleros (hacían jacales de palma y madera), petrolizadores (por aquel entonces había puras letrinas o fosas y les echaban petróleo para evitar enfermedades), carpinteros, ayudantes y peones.

Recuerdo que había una carreta jalada con caballo para repartir mezcla y materiales para las casas que se reparaban y el señor era el papá de los Payán (Chayo y Manuel del grupo los Navsin Boys), no recuerdo su nombre, pero le faltaba un ojo. La cal se compraba en piedra y al humedecerse se calentaba como brasa y al enfriarse ya se podía hacer la mezcla con arena, donde están hoy las oficinas de la USE. Frente al ingenio estaban unos galerones y ahí estaba un área destinada al Departamento de Exterior y había una carpintería (trabajaba don Ramón Meza y Francisco García "Panales"). También había un área para don Aurelio Araujo y sus topógrafos de los campos cañeros y al lado sur estaba el área donde ponían los aros metálicos de las carretas de caña y el jefe era una señor de apellido Rico.

De los trabajadores de Exterior que medio me acuerdo son Toño Valencia, Lencho Barrancas, Juan Plomoso, Chebo y Paulino Soto, Gilberto "Zurdo" Zazueta, Magdaleno, Luis Ramos, Ramón Meza, Francisco García "Panales" y su hermano , Víctor Espinosa, Pedro y Ramón Fragoso y muchos que no recuerdo.

Cuando llegamos a Navolato nos asignaron la casa de la esquina Almada y Macario Gaxiola, una casa de ladrillo pegado con lodo, techo con vigas, ladrillo y teja, de 2 aguas, tenía un porche al frente con arcos, una habitación grande y 2 pequeñas y un baño al fondo, tenía patio alrededor de la casa, y al frente a orilla de calle estaba una tendejón de madera que trabajaba la nina Katty Reyes (fue madrina de mi hermano Beto) pero todos le decíamos nina, en el patio hacia el frente había una gran palma y a un costado un árbol de tabachín y al fondo colindando con la familia Araujo un árbol de inmortal que daba unas florecitas blancas bien bonitas.

Por aquel entonces no había pavimento, pero era carretera de asfalto 2 carriles hacia Altata, o sea que forzosamente se tenía que pasar por el centro si venían de Culiacán a Altata, el centro eran calles de tierra que regaban con pipas y se hacían muchos hoyos, casi toda la gente se movía en bicicleta, y había unos cuantos automóviles y ya los conocíamos: el inconfundible era el Valiant blanco del Dr. Fortino Cuéllar.

Cuando llegamos éramos sólo 3 hijos y mis padres, después nacieron 8 aquí en Navolato, o sea que éramos 11 y en Costa Rica se quedó con los abuelos mi hermano mayor Alfonso para completar la docena.

Nuestros padres lucharon mucho para darnos educación a todos, siempre fueron muy trabajadores, mi padre nunca faltaba al trabajo, llueve o truene siempre trabajaba, nos enseñó el valor de la responsabilidad. Y aprendimos muchos oficios con él, como albañilería, plomería, electricidad y todo lo hacía bien, a pesar que sólo estudió hasta tercero de primaria pero le gustaba mucho la lectura, siempre compraba y leía muchos libros, le gustaba mucho aprender y tenía un lema "haz las cosas bien o no las hagas", por eso nos regañaba mucho, era muy estricto, pero era muy amoroso con sus hijos, era muy apreciado por sus amigos, le decían "el maistro Cordero", gustaba de la música y cada fin de semana se reunía con ellos a tocar la guitarra, sobre todo boleros, rancheras y tangos con sus respectivas ambarinas. Desafortunadamente falleció a los 62 años de cáncer dejándonos huérfanos y mi madre tuvo que salir adelante con todos sus hijos.

Mi madre trabajó mucho, vendía antojitos, pozole, etc., para ayudar a la casa, afortunadamente mi hermana mayor y yo ya trabajábamos y aportábamos a la causa, mis hermanos y yo tocábamos en un grupo y también aportábamos. En fin, fueron días difíciles, pero salimos adelante.

Pero lo que más nos enseñaron nuestros viejos fue a ayudar al necesitado y que estuviéramos siempre unidos a pesar de cualquier cosa.

Muchos muchachos de la secundaria con necesidades y a pesar que éramos una familia grande, mis padres les brindaron cobijo y comida y eso nunca se nos olvida, en el patio de nuestra casa siempre había bicicletas de gente de los ranchos, ahí las guardaban o las encargaban.

Todos de niños a pesar de la necesidad fuimos muy felices, y todavía recuerdo que cuando estaba mi padre muy enfermo me dijo "Hijo cuida a tu madre y tus hermanos ayúdalos en todo lo que puedas".

Misión cumplida, viejo.

Saludos a todos.

Quienes somos

ALBERTO CORDERO MILLÁN

Foto: archivo de Rudy Mendoza

Somos un pueblo con historia, cultura y riqueza.

Los navolatense somos gente de trabajo, coraje y valor, hombres y mujeres de lucha que se preocupa por su pueblo, gente de palabra y de fe, que queremos lo mejor para nuestro Navolato.

Porque no nomas somos de Navolato, Navolato es nuestro, es nuestro municipio.

Aunque no soy nacido en Navolato (llegamos a radicar cuando tenía poco menos de un año de nacido) me siento 100% navolatense, aquí nacieron ocho de mis hermanos y aquí he vivido toda mi vida.

Generación de los 50: mi generación es única, nuestros padres se preocuparon por inculcarnos el respeto a los mayores, a cederles el asiento al saludar, a no cruzar entre ellos cuando platicaban, a no opinar en las conversaciones de los mayores y a llamarlos por su nombre, no sin antes agregar el Don o Doña.

Entre ellos se llamaban por sobrenombres o apodos: El Conejo, el Burro, el Cantinflitas, El Víboras, El Gringo,

301

El Huesos, El Mayo etc. Nosotros obligadamente teníamos que nombrarlos por su nombre de pila, no sin antes anteponer el Don o Doña, como: Don Arnulfo, Don Héctor, Don Rafael, Don Ramón, Don Guillermo, Don José, Don Ramón, a unos con más cariño y aprecio como: Don Nachito, Doña Inesita, Don Aurelito, Doña Chuyita, Don Toñito o por su profesión: Ingeniero Araujo, maestra Esperanza, doctor Cuellar, profesor Concilión, etc.

Qué las nuevas generaciones de padres enseñen a sus hijos la cultura del respeto por los demás sería algo extraordinario.

Yo soy del Navolato antiguo con tizne de caña quemada en el cuello de mis camisas y el clásico olor a dulce de caña en el aire de mi pueblo, de la comisura de los labios partidos por pelar caña con la boca y manos ásperas de jalar caña de las carretas que pasan por mi casa, soy aquel que escucha repicar las campanas del templo de San Francisco de Asís llamando a misa a sus pobladores escuchando la ronca voz del padre Alejandro exigiendo a las mujeres traer a misa a sus hijos y a sus viejos aunque estén borrachos y dormidos, levántenlos y tráiganlos y que no se les olvide la limosna, de aquellos niños que acudíamos al mercado a traer mandado al abarrote de Man Beltrán, de Polo Acosta, Benja, carne de con los Rodelo y nuestro premio eran churros Machuca y atole de Doña Güera, soy de aquellos que saludaban a la bandera que se encontraba en la parte superior del reloj de las calles Ángel Flores e Hidalgo donde culminaban los desfiles, soy de los niños que acudían al Cine Royal los domingos a la matiné a ver películas de El Santo y Blue Demon de los que comprábamos palomitas de maíz, agua de horchata con limón, pay de queso, cucuruchos de cacahuate, chicles y golosinas antes de entrar, soy de los niños que comprábamos litros de leche al señor King Kong Lagos en su carreta, de los niños y jóvenes que nos bañábamos en el canal echándonos clavados en la zona de la pocita, de los que acudíamos acompañados de la familia al viejo paseo bajo el puente del Limoncito a bañarnos al rio Culiacán, soy de los que acompañaban a los padres a ver los juegos de beisbol de la liga regional cañera al Estadio Jesús Escobar llevando una gran matraca de madera hecha por mi padre, de los que vimos las mejores zafras y ver los festejos de fin de actividades de la zafra, soy de los que subíamos a la parte alta del viejo Quiosco Conrado Solís Ramírez a apreciar lo majestuoso de nuestra iglesia y nuestra plazuela Vicente Guerrero, soy de los que acudíamos a ver obras de teatro y festivales culturales al Cine Emancipación hoy Sindicato Azucarero de la sección 15, soy de los que vimos al presidente Adolfo López Mateos inaugurar el IMSS Navolato, la Escuela Secundaria Eva Samano en noviembre de 1964, de los que vimos las olimpiadas de México 68 y el mundial de futbol México 70 de los que nos tocó presenciar los famosos juegos Inter-secundarios en los terrenos aledaños al IMSS donde hoy es la colonia obrera y ver ganar muchas medallas a jóvenes de Navolato, de los que acudíamos por las tardes al parque infantil donde nos dábamos cita los infantes a pasear en columpios, sube y baja o carrusel y nuestra respectiva coca en la refresquería, soy de los jóvenes estudiantes de la Secundaria Eva Sámano de López Mateos y de los que formábamos parte de la rondalla que dirigía nuestro maestro Pedro Hernández Paredes y ver cómo se transformó de escuela particular en una escuela federal hoy Simón Bolívar junto al IMSS, de los que vimos nacer la fábrica de fibropaneles Fibrasin, soy de los que acudíamos a presenciar torneos de basquetbol protagonizados por los mejores jugadores de la región y ver ganar a los nuestros Equipo Navolato, soy de los que vimos nacer el Municipio de Navolato, de los que vimos nacer el proyecto Nuevo Altata y el malecón de Altata, los que nos tocó la construcción de la carretera cuatro carriles Culiacán-Altata, los que vimos nacer el futbol profesional en Navolato, de los jóvenes que acudían a los bailes populares por la calle Rosales con Kiko y sus Guajiros y otros grupos juveniles de moda, soy de los que conocieron a Miguelito "El Ciego", al "Tian", a "Emilio Morales", al "Media Vuelta", al "Marro", al "Verde", al tonto de los "Tiradores", al "Clavo", al "Apau", a Javier "De los Lápices", a "La Valentina", al "Cometa", al "Yemo", A "Doña Tila", pero también de los que vimos morir el Cine Royal, el Cine Alameda, el Cine Emancipación, al ingenio La Primavera, el estadio Jesús Escobar, Fibrasin, la secundaria Eva Sámano, la Max-ray, el reloj de Navolato, la Sindicatura con su famoso reloj y tantas cosas más de las cuales fuimos testigos.

Del plato a tu boca

ADRIANA ACOSTA CALDERÓN "CANA CALDE"

Toca rendir tributo con toda la justicia reunida. Las hermanas Chata y Lita de los tacos dorados. Desde mi madre, íbamos muy pequeños, pero sólo los domingos como salida familiar.

En esos tiempos doña Chata tenía el changarro en espacio apretado al lado de casa Lavis y de ahí se fueron a la calle Morelos donde sin imaginar iría a vivir ahí.

Nuestra fascinación por ir a esos tacos era que estaba enamorada del refresco lucerito era el colmo de la felicidad del día, pues como no tomábamos refresco era el premio de la semana.

Las nuevas generaciones que me leen ya no conocieron ese refresco sabor mandarina, delicioso y adictivo. A falta de él que era muy vendido, estaba el Orange Crush, igualmente delicioso, pero por su tamaño nos era negado o teníamos que compartir.

Recuerdo el saludo de las señoras muy cariñoso para con mi madre, y le decían "Qué grandes están tus hijos, Chuyita".

O íbamos con mi madre o íbamos con las tías hermanas de ella. Yo no recuerdo entonces que mi padre fuera con nosotros.

Las mesas eran pocas porque el lugar era apretado. Sinceramente en ese tiempo yo no tenía puesta mi atención en detalles, era tan feliz que nada me apartaba de perder tiempo en observaciones... Sólo que me encantaban los tacos, pedía 4 y era mi ración.

Cada domingo si no estábamos con los abuelos era ir a cenar tacos dorados.

Al enfermar mi madre, tristemente en nuestra ignorancia, las tías nos llevaban más seguido, y es que era que estaban tan profundamente ocupadas que ni siquiera se cocinaba... Eso sí, fui capaz de captar, nuestra estufa permanecía apagada y sólo se utilizaba para el agua para café de mi padre.

No fue por pereza o por no haber mujeres. Mi madre era tan querida que mucha gente mandaba comida especialmente para nosotros.

A mí madre le mandaban caldos enriquecidos para tratar de nutrirla, y siendo tan niños la preocupación era mayor.

En ese aspecto sobraba la bondad de los vecinos... Especialmente de la señora Rosenda Quevedo que formó un vínculo familiar porque nacimos en esa casa y porque mi madre desde recién nacidos nos pesaba en la báscula de él abarrote.   Éramos como una especie de sobrinos nietos para ella.

Claro que los demás estaban enterados de la gravedad de mi madre menos mi hermano y yo.

Por eso yo pensaba que iba a reponerse y volveríamos a la normalidad.

Comencé a sospechar cuando Chenda nos mandaba cucuruchos de dulces y galletas cada tarde, que era cuando mi madre se ponía peor. Extrañamente era como una hora marcada.

Por eso siendo tan repetido tener golosinas y antes ser niños anti chucheros, ya no me cuadró.

Luego visitas y visitas y una vibra de tristeza (Ya habrá más anécdotas). El regreso a los tacos dorados fue después de mucho tiempo. El tiempo de duelo, de enfermarme y de otras cosas prioritarias.

Fue un lapso de años.

Ya en otra sección de la Zaragoza había señoras que vendían cena y más delante donde no había calle pavimentada estaba el barrio de las menuderas y pozoleras que era más del gusto de mi padre. Una jarrilla llena de menudo era más llenadora.

Muy cerca de la casa había otra señora que ponía pozole los sábados y el domingo hacia tostadas con la carne que sobraba del pozole y su consomé era caldo de pozole de base.

Por ende, los tacos dorados pasaron a perderse en el limbo.

Fue cuando nos cambiamos a la Morelos y veo enfrente una gran mesa de madera y un banco encima. El local al aire libre.   Y detrás una casa muy grande con un amplio patio y jardín.

¡¡La primera tarde descubrí con alegría que eran los tacos dorados!!

Sin pensarlo, fui a sentarme.... Ambas mujeres me saludaron diciéndome que era una gran pérdida lo de mi madre. De verdad todo lo que había acumulado en mi alma se desbordó al mencionarla. Ambas se espantaron al echarme a llorar. Entre llanto les dije que estaba bien.

Me pusieron un plato copeteado de tacos, a manera de un abrazo.

Comiendo fue entonces que puse atención. El gran comal redondo y negro de metal grueso. La señora Chata ponía el relleno que era escaso la verdad pero era el encanto. Tortilla raspada.   Lo doblaba y ponía a la manteca, que cada tanto ponía una cuchara de guisar de la untuosa grasa.

"Es manteca de con tu abuelo Adrián porque es la única que usamos", dijeron. No sólo eso, queso, cebolla morada lechuga tomate y pepinos también. Pero a veces se iban a otros puestos a la verdura. Pero fueron fieles a la manteca y al queso.

Seguí con mis observaciones. La señora Lita, siempre vestida de negro y maquillada, volteaba con elegancia los tacos con una cuchara de comer uno a uno.

La pila de platos hondos, vasos con cucharas, todas de metal. Servilleteros, limones partidos y la corona que dominaba. El vitrolero de cebolla morada. Única, exquisita, el tope del gusto de esos tacos.

Quién se sentara en la banca, única por cierto, podía ver lo que describo. A veces era tanta gente que pedía para llevar grandes cantidades, y era la señora Lita quien entraba a la casa por más relleno, limones, o verdura.

La gente sabía perfectamente que debía traer sus trastes para llevar o se amolaba.

Me tocó ver despachar cartones medianos llenos de tacos dorados y en bolsas la verdura, una jarra para el caldo.

Tenía gente para aventar pues venían desde Culiacán y otras partes.

Siempre trabajadoras.

Desde muy temprano ya me encontraba a la señora Lita con su bolsa o canasta de mandado ya repleta. Delgada y espigada y sus labios siempre pintados de rojo, su pelo en un moño negrísimo pintado y dejando un manchón de canas.

Erguida y saludando, con esa media sonrisa y sus pestañas pixie bien retocadas de rímel.

De regreso a desayunar miraba a la otra hermana barriendo su jardín y ya para mediodía aseaban el espacio donde vendían.

A veces yo sentada en la sala y la puerta abierta podía mirar cómo entraban y salían con las cosas para disponerse a abrir.

Y al sacar por último el vitrolero de cebolla curtida, era hora.

De los 7 días de la semana, 6 era comer tacos dorados. Nunca me aburrió.

Mi tía Kitty al venir, era infaltable ir a consumir unos 12 o 14 tacos. Se empinaba el plato para sorber el caldito y mi padre se la comía a carrilla.

En casa si no había nadie o sólo nosotros, tacos de la Chata.

Venir cansados en la noche de la tienda, tacos con la Chata.

Fin de semana era de rigor.

Tengo en mi ADN los tacos dorados y las quesadillas de don Pancho Reyes. Casi a la par.

Vecinos, clientes, amigos cercanos de las hermanas, si no estaban en casa podíamos esperar sentados con ellas con toda confianza.... Y la gran mayoría de veces nos acercaba un plato lleno de tacos.

Poníamos cara de desolación por no traer un quinto y nos decían "No pasa nada".

Mi padre nos preguntaba siempre: "¿Le debemos a las hermanas??"

A veces mi padre pasaba con ellas y les decía que por favor tuviéramos una cuenta abierta y luego se pagaría.

Nos decían: "Eso ni se pregunta, don Heriberto".

Como era completamente desconocido cuándo y cuántas veces caeríamos toda la prole, la cuenta era necesaria.

Tal vez entonces mi hermano y yo no tuviéramos dinero en el bolsillo, pero teníamos la seguridad que no moriríamos de hambre jamás teniendo a las hermanas.

Toda mi familia materna y paterna cayeron en las garras deliciosas en forma de taco dorado. También ellas conocieron a todos.

Si había alguien que amaran los tacos más que nosotros era nuestro tío José y sus hijos, de Pericos. A veces decían: "Apá, llévenos con tío Beto, para comer taquitos".

Crecí junto a ellas deleitándome con sus sabores. A veces sólo me sentaba a observar el comal y a Lita para voltear los tacos con su cuchara.

Me perdía en las órdenes de tacos y su cebolla como cereza del pastel.

Un día ella me cachó mirando con curiosidad el vitrolero.

Me preguntó qué pensaba. "Doña chata, me pregunto cómo le hace para ese color único. Rojo cereza".

Fui tan asidua que ella al verme sentar en la banca y perderme en los movimientos de ellas, decía: "¿Necesitas pensar?" ¡Vaya que me conocía!!

Eso significaba que aún no quería comer.

Ida en observar el comal, la manteca derritiéndose y el carbón chisporroteando. Era don Cácaro, un señor mayor que mantenía el calor del enorme brasero. Nunca hablaba, sabía perfectamente cuando aparecer para poner más carbón.

Y era mi deleite. "Pock pock" tronaban las brasas. Don Cácaro siempre con una tapadera le aventaba aire y salían las chispas felices a bailar hacia arriba libres y anchas. Tric tric tric tric el sonido delicado del chisporroteo. Luego el olor del humo que me recordaba el rancho y los abuelos.

Era yo ese gato que untaban las patas con manteca para no irse, dichos de abuela. Y era el único lugar que resultaba mi presencia inútil. Tanto don Cácaro como yo éramos figuras silenciosas que sabíamos qué hacer. Sus entradas eran como el de un actor de teatro donde solemnemente daba vida al fuego.   Avivaba la llama y luego de ver el éxito se metía por la puerta de madera hecha de tablas. Era como comunicarse telepáticamente ya que nadie le llamaba, pero estaba en el momento preciso.

Un día que estaba perdida en el vitrolero, creo que presioné moralmente a doña Chata. "Le pongo betabeles enteros crudos, para darle ese color".

"¿Cómo?" Me sacaba de mi trance. No estaba pensando en la cebolla, pero igualmente agradecí.

"No le diré a nadie doña Chata".

Y de hecho jamás lo hice, hasta ahora después de una vida.

Ni a mí padre, era como haberme dado el secreto de un sacrificio, y cumplí con ella.

Pasó el tiempo, me fui de Nahuatzen, me hice adulta, tuve mis hijos y fue en una visita de tía Kitty en Culiacán quien dijo "¿Vamos a comer tacos dorados en Navolato??"

"¿Coooooómo, aún viven las hermanas?"

No, es una nieta. Misma banqueta, pero otra casa.

Y fuimos.

Al probarlos, evoqué el mismo recuerdo. Mismo sabor, sazón intacto.

Era como cerrar los ojos y retroceder 20 años. Fue mi última vez.

Hará unos 20 años que no transito por esas calles, sólo mis recuerdos.

Es como volver a sentir ese sabor especial, incluso olerlos.

Verlas a ellas, en diferentes momentos de la vida.

Y cuando se está de esa edad jamás se imagina el destino que tendremos todos.

Es como las madejas de estambre que están enrolladas perfecta y delicadamente por alguien y de pronto toma varias y se le caen. Todas salen a diferentes partes tan rápido que no hay tiempo de reaccionar.

Así es la vida, de pronto pasan los años ante nuestros ojos, vuelan y es cuando algo oprime el pecho. Es la sensación de haber querido hacer algo diferente de haber sabido. Por eso hay que vivir cada momento.

Yo hago la cebolla y hoy no pude conseguir betabel. Tal vez me hubiera regañado doña Chata.

"Con mi cebolla no, mijita".

El gol del triunfo, una gran lección de vida

GERARDO VEGA MEDINA

Gerardo Vega González "Compare"

Vivir en el Navolato de ayer, y tener un hijo o hija con alguna discapacidad mental, motriz, o que padeciera un Trastorno del Desarrollo Humano, como es el Trastorno del Espectro Autista (autismo), y cualquier otro discapacidad, donde el problema del aprendizaje, la falta de atención, control de esfínter, problema de lenguaje, motricidad al caminar o movilidad, socializar, y romper las barreras que se le presentan a nuestros hijos día tras día, es y ha sido siempre un asunto demasiado complicado para cualquier padre o madre, ya que contamos con muy poca información para cualquier padre de familia. La falta de atención médica adecuada, conocimiento y oportunidades para tratar estos problemas que aquejaban a nuestros hijos, era y es un grave problema en nuestro Navolato y en Sinaloa. En el caso de nosotros, nuestro hijo Gerardo Vega González, quien padece desde su nacimiento un Trastorno del Desarrollo Humano, llamado Autismo Leve que le generó en algún momento falta de motricidad, de comunicación verbal, y discapacidad intelectual parcial, tuvimos que realizar a nuestro saber una serie de actividades médicas, sociales y deportivas, esto con el fin de lograr su evolución, adaptación e incorporación a la vida que le rodea. Sin embargo, en esta ocasión narraré sólo uno de los aspectos de su vida, un hecho ocurrido en nuestro querido Navolato, hace muchos años, donde mi hijo participó, logrando en esa época una hazaña deportiva local para un niño de 5 años como él.

Inscribimos a Gerardo en un equipo de futbol de Navolato, en un torneo local de niños llamado "Chupones", para efecto de que desarrollara su motricidad y movimientos físicos, ya que desde que nació, presentó algunos problemas al caminar y coordinar sus movimientos en comparación con los demás niños, y también con el fin de que socializara y practicara un deporte que le permitiera conocer amigos y el trabajo en equipo, así como de coordinar sus movimientos y poder caminar con firmeza.

Durante su participación en el torneo logró meter algunos goles, a pesar de su dificultad para la práctica del futbol, durante los partidos sólo entraba medios tiempos, porque era una regla que todos los niños participaran en los juegos. Debido a los resultados, su equipo llegó a la final contra un equipo que estaba invicto. Durante el juego de la final sólo participó jugando unos minutos, pero al finalizar el encuentro quedaron empatados a cero goles, y por regla se fueron a tiros de penaltis, donde tirarían los penales (5) cinco jugadores por equipo. En la lista de tiradores se eligieron a los mejores jugadores por equipo, desde luego que nuestro hijo no estaba entre ellos, tiraron todos los penales y de nueva cuenta quedaron empatados, después fueron sélo (3) tres jugadores por equipo y quedaron nuevamente empatados, por lo que la decisión de quien sería el equipo campeón, se fue a lo que le llaman en el argot futbolero "muerte súbita", es decir, tirarían un penalti un jugador por cada equipo de los que no habían tirado, y el que metiera el gol, ganaba el partido y campeonato. El entrenador Lalo Olea (qepd) no le daba oportunidad a nuestro hijo de ser tirador, precisamente por conocer su limitaciones y discapacidades físicas para patear con fuerza y dirección el balón, pero en virtud de que se agotaron los tiradores y el ultimo jugador del otro equipo falló el tiro penal, no hubo más remedio de que mi hijo al ser el último jugador debería tirar el ultimo penal. Las mamás y los papás de los niños de su equipo le gritaban animándolo y dándole apoyo, por lo que mi hijo se emocionaba, yo como su padre con la intención de ayudarlo y apoyarlo, me coloqué atrás de la portería y le pedía a mi hijo que pateara fuerte y colocado al ángulo de la portería el balón; sin embargo, los entrenadores daban por sentado que mi hijo fallaría ese tiro penal, debido a su circunstancia personal, y ambos entrenadores decidieron elaborar la nueva lista de los siguientes tiradores, porque era seguro que mi hijo fallaría el tiro a gol y en consecuencia de nueva cuenta se repetirían los penales. El portero del equipo contrario era conocido como uno de los mejores jugadores del torneo, así que mi hijo se decidió a tirar el penal, y patea el balón, pero este salió sin fuerza y directo a las manos del portero, pero antes de llegar a sus manos, el balón brincó y golpeó su mano y el balón se introdujo a la portería, logrando mi hijo meter el gol, con el cual su equipo quedaba campeones y ganaba el primer lugar del torneo. Todos lo abrazaron y felicitaron, las mamás de sus compañeros lloraban de alegría, y mi hijo corrió a hacia mí, y me abrazó, como diciendo y demostrando que sí podía hacer las cosas bien, que era un niño igual o mejor que muchos. Fue un día muy feliz en su vida, al igual que en la nuestra, así como en el de muchas personas, porque logró hacer el gol con el cual su equipo ganó el campeonato y todos sus compañeritos festejaron con gran alegría el triunfo, y nosotros como padres nos sentimos muy felices y orgulloso de nuestro hijo, como lo estamos hasta el día de hoy.

PD. Después de muchos años, quienes estuvieron presentes recuerdan ese día, donde un niño con discapacidad logró meter el gol para ganar el campeonato de futbol chupones. FUE UNA GRAN LECCIÓN DE VIDA.

Navolato, la nostalgia como brújula

VLADIMIR RAMÍREZ ALDAPA

Foto: archivo de Rudy Mendoza

Cuando recordar no pueda, ¿dónde mi recuerdo irá?
Una cosa es el recuerdo y otra el recordar.
Antonio Machado

Llegué a la Sindicatura de Navolato en el año 69. Con mis padres y todavía en sus brazos, viví una infancia que recorrió la década de los 70 en un pueblo que entonces me parecía una ciudad pequeña, dotada de los todos servicios anhelados por una comunidad que le auguraban un futuro promisorio.

Con una economía sostenida por su ingenio azucarero, la agricultura y su incipiente comercio, ofrecía a sus habitantes una cierta estabilidad fincada en su carácter comunitario y el esfuerzo del trabajo colectivo.

Una vida, casi pueblerina, envolvía a las familias –de todavía buenas costumbres–entre la gente y los días cotidianos, se reconocía a las personas, a las familias por sus quehaceres que daban vida a un pueblo en el que, acomodado y a la medida, daba nombre y apellido a todos los oficios.

Un pueblo donde todo parecía estar en armonía: su bella iglesia, con su pintoresca plazuela, una imponente escuela primaria y una moderna clínica–hospital con múltiples servicios culturales y espacios deportivos, un estadio de béisbol que convocaba a aficionados de todas las edades y un colorido mercado popular que ofrecía frescura e inmejorables precios.

A sus calles pavimentadas del centro, diariamente arribaban innumerables visitantes de las comunidades rurales, en bicicletas, caballos y las carretas llamadas "Arañas" y diversos medios de transporte foráneo, dando vida a sus avenidas. Una intensa actividad conservaba a Navolato vital y productivo, todos los días de la semana se trabajaba excepto los jueves, día dedicado a la convivencia familiar y a los días de playa, de su pequeña bahía de Altata, lugar de mar en el que se unían, a veces, el origen y final de cada descanso y cada sonrisa. Era así que Navolato y sus habitantes parecían ser felices.

Cada domingo en su entrañable plazuela, después de misa, circulaban adolescentes a alrededor de su quiosco, recorrido que permitía a jóvenes y señoritas encontrarse en el camino para giñarse un ojo o compartir la complicidad de una sonrisa. Cada fin de semana la juventud se vestía de fiesta y reuniéndose en tardeadas en su orgulloso Club de Leones o el Club Rotario 20–30, lugares donde el baile, tímido y vacilante fue el inicio del amor eterno de muchos.

Las fiestas públicas para honrar a la independencia del país, que con todas las ocurrencias e ingenio de sus participantes, llenaban de júbilo a sus habitantes, divertidos por el palo ensebado, el torito, los castillos y sus buscapiés de pirotecnia armaban revuelo al tronido y destello de sus cohetes y chiflantes canastas voladoras. Todo parecía estar bien, en esa comunidad alegre.

El Navolato de entonces, se percibía ordenado en sus días, con una rutina y acontecer cronometrado por el silbar del pitón de su ingenio cañero, todo fluía en armónica tradición familiar, parecía que todos sus habitantes eran amigos y aquéllos que se decían enemigos, no lo eran tanto.

Las estaciones del año, traían siempre consigo sus tradicionales festividades, los antojos y delicias compartidas por todos: los heladitos hechos en casa, la nieve del chango, la dulce caña y la lluvia de cenizas, el atole de pinole, los quequis y esquimos, los churros de la plazuela, las quesadillas de Pancho Reyes y sus mañanas de neblina camino a la escuela primaria Benito Juárez, la más grande y antigua primaria de Sinaloa.

En aquellos tiempos, los anocheceres llegaban en el silencio del cantar de los grillos y cigarras; antes de la media noche los vecinos y amigos se reunían a platicar, a jugar un poco a las cartas, haciendo tiempo para despedir la jornada. Se podía caminar por las banquetas del centro despejadas del bullicio donde a veces sólo se escuchaban las piezas musicales de Miguelito el ciego, que con una hoja de árbol de limón tocaba melodías sin saber si el día continuaba o la oscuridad de la noche cubría sus calles.

Todo era posible en ese pueblo encantado por su felicidad, testimonio vivo de un del realismo mágico que fue humano y posible.

Así era Navolato, con estas y otras historias y personajes en la nostalgia de las virtudes de un pueblo que anunciaba la felicidad en el día a día, entre del tránsito cotidiano de sus calles y el palpitar de sus transeúntes se fundían los anhelos y propósitos del trabajo y la vida doméstica, como el tiempo festivo de su Feria de la Caña, llena de expectante algarabía.

Pero en un tiempo inesperadamente todo cambió. Mi padre, el Ing. Rodolfo Ramírez Suárez, alguna vez me dijo que cuando Navolato se convirtiera en un nuevo municipio, con ello vendría también el final de una época que terminaría con la tranquilidad comunitaria de un pueblo que sabía armonizar la celebración y el trabajo. Otros aseguran, llenos de nostalgia, que el abandono del viejo ingenio llenó de tristeza al pueblo y sus habitantes.

También hay quienes afirman que fue causa de la crisis económica, de la mala actuación de los gobiernos y la violencia.

Lo cierto es que Navolato ya no es el mismo, poco queda de aquel pueblo de mí de infancia y juventud, sólo los recuerdos que habitan en todas esas familias y personajes que vivieron y dieron vida a ese Navolato del ayer, que como yo, lo llevarán consigo para siempre.

Queda hoy la nostalgia de un tiempo pasado que no habrá de volver, pero también queda presente la imagen del recuerdo de un pueblo que aprendió a vivir a su manera, una experiencia de vida a la que siempre se debe aspirar a retornar, a la de una comunidad que vivió del tiempo sus horas largas en cada reunión, en cada charla y en cada motivo para compartir lo vivido. Por eso soy un convencido de que ver el pasado como a una brújula, nos sirve para saber mirar la dirección que deben tomar nuestros anhelos de futuro.

[Publicado en *Aldea 21*, revista digital, Culiacán, mayo de 2015.]

Cuento de pistoleros famosos

EVARISTO PÉREZ VILLARREAL

Ver a aquel sujeto al caminar ostentosamente mostrando sus dos pistolas fajadas a la cintura en sus dos viejas fundas de rústica vaqueta, era común para la gente que vive en Navolato y lo conocía a la perfección, pero para los visitantes no era tan común, menos si se trataba de integrantes de cuerpos policiacos cuyos rondines por esa ciudad invariablemente habían sido intrascendentes y casi siempre aburridos.

Ese día no fue como otro cualquiera. El pistolero se detectó en la esquina que forman la calle Almada y el callejón Sinaloa, implementándose de inmediato un operativo para enfrentar casos tan peligrosos como el que ahora se presentaba a los sorprendidos agentes judiciales del estado. Por lo pronto se le ordenó detenerse y entregarse a las fuerzas del orden, pero ni siquiera se dio por aludido, ni se inmutó en lo más mínimo.

- ¡Alto ahí... deténgase en nombre de la ley! —ordenó perentoriamente el que parecía ser el jefe del grupo— ¡No nos obligue a disparar...!

Sin embargo, el sujeto continuó a pie su marcha rumbo a la calle Zaragoza, ignorando el llamado a rendirse; por el contrario, esbozó una indescifrable sonrisa, exponiéndose peligrosamente a ser acribillado por los policías que lo seguían a corta distancia sin atreverse a detenerlo físicamente sin dar crédito a lo que veían: eran olímpicamente ignorados y el sujeto no tomaba la más mínima precaución, su valentía rayaba en la temeridad. Su presumido caminar era un abierto desafío para ellos tan duchos en intimidar hasta a los más valentones y temibles delincuentes Aquí... simplemente no pudieron hacer nada...

Después de más de cien metros de recorrido a pie, en donde el peligro rondó a nuestro personaje, llegaron a un conocido bar de Navolato llamado "El Colonial" prácticamente en el centro de la población, propiedad de Agustín Amador, a quien se conoce ampliamente en la región con el mote de "El Caballón" por su elevada estatura. Los judiciales, con las precauciones que el caso ameritaba se desplegaron alrededor de Manuelito, con las armas largas y cortas bien dispuestas a ser usadas, como parecía inminente.

Nuevamente llamaron a la cordura al valentón, quien ni en cuenta los tomó, concretándose a subir los escalones de la alta banqueta para entrar a "El Colonial", en donde a esas horas de la tarde –poco más de las seis—

ya se encontraban los parroquianos asiduos adoradores del dios Baco, desde temprano.

"El Caballón", siempre atento a lo que pasaba en su negocio y conocedor del carácter de sus clientes y amigos, como lo era Manuelito, se percató de inmediato de lo que pasaba a la puerta del bar, pues no era la primera vez que este se enfrentaba a problemas de esa naturaleza.

Para su mala fortuna, no le fue posible intervenir para evitar la golpiza, pues en esos precisos instantes, "los judas" se abalanzaron sobre el empistolado proporcionándole sendos culatazos en el cráneo que lo desmadejaron por completo quedando tambaleante pero de pie como las palmeras; en ese momento fue aprovechado por los policías para esposarlo.

Ante su sorpresa, los agentes de la ley vieron y oyeron cómo Manuelito empezó a sollozar y a llorar a moco tendido inconteniblemente.

Ese hecho, de que un aparentemente temible pistolero se doblara ante los primeros golpes, desconcertó a los policías, pues después de la gran tensión y del temor vivido, la actitud de "perdonavidas" del pistolero y sus dos pavorosas "matonas", todo esperaban, menos eso: ¡qué se soltara llorando lastimosamente! ¡Sorpresas que da la vida!

Sin embargo, cuando intentaron despojarlo de sus armas, opuso resistencia sin tanta intensidad como momentos antes, pues no quería entregar sus armas. En los momentos en que los judiciales iban a reiniciar la golpiza, oportunamente llegó corriendo "El Caballón" y a grito abierto les pidió que se detuvieran.

¡Hey... cálmense... no le peguen, es Manuelito Z. López, no le hace daño a nadie!

¿¡Y a nosotros qué nos importa quién sea!? —contesta el judicial encarándosele al "Caballón" –con nosotros no cuenta el influyentismo, además éste –señaló a Manuelito aún con los ojos desorbitados del susto— se le nota que es peligroso y puede ser profesional del gatillo...

Agustín Amador, "El Caballón", sólo quedó sonreír discretamente pues el horno no estaba para bollos; para esos momentos un buen número de clientes se encontraban fuera del bar, presenciando el escándalo y tratando de influir en la conducta de los policías que se mostraban un tanto desconcertados ante la enérgica defensa que los vecinos hacían de Manuelito.

¡Qué peligroso ni que ocho cuartos! –dijo "El Caballón", viendo el titubeo de los policías— este hombre es más bueno que el pan, ¡no hace daño a nadie! ¿Qué no ven que sus pistolas son de salva? ¿No se dan cuenta que es sólo una afición inofensiva? ¡Son pistolas de juguete!

Y para aclarar todo, "El Caballón" le pidió a Manuelito –todavía mosqueado— le prestara sus dos pistolas para mostrárselas a sus agresores; éste, no sin cierta reticencia, sacó las dos pistolas de sus fundas entregándoselas a Agustín, quien se las mostró al jefe del grupo. El policía rápidamente se dio cuenta que le decían la verdad, las pistolas eran de juguete; se las mostró a dos de sus compañeros que se convencieron de su error y de la rara afición de Manuelito por las armas de juguete.

Ya tranquilo, el policía se dirigió a todos: Bien, lo sentimos, nos vamos, pero recomiéndenle a Manuelito –ya se había familiarizado con él— que tenga cuidado, no vaya a ser la de malas con otros jefes de grupo que sean menos cuidadosos que yo.

Con ostentación y escándalo, subieron a las dos patrullas arrancando con estridencia, rumbo a Altata.

A los pocos minutos Manuelito olvidó por completo el incidente, portando con sinigual galanura las pistolas que lo trasladan a un mundo mágico, desconocido para la mayoría de nosotros, pero no tanto para quienes han hecho de la violencia su forma de vivir.

Manuelito Z. López debe tener cuarenta y siete años, poco más poco menos de edad, su cabello está canoso pero abundante, un poco encorvado y goza de una envidiable condición física. Es común verlo en los bares y cantinas de Navolato, siempre apresurado como si el tipo se le escapara de las manos, con sus pistolas fajadas a la cintura y su estrella de sheriff prensada en el pecho.

Si usted se lo encuentra caminando apresuradamente por la orilla de la carretera que conduce de Navolato al Vergel y Altata, sin importarle las inclemencias del tiempo, a menos que sea muy amigo de él, no tiene caso que ofrezca llevarlo en su auto o motocicleta, pues invariablemente se negará a aceptar su oferta. Se trata de viajar, de no perder de vista el horizonte ni al sol cuando va cayendo en la tarde, quizá no vuelva a salir el día de mañana...

Su presencia en los pocos mítines políticos que se organizan en Navolato, su desfachatez en la exhibición de sus pistolas,logra que más de un político, así se trate de los mismos navolatenses, se apantallen y se acalambren un poco, ante esa tradicional figura que integra ya el paisaje pueblerino de esta cabecera municipal.

Gran bebedor de "cocas" Manuelito no le desprecia la invitación de tomarse una, siempre y cuando no le pida algún favor.

Vio la primera luz en la famosa bolsa Ángel Flores, ubicada al costado norte del Mercado Hidalgo, en donde convivió con otros famosos y conocidos navolatenses como don Conrado Solís, autor de la bella melodía El costeño y otras igual de vibrantes, casi exclusivamente para tocarse por la banda sinaloense; con la no menos famosa Valentina, de quien se afirma, sin comprobación oficial, fue la misma que luchó en la Revolución Mexicana, al lado de importantes personajes que ya son leyenda.

[Publicado originalmente en revista Presagio, Culiacán, Sinaloa, julio de 1995]

Remembranzas de mi rancho: La Rosamorada

EDITH HILARIO TORRES MONTOYA

Hablar de mi pueblo es hablar de La Rosa, como nos referimos al rancho todos los naturales de esa comunidad. Un ejido de los más grandes del municipio a donde regreso siempre que puedo. Y ¿por qué regresar al rancho? Por todo lo que nos brindó a la generación de los sesentas y setentas del siglo pasado. Por buscar los olores y sabores propios del pueblo, que dependían de la temporada, como la fruta fresca de los veranos entre ciruelas y guayabas, mangos y aguacates "de agua" o tamarindos; a los que se sumaban el sabor a pescado fresco cocinado a las brasas, a café tostado y molido a mano para pasarlo por una cafetera de calcetín y beberlo a todas horas, especialmente por la mañana. Como olvidar su escuela primaria que anunciaba la hora de entrada, en ocasiones haciendo sonar un trozo de riel de hierro (el toque) o con la marcha de zacatecas, todos solemnes y polvorientos entrabamos a embriagarnos del olor a libros, a lecturas únicas, que nos permitían soñar con una realidad posible solo si sacábamos lo mejor de nosotros.

Eran tiempos de radionovelas y de la inagotable plática de doña Pomposa en su tienda de abarrotes cerca de la escuela. Tiempos distintos, con comida autóctona que cambiaba con la estación, como frijol "cosagüe" (frijol tierno) y buñuelos en invierno, o capirotada en la cuaresma, aunque a decir verdad éramos la generación que sabía lo que comería por muchos días, así lo sentenciaba el costal de frijol dentro de la casa y las bondadosas plantas de calabaza y ejotes de ocasión. Pero qué delicia era acompañar esos manjares con tortillas de maíz nixtamalizado, que llevaba consigo la no grata responsabilidad de girar el molino de mano, para luego ayudar en el ritual de atizar la hornilla. A estas actividades de casa le acompañaban las de limpiar de basuras el patio plagado de árboles frutales, de "ir por bledo pa' los cochis", también se preparaba la generosa tierra del traspatio para sembrar hortalizas durante el otoño, la máxima era que en ocasiones "no comprar era tan bueno como vender".

Por aquellos años era difícil siquiera imaginar que creceríamos, nuestras reflexiones sobre la precariedad de nuestros tiempos nos conducían a pensar que Dios estaba distraído con nosotros, nos lo gritaban los pies descalzos sufriendo el suelo caliente de mediodía, o nuestra piel padeciendo el frío de las madrugadas del invierno, con corrientes de aire al interior de nuestras viviendas de palos y barro. Aunque había algo que hacia la diferencia y eran sus hombres y mujeres, casi una familia comunitaria, con marcos morales diferentes a los de hoy, te referías a las personas adultas de "usted" y los ancianos eran nuestros tíos, si no de sangre si de afinidad. Cualquiera te podía llamar la atención si faltabas a las reglas, te ponía frente a tus padres y ellos también te reprendían.

Así funcionaba la sociedad de ayer, los adultos nos mostraban la diferencia entre lo bueno y lo malo, entre Dios y el diablo, y nos daban la libertad de elección. Cuando nos querían enseñar algo no decían te enseñaremos, dependiendo de tu edad y sin ponerse de acuerdo verbalmente (aunque si lo hacían guiñando el ojo o con algún lenguaje corporal), te contaban una historia sobre algo que le ocurrió a alguien en alguna parte del mundo, y así de manera oral y espontanea te dictaban algo que marcaba tu conducta futura. Había muchos candados morales en aquellos viejos que por fuertes creí inagotables, y que hoy no están más en este plano.

Entre estos recuerdo están cuando te decían que el agua no se escupía o se orinaba, y reforzaban esto sentenciando que de hacerlo, a nuestras madres se les "churirían" las chichis, y como nadie quería ver a mamá con las tetas marchitas hacíamos caso, de esta manera aprendíamos a mantener este recurso limpio; también nos decían que si jugábamos con lumbre en aquellas noches, sin mucho por hacer dentro de casa, mojaríamos la cama, en realidad lo que trataban de hacer era alejarnos del fuego, así evitaban accidentes y quemaduras.

Ahora que lo pienso era muy difícil que te expresaran verbalmente cuanto te amaban, pero sus acciones te lo gritaban sin palabras, siempre al pendiente de ti, reservándose para ellos la preocupación económica que nunca faltaba, por esa razón sentenciaban que los días siempre eran lo mismo, no había usualmente cumpleaños o piñatas, su condición de nómadas modernos en busca de la pizca de algodón o la apertura de la temporada hortícola no daba para eso; pero esto se compensaba con la rica plática de sobremesa a la luz de una "cachimba" que ahumaba la nariz y le brindaba luz a nuestras almas.

Había un ambiente de riqueza humana única, un juego de valores que te aproximaban a la conducción ética, a la empatía hacia los que menos tenían, un respeto hacia el dolor de los demás. El mejor ejemplo de lo anterior se veía cuando alguien fallecía, se suspendían fiestas y celebraciones, el duelo se respiraba en el aire, hasta los perros ululaban de manera diferente y se buscaba la forma de acompañar a los dolientes.

Esos valores humanos de las generaciones de aquellos años, quienes nos acompañaron, no los ofrece ningún supermercado, ni la bolsa de valores. Hoy son muchos elementos, de aquel marco de cultura del acompañamiento, de hacer lo que se debe hacer sin afectar a otros, lo que adereza los frutos de nuestros viejos ya que, contra todo pronóstico, de aquella generación de mediados del siglo XX, surgieron médicos, abogados, arquitectos, ingenieros, bioquímicos, agrónomos, odontólogos, químicos y veterinarios. Ahora convertidos en excelentes profesionistas o profesores únicos, porque les acompañan las enseñanzas y la ética de aquellos que nos orientaron a usar mente y manos en la resolución de problemas.

Lamentablemente mucho de aquel andamiaje conductual se ha transformado, y de pronto saludamos sin respuesta, nos creemos lo que no somos, competimos y no colaboramos; sería prudente volver al pasado y preguntar a nuestros maestros de ayer donde erramos el rumbo. Aunque siempre estaré muy orgulloso de mi origen, como dice José Alfredo, "Mi destino es muy parejo y lo quiero como venga".

Recuerdos del Navolato de ayer: Miguelito El Ciego

ALBERTO CORDERO MILLÁN

Navolato Sinaloa diciembre de 1964, 7:00 a.m. parado en el umbral de la puerta de mi casa en la esquina de la calle Almada y Macario Gaxiola, a mis 8 años de edad, veo a un hombre rechoncho vestido de camisa y pantalón de mezclilla, con el pelo largo y alborotado, descalzo a pesar del fuerte frio de esa mañana de invierno, caminando por la acera sur de la calla Almada, cruzar la Macario Gaxiola hasta detenerse en la esquina de mi casa y recargarse en un grueso poste de madera de la luz, con un semblante alegre tal vez como una mueca de risa, o al menos eso pensé, hurgaba entre la bolsa de su camisa buscando algo con un poco de prisa, al fin saca algo de su bolsa y empieza a lamerlo, hasta pensé que era algún dulce, de pronto escuche un sonido como un pitido y poniendo atención me di cuenta que estaba tocando una preciosa melodía.

Embelesado con su melodía, no vi la llegada de doña Concha Cordero, mi madre, con su bolsa tejida de nylon colgada al brazo quien venia de comprar mandado para la comida del medio día y con una sonrisa y la alegría que la caracterizaba me preguntó: ¿Qué esperas, hijo, que no te alistas para la escuela? Se hace tarde, ven para que desayunes y te vayas. Yo sin dejar de ver al señor le pregunto: Mami ¿quién es ese señor? y ¿Cómo le hace para tocar con la boca? Mi madre me contesta: Es Miguelito, Miguelito el ciego, toca canciones con una hoja de limón, no mira con sus ojos, pero si con sus pies, por eso no usa zapatos porque se pierde, anda ven a alistarte. Me quedé en la puerta viendo fijamente a aquel hombre que me causaba tanta admiración, mi madre me trajo algunas monedas y me dijo: Dale a Miguelito. Corrí a la esquina a llevarle las monedas y al entregárselas estiró una mano tomándolas mientras con la otra acaricio mi cabello diciendo ¡gracias, mi ñenga!

Desde entonces me alistaba temprano, desayunaba y me paraba en la esquina a esperar a Miguelito para escuchar canciones, darle unas monedas y esperar a mi profe Isidro Pérez Payán que venía del poblado 5 de mayo y treparme a su bicicleta para irme de raite a la escuela.

Todos los días Miguelito pasaba por mi casa rumbo al centro del pueblo para regresar casi siempre al obscurecer. En ocasiones llegaba al medio día a mi barrio y como mi madre tenía un negocito llamado Estanquillo Caty en honor a mi madrina Catalina Reyes, le hablaba a Miguelito para regalarle una coca cola y galletas y rápido contestaba pues mediante la voz conocía a todo mundo. Los fines de semana que salíamos al centro del pueblo se le veía afuera del Cine Royal palmeando la espalda de los cinéfilos que hacían cola para ver sus películas favoritas y poder obtener unas cuantas monedas y obsequiarles una palmada en la espalda y el clásico ¡gracias, mi ñenga!

Escuchaba una anécdota de Miguelito, que alguien de los riquillos de Navolato le regaló un par de zapatos nuevos y batalló mucho para ponérselos ya que tenía los pies muy gordos de andar descalzo, contaban que Miguelito camino por todo el centro del pueblo desorientado hasta tomar la calle Hidalgo al oriente y topar con el portón metálico del estadio Jesús Escobar y al escuchar pasos que se acercaban le echó grito al que pasaba diciéndole: ói ñenga hágame un favor ayúdeme a quitarme esta chingadera y dígame donde ando. El señor que venía del centro y se dirigía a la colonia Alcanfores le dijo: Estás en el estadio de beisbol, Miguelito dándole jonda a los zapatos dijo, Sí, ya me ubiqué, gracias, dio media vuelta y se encaminó con rumbo a la plazuela chocando sus manos ahuecadas sobre su boca produciendo un raro sonido que también era muy característico de él.

No puedo precisar la fecha, pero un buen día, durante un fuerte ciclón que pasó por nuestro pueblo causando muchos daños a casas y muchas caídas de árboles, me asomaba a la puerta de mi casa viendo la calle inundada y el agua dando al filo de la banqueta, clases suspendidas por el meteoro y la gente del barrio sacando agua con cubetas sin parar de sus casas inundadas, veía llegar gente y detenerse un rato y saludarse para seguir su camino al centro, escucho una plática entre dos señores mayores y uno comentó: ¿Ya supiste que a Miguelito el ciego le cayó un árbol arriba de su casa y lo mató? Esa noticia me dejó impresionado por algunos momentos, pasados unos minutos, corrí al comedor donde mi madre y mi padre desayunaban bajo la luz de una lampara de petróleo, entro y les digo: Mamá, papá, unos señores dijeron afuera que a Miguelito el ciego le cayó un árbol y se murió, mi madre abrazándome dijo, Dios lo tenga en su Santa Gloria, descanse en paz Miguelito el ciego, nunca supe su nombre completo.

José María Uribe Rodríguez (1909-1995): farmacéutico pionero en Navolato

DINA BELTRÁN LÓPEZ

Una tarea pendiente de la historia de Navolato es rescatar a los personajes que han dejado huella de diversas maneras en el devenir histórico de este bello municipio. En un intento de hacer un pequeño abono a esta deuda, dedicamos a continuación unas líneas a José María Uribe, quien aportó al desarrollo de la farmacia en este espacio de la geografía sinaloense, después de egresar en 1943 de la entonces Escuela de Química y Farmacia de la Universidad de Sinaloa. Además de desempeñar con éxito su carrera profesional durante toda su vida, fue carpintero, alfarero, ebanista, tallador, pintor, profesor, filósofo, músico nato, prosista y narrador; además de un excelente padre y esposo. Conocer parte de su vida nos invita a reflexionar sobre sus valores, de contagiarnos de su espíritu emprendedor y a buscar de manera consciente en nuestras personas esas otras habilidades que alimentan nuestro espíritu y nos hacen crecer como seres humanos.

Nació el 14 de diciembre de 1909 en Phoenix, Arizona, en el hogar de Domingo Uribe y Porfiria Rodríguez. Domingo era originario de Tepic, Nayarit, se dedicaba a la talabartería y su espíritu aventurero lo había llevado hasta Culiacán en donde conoció a Porfiria, quien vivía por la Benito Juárez enfrente del edificio que ocupaba la Sociedad Mutualista de Occidente. Atravesados por las flechas del amor, pronto contrajeron matrimonio.

Como el trabajo escaseaba en México —pues eran tiempos en que el régimen de Porfirio Díaz entraba en una aguda crisis económica, política y social— el joven matrimonio decidió ir a la búsqueda de mejores oportunidades de vida a los Estados Unidos y, sin pensarlo mucho, con mochila al hombro tomaron El Tacuarinero para llegar a Altata en donde se embarcaron rumbo a Guaymas, Sonora, lugar en el que tomarían el ferrocarril para partir con destino a Magdalena de Quino (Sonora). Aquí permanecieron unos días con un familiar de Porfiria, y como ya iba embarazada, tuvo problemas y perdió el producto.

Recuperada Porfiria del mal parto, la joven pareja tomó el tren a Estados Unidos. El primer lugar al que llegaron fue Bisbee, Arizona, y luego se fueron a St. David y a Phoenix, estableciéndose en este último y ahí nacieron sus dos únicos hijos: José María (1909) y Domingo (1911). En este tiempo, Phoenix era un lugar totalmente dominado por población mexicana, y aquí don Domingo empezó a trabajar en el oficio que él dominaba muy bien: hacer sillas de montar, arreos para tiros de carreta, velices y toda clase de objetos que le solicitaban.

Como la nación americana no estaba exenta de problemas, el trabajo en Phoenix empezó a escasear por lo que en 1917 se fueron a Los Ángeles y el siguiente año a Tucson, permaneciendo en este último tres años, pues en 1921 partieron a Sacramento. En este ir y venir de pueblo en pueblo en busca de trabajo, José María y Domingo iniciaron sus estudios primarios en la Escuela Primaria Parroquial del Santísimo Sacramento, la que interrumpieron cuando un hermano de don Domingo que radicaba en Tepic, Nayarit, le avisó que había posibilidad de trabajo en esa ciudad.

En un día de trabajo don Domingo ganaba 50 centavos de dólar y, como por la renta de la casa pagaba siete centavos, tenía que hacer milagros con los 43 centavos restantes para atender las demás necesidades de la familia. Chemita y Dominguito, para contribuir a la economía del hogar aportaban diez centavos más que obtenían de su trabajo cortando nanchis y leña.

Al llegar a Tepic en 1922, la familia Uribe Rodríguez encontró que el trabajo no era tal por lo que, sin amedrentarse, de inmediato se fueron a Acaponeta en donde se establecieron poco tiempo porque tampoco vieron futuro. Don Domingo, entonces, decidió ir a probar suerte a Mazatlán sólo que para ello había un problema: el dinero que tenían sólo les alcanzaba para un pasaje.

Como a Domingo nada se le atoraba y su prioridad era procurar el bienestar de su esposa y sus hijos, pronto encontró la solución: doña Porfiria —que padecía dolencias de artritis— viajaría en el tren, en tanto que él y sus dos hijos se irían a pie.

Para evitar que sus pequeños se enteraran de esta carencia y guardando todo su dolor en su corazón, don Domingo inventó una historia y les dijo a sus hijos que iban a emprender una gran aventura.

Después de tres días de caminata, en los que don Domingo echó mano de todo su ingenio para que sus niños soportaran y hasta disfrutaran el viaje, por fin llegaron a Mazatlán en agosto de 1922, en donde estuvieron casi un año; como enfrente de la casa en que vivían había una alfarería, en este tiempo José María aprendió este oficio. Estaban en el puerto mazatleco cuando en 1923 un empleado de los Redo invitó a su padre a trabajar en la hacienda de Eldorado. Como don Domingo lo que buscaba era precisamente un empleo estable, de inmediato aceptó y se presentó a firmar el contrato en la oficina que los Redo tenían en Mazatlán, asignándosele un sueldo de dos pesos diarios. Enseguida, se fue a Quilá, quedándose ahí doña Porfiria y el pequeño Domingo, en tanto que el Chemita y su papá se fueron a pie hasta Eldorado para buscar dónde instalarse y acondicionar la vivienda.

Una vez que arregló esto, José María y su papá regresaron a Quilá en una carreta para recoger a su hermano y a su mamá y entonces, la familia completa se fue a vivir a Eldorado en donde estuvieron dos años. Instalados en su nuevo domicilio, una de las primeras cosas que hicieron don Domingo y doña Porfiria fue inscribir a sus hijos en la escuela primaria del pueblo, lo cual lograron sin dificultades. En esta etapa el pequeño José María recibió influencia importante del profesor Nabor Tapia, que le dio clases en segundo y tercer año. Platicando con sus hijos, en reiteradas ocasiones, Uribe Rodríguez les dijo que fue este maestro quien le despertó inicialmente el deseo de aprender y seguir estudiando.

En este tiempo, se las ingenió para desarrollar actividades que le permitieran tener algún ingreso: entre otras, hacía dibujos que vendía, les ayudaba con las tareas a sus compañeros y hacía algunas manualidades. Inspirado en el oficio de talabartero de su padre, empezó a practicar la carpintería. En este tiempo, también, José María descubrió sus dotes de cirquero encontrando como fuente de ingresos el emplearse en los circos que llegaban a Eldorado. Se divertía tanto con sus piruetas como trapecista y maromero que, a no ser por la oposición que abiertamente le mostró su padre, estuvo a punto de irse a ganar la vida como cirquero.

En 1924 la familia cambió su residencia a Culiacán en donde fue inscrito para continuar sus estudios primarios en el Colegio "Pedro Loza", escuela parroquial ubicada por la calle Ángel Flores, auspiciada por el obispo Agustín Aguirre y Ramos y cuya directora era la profesora Martiniana Romero. Debido a que el Colegio "Pedro Loza" fue cerrado y la profesora Romero abrió su propia escuela, José María continuó y terminó con ella la primaria, pues había nacido entre ellos una relación muy especial de afecto y, además, había sido su maestra.

De manera simultánea a sus estudios, empezó a trabajar como carpintero, empleándose primero en una carpintería ubicada en Andrade y boulevard Dos de Abril (hoy Francisco I. Madero) y, después trabajó en otras dos: en la del señor Toyama, ubicada en la avenida Álvaro Obregón, enfrente de lo que actualmente es el edificio del Palacio Municipal; y en la del señor Conrado Hernández (a espaldas del Hotel La Riviera).

Los padres de José María le inculcaron desde pequeño la religión católica y lo llevaban a misa en la Catedral de Culiacán todos los domingos. Aquí era otro lugar donde se encontraba con la profesora Martiniana Romero quien aprovechaba todo momento para inculcarle el amor por las letras y la cultura. Sabiendo del potencial que encerraba el jovencito José María, Martiniana lo convenció de que ingresara al Colegio Civil Rosales para cursar la secundaria, lo cual fue posible gracias a que un hermano de ella le consiguió una beca.

Compaginando sus estudios y su trabajo como carpintero, al concluir la secundaria continuó con la preparatoria la que terminó en 1937. Fueron sus compañeros en esta etapa: Ofelia del Valle, José Almanza González, Raúl Espinoza Aispuro, Luz Castro Favela, Rosalío Padilla Valdés, Froylán Alvarado Valdés, Enrique Flores Sarmiento, Gilberto Millán Jr., Wilfrido Elenes, Salomón González Díaz y Alfonso Ruiz Schneider.

Este año ingresó a la Facultad de Química y Farmacia para cursar la carrera de químico farmacéutico, precisamente cuando la institución rosalina había cambiado de Colegio Civil Rosales a Universidad Socialista del Noroeste. Cursaba el segundo año de esta carrera cuando el 13 de enero de 1939 contrajo matrimonio con Rosario Beltrán, estudiante de la carrera de profesor normalista a quien había conocido en la grey católica, pues ambos participaban en Acción Católica que agrupaba por separado a varones y mujeres. Como José María era hombre de acción más que de palabras, durante una excursión de los integrantes de Acción Católica (Juvenil y Femenil) a la playa navolatense El Tambor, José María cortó y repartió una sandía la cual previamente partió artísticamente en gajos, dejando la ración de Chayito para el último. Su declaración de amor consistió en entregarle el corazón de la sandía, lo cual ella supo interpretar muy bien ya que a partir de ese día iniciaron una relación de noviazgo.

Cuando ingresó a la carrera de químico farmacéutico, Uribe Rodríguez se ensayó como docente de carpintería en la Escuela Prevocacional, siendo el enlace para ello el doctor Humberto Bátiz Ramos quien le había dado clases en preparatoria. Luego, también fue maestro de carpintería en la Universidad Socialista del Noroeste. Durante esta experiencia, le dio un giro al oficio de carpintero hacia la ebanistería y el tallado.

Concluyó los créditos de la carrera en 1940 y, por recomendación del químico farmacéutico Luis Flores Sarmiento, en octubre de 1941 empezó a trabajar en la botica del Hospital del Ingenio "La Primavera", en Navolato. Muy pronto encontró también en este lugar otro empleo como preparador de fórmulas en la Botica del León, propiedad del señor Alejandro Carnero. En los primeros meses de trabajo iba y venía al pueblo azucarero, pero en 1942 decidió irse a vivir allá, por lo cual vino por su esposa Rosario y su hija María de los Ángeles.

Para cerrar su carrera de químico farmacéutico, en el Laboratorio de Química de la Universidad, los días 4 y 12 mayo de 1943, se sometió al examen profesional en el que fungieron como jurado los químicos farmacéuticos

Amado Blancarte (presidente), José María Cota y Cota, Benigno Zazueta Amarillas, José María Palazuelos, Francisco Salazar Goicochea y Lucas Angulo Moraila. El trabajo que defendió se tituló "Determinación del porcentaje de parásitos intestinales en la población escolar de Navolato, Sinaloa" y, después del protocolo correspondiente, el resultado fue aprobación por unanimidad. Era el rector de la institución rosalina cuando presentó su examen el licenciado Arturo García Formentí. Su título lo gestionó al año siguiente.

En Navolato nacieron nueve de sus hijos Guadalupe, Eduwiges, José María, María del Rosario, Francisco, Rafael, Mercedes, Magdalena y Manuel Esteban; y dos hijas más, Victoria y Eugenia, nacieron en Culiacán en un sanatorio porque provenían de un embarazo múltiple.

En 1943, Alejandro Carnero le vendió la Botica del León, ubicada por la calle Hidalgo, a media cuadra del templo de la parroquia del pueblo. La compra la hizo en sociedad con el propietario de la Botica Rosales de Navolato, Manuel Verdugo, y para ello tuvieron que conseguir un préstamo de 21 mil pesos. Después de tres años de trabajo intenso lograron pagar la deuda y, en 1946 acordó con el señor Verdugo seguir él sólo al frente del negocio. En virtud de que el patrono de la iglesia era San Francisco, don Chema decidió que la botica llevara este nombre. A pesar de que en Navolato había otras farmacias, la de él era la única que tenía un químico farmacéutico al frente, razón por la cual sólo en ésta se preparaban las fórmulas que se indicaban en las recetas de los galenos del lugar.

A finales de la década de 1950, un grupo de profesionales empezó a impulsar la formación de la primera escuela secundaria de Navolato. En este proyecto participaron, además de José María Uribe, los doctores Ramón López Hernández y Jesús Quintero Pacheco, el ingeniero

Mancillas y Rina Cuéllar. Para presionar y con ellos mismos como maestros, en 1959 iniciaron las clases debajo de los árboles de la plazuela y del parque infantil; después se cambiaron a los altos de la Gasolinera Almada y a un edificio ubicado en lo que hoy es Bancomer. En 1960, gracias al apoyo de la profesora Lucila Achoy, directora de la Escuela Primaria Lic. Benito Juárez, les prestaron algunas aulas, hasta que, una vez que se le incorporó al sistema educativo federal, se cambió a su edificio definitivo a espaldas del hospital del Instituto Mexicano del Seguro Social de Navolato. Estos son los antecedentes de la actual Escuela Secundaria "Simón Bolívar".

Sus actividades al frente de la Farmacia San Francisco y su participación en la naciente escuela secundaria, siempre las combinó con otras actividades que le hacían sentirse bien emocional y espiritualmente. Así, cultivó el gusto por la pintura y le llamó la atención de manera especial hacer cuadros al óleo y acuarelas; también le gustó escribir prosa y poesía. En sus ratos libres se deleitaba tocando armónica y mandolina, y leyendo textos de contenido filosófico y científico, siendo de su predilección los del campo de la astronomía. Francisco, para quien don José María además de padre fue y sigue siendo su héroe, comenta aquellas noches estrelladas en las que tomados de la mano su papá le mostraba y explicaba las constelaciones.

También fue un excelente narrador y disfrutaba sobremanera que se reunieran en torno a él sus hijos y la plebada del barrio para contarles historias que él mismo construía sobre cuestiones sagradas y relatos de mitología griega y romana. De su trabajo artístico como ebanista, quedan como testimonio las puertas de la iglesia de La Cruz de Elota, Sinaloa, y las portadas de la imagen de la Virgen de Guadalupe de La Cruz y de Navolato.

Aquejado por la enfermedad de Alzheimer, don José María Uribe falleció el 12 de agosto de 1995 para unirse a su esposa Chayito que se le adelantó en el camino nueve años antes (12 de enero de 1986). Al morir, la Farmacia San Francisco fue cerrada.

FUENTES:
- Uribe Beltrán, Francisco. Entrevistas realizadas por Dina Beltrán López el 22 de mayo y el 4 de junio del 2009.
- AHUAS, Fondo Dirección de Servicios Escolares, Libro 83, matrícula del año escolar 1936-1937, folio 59.
- AHUAS, Fondo Secretaría General, libro de registro de exámenes profesionales, 1936-1944, folios 258-259.

Un acto de gratitud inesperado (el robo que nunca ocurrió) *

RICARDO MERCADO PONCE

A finales de los años 1970's, mis padres, mis hermanos y yo salimos de vacaciones a Guadalajara, dejando nuestra casa en Navolato completamente sola y sin encargarla a nadie. Vivíamos por la Calzada Almada, a media cuadra de la plazuela. La casa quedó apenas asegurada con un cancel cerrado sin candado. De cualquier modo un candado no habría servido para protegerla ya que la barda frontal era de baja altura y hasta un niño podría brincarla sin problema. Los tres accesos al interior de la casa, dos al frente y uno en la parte posterior por el patio trasero, solo contaban con simples chapas sin seguro. Un vidrio roto o un ingenioso ganchito era suficiente para abrirlas, es decir, nuestra casa quedó prácticamente desprotegida durante nuestros 15 días de ausencia.

En ese tiempo para llegar a Guadalajara, sólo existía la carretera federal con dos carriles que atravesaba decenas de comunidades donde solíamos hacer paradas para cargar combustible y comprar refrigerios. Sólo mi padre manejaba y el promedio del viaje podía ser de 12 horas, así que a veces decidía hacer una escala en algún punto intermedio para dormir y llegar al día siguiente a nuestro destino. Controlar un Dodge Dart 74 sin aire acondicionado, sin dirección hidráulica, con una transmisión manual que se "trababa" con frecuencia, y el tráfico pesado y lento, especialmente en tramos difíciles como "Plan de Barrancas", lluvias, más seis menores inquietos, fue todo un reto para mis padres. El estéreo del carro sólo sintonizaba estaciones de radio cerca de ciudades grandes, así que no había más remedio que escuchar cassetes con las canciones que le gustaban a mi padre: corridos de caballos con Antonio Aguilar, baladas de Roberto Carlos, música instrumental de Juan Torres, Ray Conniff, Richard Clayderman, etc. A pesar de lo tortuoso que parecieran ser, estos traslados familiares, los disfrutamos mucho.

Guadalajara nos recibió con sus encantos: hubo encuentros con familiares, visitas al parque Zoológico Aguazul, al Mercado de San Juan de Dios, la Plaza de Armas, su catedral, su Plaza de Toros "El Nuevo Progreso", su tienda "la Colonial de Mexicaltzingo" que en ese tiempo era la más exclusiva de la ciudad y se encontraba a unos pasos de la casa de mi abuela Lupe. Además, disfrutamos la gastronomía jalisciense con sus tradicionales tortas ahogadas, birria del barrio de las 9 Esquinas, jericayas y otras delicias.

Llegó el fin de las vacaciones y regresamos. Al arribar a Navolato ya de noche, cuando llegamos a nuestra casa, notamos algo extraño: la puerta del patio trasero estaba entreabierta. Entramos con cautela. El piso de la casa estaba cubierto de una fina capa de polvo, signo inequívoco de nuestra ausencia prolongada. Sin embargo, había huellas en el polvo y nos indicaban que alguien había estado allí. Lo primero que nos vino a la mente fue un posible robo. Nos dispusimos a revisar cada rincón, temiendo lo peor.

Para nuestra sorpresa, al hacer el recuento de daños, descubrimos que no faltaba nada. Al contrario, encontramos algo inesperado. En el congelador había una maqueta de camarón congelada. En la cocina, hallamos jabas de tomate y pepino, estaban perfectamente acomodadas, como si alguien hubiese querido asegurarse de que no nos faltara nada al volver. La confusión inicial se transformó en asombro y luego en una profunda gratitud. Mi padre, siendo doctor, había atendido a muchas personas a lo largo de su carrera. Evidentemente, algunas de esas personas, en un acto de agradecimiento, habían decidido cuidar de nuestra casa en nuestra ausencia y dejarnos estos obsequios. Nunca supimos quienes fueron las personas que dejaron estos regalos en la casa y nos quedamos con las ganas de agradecerles su hermoso gesto.

Reflexionamos sobre la bondad y el sentido de comunidad que había en aquellos tiempos. Era impensable que en nuestra ausencia alguien que hubiera ingresado a la casa no sólo no nos robara, sino que además nos dejara regalos en señal de agradecimiento. Hoy en día, es difícil imaginar un acto similar. Vivimos en tiempos donde la desconfianza y el miedo y la falta de respeto parecen prevalecer. Nos preguntamos en qué momento del camino nos perdimos, qué parte de nuestra esencia se desvió hacia esta realidad de desconfianza. Aquellos tiempos de solidaridad y respeto mutuo se añoran profundamente.

Nos hemos alejado de la esencia de comunidad, hermandad y respeto que alguna vez fue tan natural. La pregunta persiste: ¿en qué momento comenzamos a perder esos valores? Hoy el recuerdo de ese inesperado acto de gratitud que encontramos al regresar nos deja una lección invaluable. Nos enseña a valorar lo que teníamos y a reconocer la importancia de mantener vivos esos lazos de comunidad. A pesar de los tiempos difíciles y las realidades cambiantes, nunca es tarde para volver a cultivar la bondad y la confianza. Aún hay esperanza de que, si logramos recordar y aplicar las lecciones del pasado, podemos construir un futuro donde la solidaridad y el respeto vuelvan a ser la norma y no la excepción.

¿Quién fue don Belem Torres?

GERARDO VEGA MEDINA

Gerardo Vega Medina y don Belem Torres

Hombre sencillo, humilde, honesto, inteligente, carismático, honrado, voluntarioso, respetado, de aspecto bonachón, buen padre y muchas características positivas más, fue y es conocido en la ciudad cañera de Navolato, Sinaloa, como DON BELEM TORRES. Vio por primera vez la luz, en el poblado de Baricueto, el día 20 de febrero de 1909. Durante más de 40 años desempeñó diversos cargos públicos, como son Síndico Municipal, Juez de Barandilla de Seguridad Publica y Oficial del Registro Civil. Falleció el 11 de mayo de 1993, y ha trascendido en la historia de Navolato, y Sinaloa, como un personaje ilustre, por sus resoluciones o fallos, dictados de tal forma que nos permiten ver y suponer, que DON BELEM TORRES, era portador de genes de la estirpe del Rey Salomón, por su inteligencia, razonamiento práctico y sentido común para resolver los problemas, por eso es, que sus fallos son conocidos como LAS RESOLUCIONES SALOMÓNICAS DE DON BELEM TORRES, siempre apegadas a la justicia, la sana razón y el sentido común, con toques pintorescos de picardía, he ingenio popular, sobre todo en casos muy difíciles, que lo ponían en aprietos y salvaba siempre. A pesar de no haber estudiado el derecho, era portador de una aguda y práctica inteligencia, que ha traspasado el tiempo y el espacio, que bien podrían ser consideradas, por los Tribunales de Barandillas, como criterios municipales, para la aplicación e impartición de la justicia, el sentido común y la sana razón, como instinto natural en la búsqueda de la verdad y legalidad.

La población cañera de Navolato encontró en estas resoluciones o fallos tan atinados de DON BELEM TORRES una forma muy peculiar para que trascendieran, como son los chistes anecdóticos, muchos de ellos ciertos y otros se los atribuían a él, por su ingenio popular, pero estos fallos fueron pasando de poblador en poblador, y trascendieron a las nuevas generaciones, mismas que lo convirtieron en una persona indispensable para la población de la época, y de confianza para el pueblo, ya que ese particular y peculiar funcionario municipal, encontraba siempre un fallo justo a un problema sin aparente solución, lo que valió para que los ciudadanos navolatenses lo convirtieran en una leyenda.

Creo que las ideas justas, como las que emitía don Belem Torres, rompen todas las cadenas, hasta las del tiempo y logran la trascendencia, ya que a eso venimos a este mundo, a trascender, primeramente en lo biológico a través de la procreación de la especie humana y su continuidad en este planeta, y trascender como un ejemplo activo, y positivo, para las nuevas generaciones.

A DON BELEM TORRES tuve el privilegio de conocerlo cuando yo era un niño, ya que mi padre Miguel Ángel Vega Yáñez me llevaba muy temprano al Mercado Municipal de Navolato, en donde había un lugar tradicional para desayunar un rico menudo, antojitos mexicanos y deleitar un sabroso café, llamado "Café de Lengua", claro, siempre acompañado de los tradicionales churros de doña Lupe Machuca, donde cotidianamente asistía don Belem Torres, y se hacía acompañar de algunos otros personajes distinguidos de esa época, no menos históricos que él, y que eran sus amigos, como eran don Wulfrano García, don Luís Medina Trasviña (quien era mi abuelo materno), don Eduardo López, conocido como don Wualo, y don Andrés Medina T. (quien era mi tío abuelo), entre otros, los cuales bromeaban y comentaban algunos casos y los fallos, tan atinados de don Belem Torres, que por sus características físicas que recuerdo eran la de un hombre alto, de vientre abultado, fajado con el cinto al ombligo, canoso, de aspecto simpático y bonachón, de mirada alegre y picara, que denotaban una gran inteligencia, y proyectaba a simple vista una gran empatía hacia los demás. Con el transcurso de los años fui creciendo, siempre acompañado de esas anécdotas, cuentos y chistes de los fallos de don Belem Torres, y una vez que termine mis estudios profesionales como Licenciado en Derecho e inicie el ejerció de mi profesión, aproximadamente en los años 1990-1991, tuve el honor de representar a don Belem Torres, en un Juicio Ordinario Civil, para lograr por la Vía Judicial, la legalización a su nombre de un inmueble que tenía en posesión por muchos años, por lo que demandamos a quien ese entonces era al Representante Legal del Ingenio la Primavera (Banca Cremi, como interventor legal del ingenio en quiebra) y que una vez agotado el procedimiento judicial logramos con éxito la Sentencia favorable, y registrar dicho inmueble como de su propiedad. Fue a través de esa relación profesional que me permitió conocerlo un poco mejor, de forma personal y directa, recibiendo siempre de su parte el trato amigo, y en especial su atención siempre amable y respetuosa.

La anécdota personal

En el año 1992, debido al juicio civil en el que representaría a don Belem Torres, le pedí de favor que en un escrito me facilitara sus datos generales y la historia del asunto, y que en tres días pasara a firmar, y que para mayor confianza, podía acudir al domicilio de mis padres, quienes eran sus amigos. Don Belem aceptó y ese mismo día me envió con un propio el escrito referido de sus datos generales y la historia de su asunto. Al estar revisando el escrito y elaborando la demanda, me encontré con la sorpresa que en donde decía nombre, aparecía J. BELEM TORRES OJEDA, lo que me obligó a investigar su nombre correcto, y al tercer día de manera puntual se presentó a la casa de mis padres a firmar la demanda, Después de saludarnos fue cuando le dije: don Belem, en que apuros me metió, ¿Por qué?, me preguntó, y le contesté, Porque en el escrito que me envió con sus datos generales su nombre aparece como J. BELEM TORRES OJEDA, y fue cuando le dije, a manera de broma: no sé si esa "J" es de Jesús, Juan, José, Jorge, Jacinto o Jelipe. Don Belem se sonrió, inmediatamente sus ojos brillaron aún más y con su singular picardía me contestó: "Fíjese, licenciado, que cuando yo era Sindico me llegaban a la oficina muchos oficios y escritos que venían del Despacho del Gobernador o Presidente Municipal o de otras dependencias, y en esos oficios decían: Señorita J. Belem Torres Ojeda, y yo me reía y no decía nada, pero un día, me llegó un oficio que decía Señora J. Belem

349

Torres Ojeda, y dijo a manera de broma y sonriendo: licenciado así de señora casada y con marido ya no me gustó la cosa, soltando la carcajada, y terminó diciendo, mi nombre es JOSÉ BELEM TORRES OJEDA, para servirle a usted.

Recuerdos de infancia desde el barrio "Los Ángeles"

MARCELINO VALDEZ REYES

La boda comunitaria

Recuerdo que ahí en nuestra casa mi mamá y mi papá organizaron una boda bien grande entre varios, como una boda comunitaria. Yo tenía como ocho o nueve años. Juntaron a todas las parejas del barrio que estaban "juntadas", pero no estaban casadas por la iglesia. Hubo como unas quince parejas que lo organizaron ahí en mi casa. Era cuando estaba el cura Alejandro y ese día que se casaron arreglaron muy bien la casa con globos y muchas cosas, con mucha luz, y al cura le pusieron un templete desde donde hizo la misa. A todos los casó juntos, y todas las señoras bien bonitas con vestido blanco y los hombres de corbata y todo. Todos iban bien vestidos y hubo banquete grande, entre todos hicieron la comida. Era un patio grande, y fue ahí donde todos ellos recibieron la bendición del Padre Alejandro. Mi papá y mamá estaban bien contentos, porque todo fue muy bonito, y porque antes de eso casi a todas las parejas les faltaba estar casadas por la ley de Dios. Fue en el barrio Los Ángeles, en la casa de mis papás.

La "Feria de Chabelo"

Mi papá aprendió a ser albañil cuando construyeron o arreglaron la Iglesia San Francisco de Asís, por allá en los años sesenta yo creo. Él era ayudante de albañil, y en esa obra aprendió el oficio. Ya después hizo muchas casas en Navolato, y hasta llegó a ser líder de los albañiles. Recuerdo muy bien que él fue el encargado de construir todas las Ferias de Chabelo. Construyó, junto con los demás albañiles claro, la Feria que estaba ahí en el crucero de la carretera a Altata y la carretera a La Vuelta, frente a la entrada de La Popular, también la que estaba por allá rumbo a la carretera a El Castillo, y la que estuvo por ahí a un lado de La Popular. Me acuerdo que yo le llevaba lonche y veía como trabajaba bien duro. Yo ya me imaginaba para que eran todos los cuartitos y pensaba, cuando esté grande voy a venir para acá, pero no le decía a mi apá, porque él decía que ese era un lugar para los borrachillos. Él no tomaba. Recuerdo que trabajaba mucho para sacarnos adelante, y llegaba a la casa bien cansado. Clarito recuerdo que, aunque estaba bien cansado, cuando se estaba bañando se ponía a cantar las canciones de su ídolo Pedro Infante. Cantaba bien bonito amorcito corazón. Y la verdad, se me hace que se parecía a Pedro Infante.

Los cuentos de Batman, Kalimán y los lectores honestos

Mi mamá cuando era joven trabajó en un abarrote del Sr. Acosta. Nos platicaba que el abarrote primero estaba adentro del mercado y luego ya se fue para la calle de atrás. De ahí se la robó mi padre, y ya luego fue señora de casa. Pero era bien luchona, bien trabajadora, y buscaba la manera de tener más ingresos para sacarnos adelante. Por eso, luego rentaba cuentos afuera de mi casa. Puso un alambrito y ponía los cuentos arriba del alambrito, y aparte vendía petróleo. Antes la gente compraba petróleo para las cachimbas. Ella estudió para secretaria, pero nunca ejerció, tenía su máquina de escribir y todo, también hacía trabajos de costura porque tenía una máquina, mi padre le compró una máquina de coser de esas Singer, le pedaleaba y cosía ropa. Mi casa estaba en la esquina de la calle Fortino Cuéllar y Francisco Quintero en el Barrio Los Ángeles, y era un lugar muy popular porque rentaba muchos cuentos, y aparte no todos tenían televisión. Recuerdo algunos de los cuentos que rentaba como Kalimán, Superman, Batman y Robin, Memín Pinguín, el Hombre Araña, y había una que me gustaba mucho leer que se llamaba Epifanio Montes, me emocionaban las aventuras. La gente iba a rentar las historietas y las regresaba, nomás las leían y las regresaban. Estaban bien educados, bien honestos, había una honestidad que se notaba. Mi madre tenía por ejemplo dos o tres revistas de Kalimán, llegaban varios a rentar la misma, tenía varias historietas repetidas porque no se daba abasto. La gente iba contenta a su casa a leerlas y regresaba bien contenta a rentar más, y regresaban la que se llevaron. Muchas veces renegaban porque no encontraban la historieta que seguía, por ejemplo, la de Kalimán la rentaban y decían ¿no ha venido la última?, y se enojaban porque no estaba. Mi mamá se las compraba a don Carlos Álvarez, y las traía para tenderlas en el alambrito en la casa. La gente de antes leía mucho las historietas. Recuerdo que mi mamá se sentía bien feliz con su negocio de renta de cuentos y venta de petróleo.

El hielo para los muertos

Lo triste que me tocó de aquella época fue la muerte de mi Tata Melquiades. A él le pegó cáncer y lo llevaron a México. Y él no soportó estar solo en México porque no teníamos dinero para ir a acompañarlo. El ingenio lo mandó a la clínica de México que atendía a los obreros de la fábrica, pero no soportó y se vino. Yo creo que le dio tristeza estar solo allá, o pensó que iba a morir y no iba a ver a su familia, y se vino a morir aquí. Me acuerdo cuando llegó de México, mi padre le dijo: ¿Por qué te viniste, papá? Y le contestó: Me sentía muy solo. Y si me voy a morir, me voy a morir aquí con ustedes. Y entonces él ya no se levantó del catre. Él dormía en un catre. Lo triste es que nos tocó ver cómo murió, agarrándole la mano a mi padre. Ahí se fue yendo poco a poco hasta que ya murió. Nos tocó ver cuando vino la funeraria, trajo una caja, y ahí mismo en la casa lo velaron. Recuerdo que cuando lo velaron le pusieron una tina abajo de la caja llena de hielo para que el cuerpo se conservara. Y se acababa, se desgastaba y le volvían a echar más hielo. A la mayoría de los velorios que iba yo miraba que les ponían hielo, y esa vez me tocó ver que se lo pusieron a mi abuelo Melquiades.

Historia musical del Chalo Cruz

GONZALO CRUZ RODRÍGUEZ

Querido pueblo de Navolato, pongo a su consideración mi participación musical, contribuyendo al acervo musical y cultural de mi amado y entrañable y ponderado pueblo de Navolato. Mi historia musical inicia en el año de 1967 cuando formé el grupo de rock and roll denominado "Los Gatos Locos" o "The Crazy Cats", integrado originalmente por el sr. Felipe Quiroz Rivera vocalista, Ramón Magallanes bajo, Ignacio Reyes Aréchiga (qepd) baterista, y un servidor Gonzalo Cruz Rodríguez requinto y líder del grupo. Posteriormente, se retiró Ignacio Reyes Aréchiga siendo sustituido por Abraham Medina Flores "El Ratón", pero antes en 1965 formé una pequeña rondalla en el centro de seguridad social "La Asegurada" formada por Chano García Olivas, Ramón magallanes "El Monky", Pedro Leyva Corrales, Adrián Félix Medina. Posteriormente, formé el grupo "Los Astros" formado por Jorge Guzmán "El Cumbias de Otameto" saxofón, Ignacio Martínez Caballero "El Güero Fotógrafo" segundo saxofón, Pedro Leyva Corrales en el bajo, Óscar Medina "El Mascafierros" en el órgano y Gonzalo Cruz Rodríguez "El Chalo" requinto, vocalista y líder del grupo. Después formé el grupo Beleso en 1970 formado por Jorge Guzmán "El Cumbias de Otameto" como primer saxofón, Ignacio Martínez Caballero "El Güero Fotógrafo" como segundo saxofón, Pedro Leyva Corrales en el bajo, Óscar Medina "El Mascafierros" en el órgano, el sr. Gerardo Garibaldi trompeta y director y Gonzalo Cruz Rodríguez "El Chalo" como requinto, vocalista y líder del grupo. Posteriormente me pasé al género de la música meramente romántica formando tríos. El primer trío que formé fue el trío Romance en

1975 formado por Carlos Cadena Pérez, primera voz y maracas, Candelario Medina Pano "El Popular Calayo Calayo" requinto y tercera voz, y Gonzalo Cruz Rodríguez "El Chalo, segunda voz y armonía, teniendo el privilegio de participar en 25 programas de televisión denominado "Sábados en romance" con los conductores Eduardo Ramos (qepd) y Humberto Astorga, durando 7 años. Posteriormente formé el trío "Ensueño" en 1982, siendo Jorge Mario Rivera Gutiérrez primera voz y maracas, Ramón Magallanes "El Monky" segunda voz y armonía y Gonzalo Cruz Rodríguez "El Chalo" requinto, tercera voz, solista y líder del trio, teniendo muchísimas participaciones en fiestas, bautizos y eventos y presentaciones públicas siendo el amenizar los actos de graduación, entrega de papeles a los graduados de la Facultad de Contaduría de la Universidad Autónoma de Sinaloa por varias generaciones. No fue sino en el año 1983 que se integró el Ing. Juan Cordero Millán como nueva primera voz y segunda guitarra en sustitución de Jorge Mario Rivera Gutiérrez durando este como el trío preferente de Navolato, amenizando diferentes eventos sociales en plaza cívica de nuestro querido Navolato, durante este 5 años. No fue sino hasta el año de 1988 que decidí irme a la ciudad de Culiacán donde fui requerido por el Trío Estrella para amenizar todas las noches en el lobby del Hotel San Marcos de la ciudad de Culiacán durante 3 años ininterrumpidamente. Dicho trío estaba integrado por Víctor Acuña León primera voz y bajo eléctrico, Javier Núñez López requinto, tercera voz y líder y Gonzalo Cruz Rodríguez "El Chalo de Navolato" segunda voz armonía y solista. Después me integré al Cuarteto Armonía formado por el profesor Ricardo Payán Núñez primera voz y segunda guitarra, Raúl Meza Franco (qepd) acordeón y segunda voz, Esteban Mendoza Pérez requinto, tercera voz y líder y Gonzalo

Cruz Rodríguez "El Chalo" armonía, cuarta voz y solista lo cual duramos 3 años ininterrumpidamente amenizando las comidas a los comensales a medio día y tarde noche, también me integré al Trio Los Nobles durante dos años amenizando serenatas y fiestas en general formado este por Luis Urías primera voz y armonía, Jesús Hermosillo requinto, tercera voz y líder, y Gonzalo Cruz Rodríguez "El Chalo de Navolato" segunda voz y armonía. Cabe mencionar que mucho antes de todo esto, tuve el privilegio de acompañar en la plaza de Navolato a don Severiano Briseño autor de "El sinaloense" en un homenaje que se le hizo. Además, incurrí en la composición con la Rondalla Universitaria Sinaloense de la UAS, donde participó en un certamen de rondallas por dos ocasiones y para refrendar su triunfo tuvo que participar en un tercer certamen y me solicitaron que compusiera una canción que le cupieran 7 voces y así fue, le compuse una canción la cual titulé "Cariño verdadero". Con esa mi canción lograron llegar a la semifinal y con la canción de Roberto Cantoral, "Noche no te vayas", ganaron el campeón de campeones. Como premio el rector Jorge Medina Viedas le financió la grabación de un disco. Otra de las composiciones que hice fue una canción a mi querido Navolato que a la letra dice:

"Navolato tú tienes el don, de tener un ingenio sin par.
Tus mujeres hermosas lo son, y tus hombres las saben amar.
Quien conozca la historia de ti, orgulloso se siente de ser.
De uno más que nació por aquí si se va siempre piensa en volver.
Navolato tu linda presencia, me inspiro para hacerte canción.

Ahora cuentas con tu presidencia y con gente de gran corazón.
Tu plazuela te adorna imponente y tu iglesia es linda sin igual.
Por las tardes ahí va tu gente a rezar su oración celestial.
Ya me voy, me voy con rumbo a Altata, en sus playas quiero descansar.
El recuerdo de ti, Navolato, en mi mente siempre he de llevar.
Tu plazuela te adorna imponente y tu iglesia es linda sin igual.
Por las tardes ahí va tu gente a rezar su oración celestial".

Pongo a su consideración esta humilde historiografía musical cronológica, no sin antes agradecerles sus finas opiniones y grandes críticas constructivas. Bendiciones.

Recuerdos desde Las Trancas: señales de llegada de la tecnología

CÉSAR QUEVEDO

Durante la época en que nací, se estilaban las familias muy grandes, aún no existían programas de control de la natalidad y tampoco como suele decir la gente, había televisión; por cierto, ahí en Las Trancas hoy Sindicatura de Bachimeto de nuestro Navolato, fuimos los primeros en tener una televisión, por ello seguramente fuimos ocho hermanos, un servidor el menor de todos, que nací según contaba mi madre de ocho meses y pasé algún tiempo en la incubadora de un hospital, algo muy novedoso también para la época, asomaban pues las primeras tecnologías en varios rubros. Mis siete hermanos nacieron con una "partera" a la que llamaban doña Gero.

Los primeros recuerdos de mis vivencias infantiles refieren una noria donde se extraía el agua del subsuelo para el consumo doméstico, al principio con un bote y de manera manual lo balanceaban para que al caer a la superficie el agua, captara la mayor cantidad del vital líquido y llegara a la superficie con la mayor cantidad posible. A los meses y gracias a la planta de luz que mi padre había adquirido, se le adaptó un motor que debe haber sido como de una pulgada y se adaptó a la instalación hidráulica de la casa que suministraba así agua al fregadero de trastes, lavadero de ropa y los baños.

Mi padre había construido también los primeros baños, los cuales lograron llamar la atención de los vecinos de esa comunidad rural en la que me tocó vivir los primeros siete años de vida. Pareciera ser que la vida de lo que hoy gozamos, siempre hubiera existido, pero no es así, por ejemplo, los vecinos en su mayoría hacían sus necesidades fisiológicas en una platanera que tenía mi abuelo Jesús Quevedo a un lado de la comunidad y se bañaban en los canales de riego o en el río Culiacán, que está ubicado a dos kilómetros aproximadamente, aunque algunos ya gozaban de un pozo para extraer agua. Cabe hacer mención que la diferencia entre un pozo y una noria es que el pozo no estaba construido con ladrillo y adolecía de una estructura en la superficie terrestre que se apoyaba con una rondana y cuando menos un palo atravesado la extracción del balde de agua, es decir el pozo de agua es aún más rústico que la noria.

A un lado de la casa creció un gran árbol de tamarindo, en el cual nos trepábamos en sus ramas, y jugábamos al tacón, las canicas, y eventualmente una red o mecate que servía para jugar voleibol con amigos como Pedro Castillo, (hijo de la Güera y de don Miguel Carrillo), Ramón "Reme" (hijo de Remedios Alvarado), Luis Iturrios (hijo de don Manuel Iturrios), Rómulo Calderón y mi primo Faustino (hijo de mi tío Pancho y mi tía Maruca), a quien por cierto, lo mordió un perro contagiado con rabia y al cual con gran agilidad, desinformación y también valentía lo amarraron al Tamarindo en mención para, por recomendación del médico, observar su comportamiento del perro por supuesto, hasta que murió, ahí aprendí que a quienes les muerde un perro con la rabia, se le ponían catorce inyecciones alrededor del ombligo, así le pasó a mi primo Faustino.

La mayoría de los habitantes de Las Trancas de mi generación, aprendimos a nadar en los canales de riego o en el río, eso era lo normal, pues era lo que teníamos a nuestro alcance, aunque en Semana Santa era todo una experiencia ir a quedarnos a la Islita u Oporitos la

Semana Mayor y todo era aventura, desde atravesar en un reviate jalado por el tractor los lodazales de los esteros, que se encuentran antes de llegar al campo pesquero Las Aguamitas; en este trajeteo se perdían cazuelas, la gente ayudaba a abrir con machetes los caminos para continuar el trayecto y salvo los coricos y empanadas que días antes habían preparado las señoras, todo lo que comíamos era lo que los hombres adultos pescaban o extraían de los manglares. Por la noche, las fogatas en enramadas provisionales donde dormíamos eran comunes y en cada una de ellas decenas de historias y de espantos eran comunes.

Ahí en las Trancas aprendimos a vivir con base a la siembra para el autoconsumo, así criábamos "cochis y gallinas buchipelonas"; sembrábamos rábanos, cilantro, zanahorias, y ni se diga el maíz y el frijol; esta práctica la llevábamos a cabo inclusive después de fallecido mi padre Remigio y mi hermano Miguel.

Por motivos de estudio tuvimos que mudarnos a Navolato cuando tenía siete años, pero en virtud de que ya había terminado tercer año de primaria, ingresé a cuarto año en la primaria Lic. Benito Juárez de Navolato, no es que fuera muy inteligente, pero contaba mi madre que al ser el más pequeño de la familia, cuando todos se iban a la escuela, un servidor lloraba porque se quedaba solo en la casa y no había más con quien jugar, por ello mis padres decidieron hablar con la maestra de la escuela, (era ella sola) que atendía todos los grados en un solo salón. La creatividad de esa maestra, de la cual solo recuerdo el nombre de Esperanza, hacía dividir el pizarrón en tres partes, para primero, segundo y tercer grado, hasta el cual podíamos aspirar a estudiar si no decidíamos mudarnos a otra ciudad o bien ir todos los días hasta Bachimeto, fue por ello que mi madre decidió que nos mudáramos a Navolato.

Pues bien, cuando tenía cuatro años, ingresé como oyente a la escuela Primaria Rural Federal Vicente Guerrero de Las Trancas, a los pocos meses aprendí a leer y escribir, lo que obligó a pasarme de mesabanco de esos binarios a la fila del medio que era la de segundo grado, y así mismo sucedió con la tercera fila para el tercer año; por ello cuando nos mudamos a Navolato con 7 años de edad, ingresé a cuarto año con la Profesora Micaela.

Ahora bien, regresando a mi historia en Las Trancas, recuerdo a miles de periquitos que en parvadas viajaban y que hacían paradas en los árboles de Guamúchil que había, de igual manera cuando llegó una epidemia, seguramente de algo relacionado con la gripe aviar, pero que en Las Trancas le llamaban "El Gallinazo", enfermedad que diezmó la cantidad y producción de gallinas en casa, todos los días mi madre amarraba las gallinas muertas durante la noche y me mandaba a tirarlas a un dren cercano.

Una situación similar aconteció con el "Caballazo", hoy sé que fue una epidemia de fiebre equina, veíamos por doquier caballos muertos con una fetidez preocupante y desagradable.

En época de cosecha de frijol, entre los meses de enero y febrero, se acostumbraba a rastrojear, que significa recoger las matas de frijol que la trilladora o la arrancadora no recogió, llenábamos costales con todo y paja y posteriormente lo desgranábamos, el frijol recolectado lo vendíamos al mejor postor, entre ellos podrían ser nuestros padres, era una manera de captar recursos financieros a nuestra corta edad. Un día, mi hermano Remigio me invitó a llevar a cabo esta tarea, seguramente fue un sábado o un domingo, ya que nuestra madre nos inculcó la rigurosidad de asistir a la escuela; dicha acción la llevábamos a cabo en una bicicleta, en la que me subió en la barra; en el trayecto, seguramente le moví el manubrio y nos fuimos a pique por el bordo del canal, y mi frente desafortunadamente se impactó contra un cerco de púas cuando apenas nos dirigíamos a iniciar la recolección de frijol. Recuerdo que la desesperación de mi hermano, seguramente lo obligó a lavarme la cara totalmente ensangrentada con el agua del canal de riego, evidentemente sin ningún cuidado de higiene, hasta que la sangre dejó de correr, todo el día me tuvo acostado debajo de un guamúchil viendo sus ramas, hasta que al caer la noche con mucho temor me hizo una máscara con una bolsa de plástico y me la amarró en la cabeza, posiblemente pretendiendo que mi madre no se diera cuenta; sin embargo, esta estrategia no tuvo éxito y mi madre inmediatamente me llevó a curar a una clínica de Navolato, recuerdo que me pusieron un polvo blanco llamado sulfatiazol.

Aprendí a nadar en una poza que frente a la casa de la Chayo de Trini se hacía al provocarse un pequeño remolino a la orilla del canal de riego, cuando tenía tres o cuatro años de edad sin ninguna supervisión de algún adulto, si acaso otros niños dos o tres años mayores que yo, pero que a base de esa irresponsabilidad y temeridad que te da el desconocer los riegos que tienes y con el entusiasmo y algarabía de otros niños, evidentemente sin la autorización de los padres lo llegamos a hacer; no obstante las continuas riateras de mi madre cuando alcanzaba a descubrirme que me bañaba en el canal.

Don Librado se había autodesignado cuidador de un pase directo para el otro lado del canal, que consistía en un tronco atravesado de bordo a bordo del canal que nos permitía hacer el traslado más directo de un lado a otro de la comunidad, al evitar ir a dar la vuelta hasta la compuerta de riego. Pues bien, ese tronco de madera se convertía en nuestro trampolín que evidentemente mojábamos cuando nos bañábamos, don Librado no se medía con los "terronazos" a diestra y siniestra contra todo niño que mojara el tronco, pues como él advertía, al estar mojado, podíamos provocar un accidente. Dichas recomendaciones acompañadas por una extraordinaria puntería de los "terronazos" de don Librado, nunca las tomamos en cuenta, es más, a decir verdad, le daba un valor agregado a la aventura.

Justamente por ese palo de madera, todos los domingos acudimos al catecismo mis hermanos y yo (parecíamos la familia Telerín) con doña Bernardina, quien debajo de un sombroso árbol de capule y sentados en unas cuantas bancas alargadas de madera nos daban la clase religiosa.

No podría dejar pasar dos casos de esta etapa de mi vida, la época de mangos en la huerta de una hacienda abandonada y que don Manuel Iturrios cuidaba celosamente, ahí, después de bañarnos en el canal de riego, seleccionábamos los mejores mangos y nos dábamos un festín. Lo mismo sucedía con una huerta un poco más pequeña que se encontraba casi enfrente de la otra, cuyo propietario era un señor llamado Eladio Rodelo, indudablemente que nos corretearan con un chicote en la mano, era cerrar con broche de oro esa aventura, sobre todo cuando no éramos a los que alcanzaba el chicote.

Finalmente, en el verano cuando ya entrábamos a vacaciones, terminando el ciclo escolar, era común organizarnos con amigos como mi primo Fredy, alias el Dengue, y mi primo Adalberto, alias el Catatomo, para salir temprano después de desayunar en casa, a capturar conejos, ardillas, armadillos, iguanas, palomas entre otros; cuando llovía y con una jauría de poco más de diez perros, la búsqueda de esas presas se hacía más emocionante, comíamos lo que cazábamos en el monte, un monte que ya desapareció al volverse terrenos de siembra, regresábamos ya por la tarde-noche a presumir con nuestras familias el producto de nuestro esfuerzo, sólo las culebras limacoas no las acarreábamos. La caza la realizábamos solo con perros y tiradores (hoy sé que les llaman resorteras) que hacíamos rudimentariamente con orquetas de árbol de guayabo y con ligas de las cámaras de llantas de bicicleta y de carro.

Cuando nos mudamos a Navolato en 1971, fue otra historia.

Raúl Rodríguez Araujo, un buen amigo de Navolato

JOSÉ RAÚL RODRÍGUEZ MARTÍNEZ

Don Raúl Rodríguez Araujo y doña Aurora Martínez Salas

Mi papá, Raúl Rodríguez Araujo, fue un hombre que cada día de su vida disfrutó a su familia y a sus grandes amigos de Navolato, vivió para ser feliz.

Nació en Navolato el 8 de abril de 1923. Se casó con Aurora Martínez Salas "mi Amá" el 30 de mayo de 1946, la boda se celebró enfrente de la casa de mi tía Chepa, hermana de mi papá, y de mi tata Conrado Solís. Para iluminar el evento pusieron un foco en un guamúchil que estaba en ese lugar y seguramente para darle un toque romántico el complemento de la iluminación fueron algunas cachimbas. La boda estuvo amenizada por la Banda de Los Conrados.

Producto de este matrimonio fuimos 6 hermanos, Santos Gabriel (el mayor), José Raúl (que soy yo), María

Aurora "la Gorín", Amparo, René y Jesús (quien desgraciadamente falleció muy joven).

Para la familia, obviamente, él fue mi Apá, el abuelo, el tío, para algunos primos "el Piolín" (por lo güero), para Marcos Morachis era "El Ruso", para sus amigos del dominó era "El Media Vida" o "El Dedo de Oro" (por una trombosis que le afectó un dedo).

Fue carpintero, oficio que aprendió en la maderería con don Manuelito Medina y su esposa doña Ramona; él junto con el Chino Chu aprendieron el oficio y el gusto por el olor a aserrín. El Chino Chu era quien le hacia los ataúdes a Manuelito y se vendían en la maderería. Don Manuelito y su familia tenían un gran aprecio por mi papá, era considerado como un miembro más de la familia y estaba presente en todos sus eventos, siempre mantuvieron una gran relación para con él, incluyendo sus hijos.

Trabajó varios años en el ingenio La Primavera, su puesto era "Engrasador Trapiche en el Molino". Algunos de sus compañeros fueron su hermano José Rodríguez "el Chato", quien en un tiempo fue Secretario General del Sindicato de la Sección 15, Roberto Bastidas "El Morro", Antonio Hernández (su compadre) y otro señor que no recuerdo su nombre pero le decían "El Mechudo", este señor era el de más edad de este grupo y vivía por el barrio de Los Ángeles cerca de con Poncho Rangel. Cuando les tocaba trabajar en el turno matutino de 6 a 14 hrs., "El Mechudo" pasaba a la casa tocaba la puerta y luego le hablaba a mi papá, "Raulito, muchachito, Güerito, levántate, mijito, es hora de ir a trabajar" y todos los hermanos nos reíamos, nos gustaba ese momento y lo esperábamos, así se iban caminando hasta el ingenio junto con Roberto y Toño su compadre. Cuando le tocaba trabajar de 14 a 22 hrs. al llegar el sábado después de dejarle la lonchera me acercaba a la ventanilla de pago y su amigo José María García "Chema" me entregaba el sobre con la raya de la semana. Seguramente yo tenía 10 o 11 años y podía con toda confianza regresar a la casa con la raya de la semana y dejársela a mi mamá. El nivel de seguridad de esa época en Navolato te permitía eso, la mayoría de los pobladores en ese tiempo nos conocíamos y nos apoyábamos.

Jugador de beisbol, basquetbol y boliche

Durante su época activa como jugador de beisbol y basquetbol participó en varios campeonatos locales como integrante del equipo de la sección 15 y a nivel estatal como parte del representativo de Navolato. Algunos de sus compañeros, amigos del basquetbol fueron los hermanos Jesús, Oscar "el Caliqui" y Manuel "el Gualón" Chucuán, José María García "Chema", su compadre Jorge Carnero, El Güero Montiel. En esta fotografía histórica mi papá es el número 21 y otros amigos que no recuerdo. Algo similar fue participando como beisbolista.

Mucho tiempo fue árbitro en los campeonatos que se celebraban en Navolato y también a nivel estatal, él fue uno de los árbitros que le pitó a los Harlem Globetrotters cuando jugaron en la cancha de la sindicatura de Navolato, si mal no recuerdo otro de los árbitros fue Chema García y/o el Yule.

En una ocasión el equipo de básquet tenía juego en El Dorado y nos fuimos, yo de colado acompañando a mi papá, en un camión de redilas. En el camino empezó a llover, mi papá saco un impermeable de plástico delgadito según esto para taparme y no duró ni 5 minutos. Empezaron a jalarlo de diferentes lados y se hizo garras, esa vez sí se enojó mucho y dijo muchas palabras sinaloenses.

Mucho tiempo fue promotor del beisbol junto con Daniel Cuevas. Ellos participaban en la liga de Los Alcanfores, en la que el líder siempre fue Cosme Retamoza García, el más grande jugador de beisbol de Navolato. Mi papá junto con Daniel conseguían patrocinios entre los diferentes comerciantes, Manuel Bio, quien muchos años fue el gerente de la Pepsi en Navolato, fue un gran patrocinador y promotor del beisbol.

Fue jugador de boliche junto con un grupo de amigos de Navolato que encabezaba el Dr. Rubén Zazueta, Gustavo Ayón "Taviro" quien muchos años fue el cartero de Navolato, el Chino Zavala, el Profe Armenta. Ellos jugaban un par de noches a la semana en el Bol Culiacán, le encontraron el gusto por este deporte y llegaron a ser parte de la selección de Sinaloa en un campeonato celebrado en el DF ahora CDMX.

Por las tardes se reunía con un grupo de amigos en el billar de César Moraila donde jugaban dominó. Ahí se encontraba entre otros con Arturo Medina, Víctor "El Maturi" y otros amigos que no recuerdo sus nombres. Jugaban a los decimales, algo que nunca he entendido cómo se lleva la puntuación. Lo interesante aquí eran las discusiones después de cada mano: "No te das cuenta la que tiré y me estas tapando la salida" o "¿Por qué no le repetiste la ficha si estás viendo que se dobló?" o "¿Por qué no se la repetiste si viste que le dolió?" (por obvias razones no puedo publicar los diferentes adjetivos que acompañaban a estas expresiones). Lo curioso también era que la discusión era entre los que ganaban y los que perdían, algunas veces también entre los que estaban en la retadora esperando a que terminaran; eso para mí era parte de lo divertido cuando tenía oportunidad de verlos. Algunas discusiones eran acaloradas y todo por una coca. También el tema era que en una ronda el que era compañero en la siguiente era su contrario y aun así se repetían las mismas escenas. Esto se daba tarde con tarde y al empezar a oscurecer se encaminaban a sus casas.

Disfrutaba mucho a su familia, sus hijos, nietos, sobrinos. Cada año viajaban al DF a visitar a sus hijos Gabriel, René y Raúl, así como a sus hermanas Esther y Benigna "la seño Beni" quien muchos años fue maestra de 4º año en la Escuela Lic. Benito Juárez y sus sobrinos Yolanda, Wilfredo "el Chichi" y Javier "el Chiquis". Le gustaba ir al Parque del Seguro Social para ver jugar beisbol a Los Fabulosos Tigres o a los Diablos Rojos. En una ocasión junto con mi hijo Raúl tuvimos oportunidad de ir a ver a los Dodgers de Los Ángeles. También vio jugar basquetbol al Magic Johnson vs un representativo de México comandado por Horacio Llamas en el extinto Toreo de Cuatro Caminos.

Después de un día de estar en la calle regresaba a casa con algún dulce o pequeño detalle que le daba a sus nietos y bisnietos, siempre acompañado de la frase "Mira lo que me encontré tirado en la calle".

Disfrutaba mucho todos los deportes, con Raúl mi hijo, cada que tenían oportunidad de hablarse por teléfono se pasaba un buen rato comentando detalles de alguno de los partidos de beisbol o basquetbol, o de la posición de alguno de los equipos.

Como todo buen navolatense le gustaba ir a pescar con Chuy Medina, hijo de don Manuelito, con Gilberto Medina, primo de Chuy, con mi primo Wilfredo, con mis hermanos Gabriel y René, obviamente también conmigo. Regularmente íbamos a Dautillos con el Viejo Regis o a Las Aguamitas con Enrique Verastiga y su esposa Gina, quienes nos recibían siempre con una sonrisa. Algunas veces que no sacábamos nada "porque la marea estaba mala" comprábamos pescado en la cooperativa y nos lo comíamos en la casa de Enrique y la Gina, siempre fueron muy amables al recibirnos en su casa.

Fue maestro de carpintería en la Secundaria Eva Sámano de López Mateos. Fue curioso que en unas vacaciones que regresé a mi querido Navolato (yo estudiaba en México el Poli en la Prepa 6) me encontré en mi casa con algunos compañeros de la primaria que ahora estaban en la secundaria y mi papá les daba clases, esto obviamente me llenó de orgullo.

Como muchos de los personajes de esa época, y porque las condiciones sociales así lo permitían, todos nos conocíamos. Recuerdo que a la entrada de Navolato había una lámina del Club de Leones que decía "Bienvenido a Navolato 13 mil y cacho de habitantes". Algunos de los grandes amigos, eran buenos para tomar café, jugar al paco o jugar dominó, recuerdo a Dr. Fortino Cuéllar, Chepe Varela, Dr. Rubén Zazueta, Teófilo

Coronel, Alfredo Soto, Nacho Díaz, Alfredo Medina "El Güico", Taviro, Gil Retamoza, Daniel Cuevas, los hermanos Juan Manuel y Ciro Rodelo, Aureliano Rivera, el Cocoy y otros más fueron parte de los personajes muy queridos de esa época. Cuando alguno de ellos se despedía de este mundo mi papá se entristecía mucho.

Mi papá fue un ser humano que disfrutó a su familia, los amigos, donde quiera tenía comal y metate, su trabajo, los deportes en general y que se fue tranquilo sin rencores.

Es justo rendir reconocimiento a su esfuerzo como carpintero, así como a mi mamá, pegada a la maquina cosiendo ajeno. Gracias a sus esfuerzos nos permitieron salir adelante y darnos la oportunidad de disfrutar una vida mejor. Gracias infinitas hasta donde están descansando.

Vida cotidiana de mi familia en Navolato: recuerdos en el alma

MARTHA CATALINA GUZMÁN REYES

Foto: archivo del profesor Hilario Guzmán Landeros

¿Cómo se desarrolla la infancia en nuestra familia? Todos los días nos tocaba desayunar juntos. Salíamos a la escuela después de haber desayunado, mi mamá nos guisaba a cada uno y teníamos que levantarnos por nuestro plato, por el de los hermanos más pequeños y el de mi papá. Todos a la vez nos sentábamos a comer, nos preparábamos para irnos a la escuela, ya fuera en las arañas de los Urías, Óscar Urías pasaba por nosotros, y posteriormente con don Chuy Torres. Íbamos al Colegio o a la primaria, dependiendo después de donde estudiaran mis hermanos, y regresábamos a mediodía; todos comíamos juntos. Mi papá llegaba a comer una hora o dos y se regresaba a trabajar. Por la tarde era común que hiciéramos primero las tareas y después a ver la tele. Para nosotros no era factible andar en las casas haciendo tareas, mi mamá recibía siempre, prefería que todos nuestros amiguitos fueran a hacer las tareas a la casa. Para ello nos preparaba fruta, palomitas, lo que a ella se le ocurría por tal de que estuviéramos ahí en la casa haciendo los trabajos. Después teníamos un horario para ver televisión y otra vez a cenar juntos, todos igual. Cada quien se levanta por su plato, cada quien levanta su plato para que se lave. No lavábamos los platos, pero sí los recogíamos de la mesa. Así transcurría de lunes a viernes en épocas escolares. Siempre nos ponían una meta para fin de ciclo escolar: si sacábamos el primer lugar, el segundo o el tercero, o recibíamos alguna medalla o un reconocimiento, como premio era ir a un lugar de vacaciones.

Los sábados era estar en casa o con mis abuelos ahí cerca, pero los domingos era desayunar, ir a misa de las 8 de la mañana, comer en casa y por la tarde íbamos a la plazuela, y siempre la familia completa. Nos íbamos a la plazuela, estar recorriéndola a la vuelta y vuelta, después nos sentábamos en el césped, comíamos churros, los famosos kekis y jugábamos a la pelota en los jardines y en el parque infantil que estaba junto a la plazuela. Pero siempre todos juntos. Con mis papás tenemos algunas fotos de esos tiempos. Ya por la noche era cenar fuera. El domingo no se hacía cena en casa, cenábamos fuera o nos compraban tacos de don Pancho Reyes y a cenar en casa. Mi mamá siempre le decía a Pancho Reyes que se los tenía que dar blanditos, porque si se ahogaba un niño se lo tenía que regresar nuevo, y que los de ella eran guapos e inteligentes y que iba a estar muy difícil que se lo regresara así. Era una de las anécdotas de mi mamá.

Por otra parte, en vacaciones de Semana Santa, cuando éramos muy niños, nos íbamos a pasar a la casa de mi tío Jesús a Sanalona. Ahí la pasábamos en Semana Santa, nos llevaba siempre en un taxi don Julio o su hermano el señor que le decían "Pollo Estolano". Iba y nos dejaba y después regresaba por nosotros. Y para entretenernos, porque todos nos mareábamos, nos daban una moneda, nos ponían a contar carros que blanco, que los que van, que las combis, que las camionetas, y así nos entreteníamos para que no nos mareáramos. Esto era en Semana Santa; después cuando mi tío Jesús ya se vino a Culiacán, pues ya no tenía la casa de Sanalona. Entonces siempre los días santos, jueves y viernes, un día nos íbamos a Sataya, porque ahí hay familia de mi papá, otro nos íbamos a Limontita, la casa de un tío de mi mamá. Mi mamá siempre acostumbraba a llevar comida porque decía que no debería de llegarse a una casa sin llevar cómo apoyarlos para comer y no quitarle lo poco o mucho que tuviera esa familia. Entonces ella siempre acarreaba hasta con la olla presto, y con todas las ollas con las que iba a preparar comida. En Sataya acostumbramos a ayudar a hacer pan, pinturitas, asar elotes, a montar la burra, la yegua, lo que tuvieran ahí. Hasta la mula montábamos, subíamos a las pacas que amontonaban ahí para el ganado, corríamos, nos subíamos a los árboles, disfrutábamos, una niñez con familia, con los primos de ahí que los veíamos muy afines a nosotros. El domingo santo era cuando salíamos a la playa, igual mi mamá llevaba para comer, no llegábamos casi nunca a restaurant, siempre llevábamos qué comer. Parecíamos huérfanos de hospicio, llevábamos mucho de lo que llamamos botana, galletas, sabritas, pan, huevos cocidos, ensalada, refrescos, y no podía faltar la coca bien helada.

En el tiempo que viajábamos a Sataya o a Limontita, mi papá para entonces tenía una camioneta, nunca íbamos solo, siempre iban tres o cuatro primos, nosotros, y cuando ya estábamos en secundaria siempre estuvo mi casa llena de amigos, de Fernando o míos, y siempre estuvimos saliendo a esos lugares, acompañándonos todos esos amigos; llegamos a ser hasta quince jóvenes adolescentes que íbamos en la camioneta con mi papá y mi mamá, y los niños, a disfrutar Sataya, o a disfrutar Limontita. Nos divertíamos como unos grandes amigos, terminábamos todos asoleados, pero bien divertidos, a veces terminábamos bañándonos en el río, a un lado de ahí de Sataya.

Nuestros padres fomentaron la lectura de libros, periódicos e historietas como el "Memín Pinguín", el deseo de conocer otros lugares, primero lo más cercano a Navolato.

Considero que gracias a la hermosa familia que formaron somos unos hermanos y familia muy unida. Bellos tiempos de ayer. Bellas añoranzas.

La justicia a secas de don Belem Torres

BENIGNO AISPURO

Foto: archivo de Rudy Mendoza

...O la de Sancho Panza quien, como Gobernador de la ínsula de Barataria, supo resolver los difíciles litigios que se le presentaron para hacerlo tropezar y darle de qué reír al Conde y a su séquito, pero lo salvó su sentido común.

Don Herberto Sinagawa Montoya, el cronista por excelencia en Sinaloa, le dedica a don Belem Torres un rinconcito en su libro "Sinaloa, historia y destino", donde dice del famoso juez menor en la sindicatura de Navolato, que "son más las pullas que me atribuyen que las que inventé".

Le pasa a don Belem lo que a otros personajes de pueblo, como el Filósofo de Güémez, a quien le atribuyen toda verdad de Perogrullo ("si dos perros corretean una liebre y el de adelante no la alcanza, el de atrás menos"); o a nuestro laureado poeta Eudomóndaro Higuera alias "El Tuerto", a quien hasta un segundo tomo de poemas le sacaron fuera del que ya conocemos ("Lola, / ¿verdad que la coca cola, / sin piquete sabe a piola? / Dímelo, Lola").

O el Güilo Mentiras, de Escuinapa, a quien mientras vivió don Dámaso Murúa, le achacaban más mentiras de las que se narran en su primera edición.

Sentido común

Nació don Belem Torres Ojeda en Baricueto, Navolato, el 20 de febrero de 1909, y fue síndico por diez años en ese pueblo y juez menor por 25 años más, y murió el 11 de mayo de 1993.

De su vida, su hijo el periodista Héctor Torres Beltrán escribió y publicó en 1994 el libro "Justicia con sentido común" con el anecdotario y entrevistas sobre su padre.

El título del libro resume la principal característica de este personaje.

Y es que para impartir justicia, don Belem no se basó en los códigos ni de que esa gente del pueblo contratara onerosos abogados.

Sólo aplicaba el sentido común para convencerlos de que uno estaba mal y el otro bien, y sobre todo lo hacía con honestidad.

Estos días de cuarentena y de constantes fallecimientos que me ahogan el corazón, es bueno refugiarnos un poco en el recuerdo de buenos tiempos en que la vida nos sonreía, para ver así con optimismo este oscuro presente.

Por eso retomo hoy lo único que nos heredó este juez del sentido común, émulo de Salomón y de Sancho Panza, cuyas andanzas son famosas en todo el país.

Su paso por la política

Incursionó en la política don Belem Torres. El periodista Santiago Avilés lo entrevistó en 1988 en su casa en Navolato. Le dijo cómo conoció al expresidente Plutarco Elías Calles, a través de Rodolfo Calles, gerente del ingenio, a donde llegó en camino a El Tambor, donde tenía una casa de descanso.

En la entrevista, narra don Belem su incursión en la campaña de Manuel Ávila Camacho, y luego en la de Miguel Alemán Valdez, acarreándoles gente a sus actos de campaña en Culiacán y recibiéndoles en Navolato, que por entonces era sindicatura.

Doña Teresa Zazueta lo entrevistó en marzo de 1976 para Noroeste, y lo describió como un hombre con malicia pero no con maldad: "Posee una delicada y natural gentileza y es honesto en extremo".

Evaristo E. Pérez Villarreal, por su parte, entrevista a jueces y magistrados para conocer la particular forma de aplicar justicia de don Belem, a quien asociaciones de abogados le rendían homenajes.

"La ventaja que tuvo Belem es que dictó sus resoluciones conforme a su criterio y su sentido común; y como son equilibradas y honestas además de justas, sus sentencias tienen las características de la ley natural y la humana, pero no de la ley escrita", dijo uno de ellos.

El compadre juido

Se dice que, en los años 40, cuando era síndico y le mandaban una orden de Culiacán para detener a algún navolatense, don Belem le ordenaba a su comandante:

--Arráncate con el compadre Luciano y dile que se pinte porque hay órdenes de meterlo al tambo.

Y ya que volvía le daba otra orden muy solemne: "Con dos chotas, a la caída de la tarde, te presentas en la puerta delantera del tal Luciano y le dices que se entregue sin hacer resistencia".

Taimadamente, le dejaba la puerta trasera para que se pelara si no lo había hecho todavía.

Luego telegrafiaba a Culiacán: "Hoy presénteme detener acusado (punto), según instrucciones giradas por la superioridad (punto) El tal Luciano volvióse ojo de hormiga".

Pero no era extraño que a la mañana siguiente se toparan don Belem y el tal Luciano en el río:

--¡Compadre, no la joda! ¡Siquiera pélese a Altata unos cuantos días mientras que a esos de Culiacán se les olvida la orden!

La de la sandía

Fue de las primeras que le conocí. Resulta que fueron dos campesinos ante él, uno acusando al otro de robarle sus sandías. El otro alegaba que las sandías estaban en su solar y por lo tanto eran suyas, porque la guía de la planta se había colado al otro lado del cerco. Don Belem no lo dudó mucho y le preguntó al abusón:

--¿De quién es este dedo?

--Pues es suyo, señor juez- contestó el acusado.

--Y si te lo meto en el culo, ¿de quién sigue siendo el dedo? - agregó el juez.

--Pos suyo, señor...

--Pues entonces no te hagas pendejo y págale las sandías a este hombre- resolvió don Belem. Y caso cerrado.

La de los burros

Otra de las primeras que conocí fue la del burro y la burra que andaban desfogando sus ansias en las inmediaciones de la plazuela de Navolato, y mientras el burro la montaba, se metieron a una carpa de feria, donde vendían loza y artesanías.

Hicieron un quebradero y cuando fue el dueño a quejarse contra los dueños de los burros, preguntó don Belem a cuánto ascendía el daño.

--Son 300 pesos- dijo el comerciante.

Y luego preguntó de quién era la burra.

--Mía- contestó uno.

--Pues tú vas a pagar 200 – le dijo el juez-, y el otro que pague cien.

--Pero oiga, ¿por qué yo 200 si los dos hicieron el mismo daño? - dijo enojado el de la burra.

--Porque tu burra se metió al puesto en cuatro patas y el burro nomás en dos.

¡Y alégale al ampáyer!

La santiguada

También es conocida aquella del padre que vivía con su hijo y que, a la muerte de la mujer, esta les dejó una casa, que era de dos plantas, y los dos querían la planta alta.

--¿Y tú sabes santiguarte? - le preguntó el juez al hijo.

--Sí, señor...

--A ver, hazlo.

Y empezó el muchacho: "En el nombre del Padre, del Hijo..."

--No, no, no, otra vez más despacio para que vea.

--En el nombre del Padre –dijo el joven poniéndose la mano en cruz sobre la frente-, del Hijo...- y la bajó al pecho.

--Ya ves: El padre va arriba y el hijo abajo...- determinó don Belem. Y santo remedio.

La del tintero

Una muchacha de rancho fue con su mamá al juzgado a quejarse de rapto y violación. Mientras hablaban el juez empezó a escribir con el canutero y al terminar le dijo a la muchacha que firmara.

Cuando la muchacha intentó meter la pluma en el tintero, don Belem se lo movía de un lado a otro de modo que nunca le atinó.

--Ya ves- le dijo al fin-, si no te hubieras puesto cuichi, si te hubieras movido como el tintero, nada te habría pasado.

El mala paga

Me gustaba oír la del fulano que le prestó 500 pesos a un amigo que se negaba a devolverlos.

--¿Y no tienes un papelito firmado o algo para comprobar que te debe? - le preguntó don Belem.

--Pos no, todo fue a la palabra, como los hombres.

--Y ¿te acuerdas en qué lugar le prestaste el dinero?

--Sí, fue debajo de un mezquite grandote que está allá en tal parte.

Luego mandó llamar al acusado y este negó deberle nada, que se lo comprobaran.

Y como si no viniera al caso, don Belem mandó al quejoso a traerle una rama del mezquite donde le prestó el dinero.

--Aquí te esperamos- -le dijo, sin saber ni uno ni otro para qué lo quería.

Ahí pasaron dos tres horas y no volvía.

--¡Cómo se está tardando este con la ramita que le pedí! - dijo don Belem, enfadado.

-¡Ja, y más se va a tardar, porque el mezquite está allá en la quinta chingada!- dijo el acusado.

--¡Ah, bien que sabes dónde está el mezquite donde te dio el dinero! - dijo don Belem- ¡Pues ahora págale o te meto al bote!

Y a pagar.

Y "por áhi hay máiz"

Y como "por ahi hay máiz", de estas trazas su hijo Héctor Torres rescató como 30, para recogerlas en un libro de casi cien páginas.

Pero como decía don Belem, "La mayoría son mías, pero hay muchos milagros que me cuelgan sin ser míos y yo los dejo que corran, ¿qué otra cosa podría hacer?"

Recuerdos del "Cine Royal"

GUILLERMO ALFONSO MORACHIS LÓPEZ

Foto: archivo de Rudy Mendoza

Hace tiempo tengo deseos de escribir algo acerca de un verdadero símbolo de Navolato, que por el hecho de haber sido uno de los lugares de entretenimiento y diversión, ocupa un lugar muy importante en el recuerdo y en la memoria histórica de la mayoría de nosotros: el inolvidable "Cine Royal". Para los de mi generación representa un caudal de bonitos recuerdos, centro de cultura y conocimiento, lugar de encuentros y desencuentros amorosos, pues ahí iniciaba o terminaba un noviazgo. No habiendo muchos lugares de diversión en el pueblo, el cine se convirtió en eso, la alegría para chicos y grandes. Como olvidar los domingos de matiné, función de doble cartelera y en horario para niños y jóvenes. Recuerdo al menos desde 1963 asistir a esas funciones, y no nada más era el asistir al cine, era todo el contexto, pues la empresa era operada por la familia Haro Camacho, y todos los que ahí laboraban eran integrantes del Sindicato de Trabajadores de la Industria Cinematográfica (S.T.I.C.), taquilleras, boleteras, proyectistas, publicistas, mantenimiento e intendentes, era pues una buena fuente de empleos. Cómo olvidar a doña Nena en taquilla, doña Chayito, y ocasionalmente sus hijos de boleteros, mi amigo el Chapo publicista, y Ramón en intendencia, don Juan Flores y Juanito Inzunza en la proyección.

Un buen domingo en Navolato en esos años consistía en un viaje a la playa llegar colorado como camarón, asistir a misa de 6 p.m. y vámonos al cine. Parada obligada antes de adquirir el boleto con Jaime y comprar un cartucho de cacahuates con su respectiva sal con chile, chocolate Carlos V o Almonris de Larín, y unos dos paquetitos de 4 chicles por aquello del mal aliento, por si se ofrece. Después, en el intermedio salíamos por un sobre (pastelito de piña o fresa), horchata de Jaime o cebada de don Cornelio. Ya todo dispuesto para ver los estrenos de la temporada, Ben Hur con Charlton Heston en Cinemascope y Technicolor, parecía que los caballos blancos que tiraban las carretas se saldrían de la pantalla, esa tecnología después sería superada por el Cinema 70 (películas en 70 mm). Sólo en Culiacán en el cine Diana y el Cinema Reforma (¿los recuerdan?), desde luego que pasaban infinidad de películas nacionales y extranjeras todas de estreno. Llegaban los carretes en contenedores de aluminio, como los que están en la Cineteca Nacional y se subían a la cabina de proyección. Como fui vecino muchos años y amigo de la familia Haro, tenía acceso a andar de chismoso observando todo, por eso cuando vi la película italiana "Cinema Paradiso" no pude evitar ponerme nostálgico al recordar esos grandes momentos del cine de mi pueblo, y desde entonces es una de mis películas favoritas, la recomiendo.

Siguiendo mi relato, otra parte importante del cine fue LA CARAVANA DE ESTRELLAS DE LA CERVECERÍA CORONA, todos los artistas del momento desfilaron por el escenario del Cine Royal: Irma Serrano La Tigresa, Lucha Villa, Lola Beltrán, El Charro Avitia que tronó la pistola de a de veras al interpretar una canción, Javier Solís, grupos como Los Apson Boys, Los Yaki, Los Xochimilcas, y cómicos la mayoría como Viruta y Capulina, Clavillazo, Chicote, Mantequilla, y tantos más. Pero el acabose fue cuando vino el divo de Juárez Juan Gabriel, no, no, esa tarde noche se estacionó en la calle el Tres Estrellas de Oro y se bajó Juanga con pantalones apretados y acampanados, con un blazer café a cuadros, se le hizo valla con los 4 policías que tenía de turno Navolato en ese entonces, yo ya estaba en casa de los Haro instalado, porque era como de casa y aparte mi abuelo tenía la distribución de la Corona y me daba los pases para mí y mis hermanos. Volviendo a Juanga, todas las jovencitas de esa época querían un autógrafo, y a cómo pudieron lo metieron a la casa de doña Locha y don Octavio Haro, no sin unos cuantos jalones del blazer a cuadros pasó y subió con su guitarra y empezó a cantar "No tengo dinero ni nada que dar..." y lo que siguió fue la locura generalizada, era su éxito del momento y estaba en Navolato el cantante solista de moda, ya se imaginarán, y sé que muchos de los que me están leyendo lo recuerdan. Hasta que un día apareció Raúl Velasco con Siempre en Domingo y acabó con la caravana de estrellas de la Corona. José Afredo Jiménez, La Prieta Linda, Manolo Muñoz, César Costa, etc., jamás volvieron a Navolato. La modernidad se impuso y las nuevas tecnologías hicieron que aparecieran los video clubs, Blockbuster, después Cinépolis, Cinemex, Cinemark y hoy en día Netflix, Amazon Prime y todas las plataformas que conocemos. Se vende el cine, se tira y llega Coppel y ni hablar. El Cine Alameda se convierte en salón de fiestas, del Cine Emancipación no comento nada porque no me tocó vivirlo, ya lo conocí como auditorio de la sección XV del Sindicato Azucarero.

La pregunta que he visto que hacen frecuentemente es: ¿por qué Navolato antes estaba mejor sin ser municipio? Está fácil de responder, no ha habido empresarios con deseos o visión a largo plazo de invertir en una franquicia de una buena sala de cine, cadena de alimentos y servicios o parque de diversiones. El gremio empresarial navolatense es por vocación agricultor o participa únicamente en el sector primario de las cadenas de producción.

Hasta aquí mi relato y reflexión esperando haya sido de su agrado, porque Navolato es y ha sido bonito toda la vida y recuerden LO MEJOR ESTÁ POR VENIR... Saludos.

Nota: pedí autorización a mi compadre, el Dr. Víctor Jesús Haro Camacho, para hacer las menciones de su familia que aparecen en el presente escrito. Descanse en paz mi compadre.

Recuerdos para contar

ADRIANA ACOSTA CALDERÓN "CANA CALDE"

Foto: archivo del profesor Hilario Guzmán Landeros

De las cosas que había en Navolato en nuestra niñez.

Ibas por tortillas con tu servilleta.

Era una vergüenza llevarla sucias, manchada grasienta maloliente etc.

Era rigor encontrarse por las mañanas y tardes a los amiguitos haciendo fila.

A veces era masa para otras cosas, y si no llevabas servilleta te tocaba un pedazo de papel de empaque que a veces no abarcaba y a medio camino ya llevabas despedorrado tu kilo y una gran regañada en tu casa.

Era usual mirar que ponían kilos y kilos en cartones de galletas. El ruidajo de la máquina, uno echando masa y otra haciendo montañitas de tortillas y la despachadora.

Podías sentir el calorón de adentro y ver a las pobres trabajadoras con sus manos llenas de masa y sudando. Me hipnotizaba un trozo de rueda cortada a la mitad que daba vueltas y vueltas. Las tinas con agua y sacos de maseca. Los papeles de empaque detenidos por una piedra, el bote de feria de los centavos, los veintes de antes y pesos. A veces podíamos ver que estaban tratando de comer y su plato de termocrisa con caldito rojo, y su coquita de vidrio.

Muchas veces iba mi padre cargado de mandado para mi madre y nos quedaba enfrente la tortillería.

Martha, mujer morena semi robusta de rasgos gruesos pelo rizado y corto. Mi padre dejaba el bulto en el mostrador y pedía el kilo saliendo de la máquina, nunca de la tina apiladas. Agarraba una y le ponía tres chicharrones y echaba bocado. Le dejaba a Martha un bultito en otra tortilla y ella sonreía.

Teniendo 5 años era los dos lugares que podía ir sola, con ella y con Chenda Quevedo. Ya con 7 años la tortillería se mudó casi por donde estaba la carpintería por la calle bajada del río.

¿Querías refresco?

Tenía uno que llevar su envase. Dejar depósito no teníamos.

Eran reglas que se cumplían o de plano echarse el refresco en bolsita 'nayla' y eso a mí jamás me gustó.

Si había antojo, los cucuruchos de galletas eran lo máximo. Tapaban el hambre inmediata y sobre todo si faltaba bastante para la hora de sentarse a la mesa.

A nosotros, nuestra generación nos tocó la botana de mangos verdes o poposahues. Guayabas, y hasta ahí. Cuando había suerte y nos visitaban en casa, mi madre ponía a freír papas a la francesa y nos ponía un platón para nuestra felicidad.

Estando mi madre que era la mano infame de cero golosinas y refrescos fuimos niños fit hasta su partida. Después ya valió progenitora. A nadie le importaba.

Muchas veces me preguntaron mis hijas qué era nuestra máxima diversión en un pueblo aparentemente aburrido.

Jugar, salirse a la calle y corretear. Jugar a la conea, al bote robado, al pelotazo. Éramos grupos diferentes pues los niños jugaban boliche y otros jugaban a la pelota.

Si bien nos iba recibíamos un trago de agua helada de un vecinito.

Si teníamos bicicleta era otra cosa.

Ya cansados, cayendo la tarde era contar historias de terror.

Esperando nos llamaran para bañarnos y cenar.

Parte de nuestra diversión era hacer mapas con frijoles, pedacitos de papel pintados, colorear etc., para nuestras tareas de geografía.

Era alegría pura que una mamá nos diera naranjas partidas con chilito.

Mangos cortados con sal, pedazos de guayaba enchiladita.

Todos sentaditos en la banqueta disfrutando. Era lo máximo que podíamos aspirar.

Las palomitas eran para el cine.

Recuerdo ya viviendo por la Zaragoza cerca de los Malacón, era una muchachada.

Un plebero de diferentes edades que hacíamos mucho ruido jugando.

Una tarde mi padre sacó una olla llena de elotes partidos que le puso una vara.

Él mismo le puso sal y chile. El héroe sin capa para todos.

Eso eran detalles divinos para nuestra edad. Sobre todo que no cargábamos dinero para irnos a un abarrote.

Por la tarde ya en primero de secundaria de la tienda mi padre me mandaba a la tortillería de los Loya para la cena.

Esas horas entre 5 y 7 eran las peores de aburridas y en cuanto podía me iba al mercado a recorrerlo por cada changarro.

Sólo quería un pretexto para largarme.

Uno de los recuerdos más nítidos es que estando en primaria y podíamos jugar por la tarde con los vecinos, era el juego de té o del abarrote.

Juntábamos paquetes de cereal miniatura, paquetes de galletas vacíos, tapas, platitos etc. y pagábamos con hojas verdes brillantes de árbol. Era el billete.

Nos intercambiábamos ropa de papel, de muñecas de cartón que recortábamos.

Los niños juntaban álbum de estampas de enmascarados o lo que fuera.

Era común escuchar "Ya, ya ya ya, churpia churpia , esa no la tengo!!"

Las calles de nuestro barrio eran nuestras madrigueras, las calles mágicas que hacían de castillos, casas fantasmales, murallas, lo que fuera inventado según el juego.

Las madres de todos nos echaban ojo.

Ningún niño se perdió jugando.

Era el Navolato que todo mundo nos conocía y que todo mundo sabía de todo mundo. Un Nahuatzen bien organizado en el mitote del mercado.

Las salidas eran muy predecibles.

Era ir a la Chata de los tacos dorados. A la chata china. A los churros, a oír música con la Paca.

Había los amantes de la Casita de Dulce pero ya también vivían por el rumbo.

El Navolato polvoriento de calles no pavimentadas. La pipa echando sus charcos y las arañas llevando y trayendo gente y mercancía.

El mercado a veces se llenaba de camionetas de redilas rojas que contrataban los arrendatarios para traer su mercancía, para surtirse y bajar a su changarro.

Cada abarrote tenía su clientela, y era el Navolato de muchas tiendas pueblerinas y abarrotes que surtían a mucha gente foránea.

Éramos un pueblo.

No había un gran supermercado.

No teníamos ninguna tienda que nos evitara ir a Culiacán.

Pero teníamos todo.

Los pay de Jaime, los raspados del Chango, los panes dulces del mercado, los churros, los tacos de Gabino y Pancho Reyes.

Siendo pueblo, había su clase social bien radicada.

No había drogas, y al señor que contrabandeaba se le llamaba "gomero".

Borrachos siempre hubo, inútil poner el dedo porque había cantinas prestigiadas.

Los aparatos eléctricos duraban, estaban hechos para arreglarlos y había técnicos que nos sacaban del apuro.

Era el Navolato que a mis 15 años despertaba tembloroso a un cambio generacional.

Un Navolato temeroso aún.

Tiempos sanos, personas sin vicios, había trabajo porque estaba el ingenio, había siembras, había manera.

Había reglas sociales, bailes, eventos esperados, comercios florecientes.

Hijos respetuosos, de los que besábamos la mano a los abuelos.

Madres abnegadas, profesores con vocación, servicio era la palabra para muchos, el afán de servir.

Había telégrafos, correos, había novias con vigilante, el hermano o sobrino encargado de amargar y de mitotear.

El noviazgo era sagrado. Los padres lo eran más, palabra de nuestros padres era respetada.

Yo no me aburrí, viví intensamente cada época. Se gozaba lo que se tenía.

Iglesia, plazuela, cine.

Muchos de nosotros ardíamos por crecer e irnos, ver qué había más allá y éramos unos pobres estúpidos. Lo que teníamos era felicidad pese a todo. Lo teníamos todo, aunque fuera poco.   Crecer sólo era para ver lo dura que era la vida.

Éramos felices y no lo sabíamos.

Anécdotas, experimentos, hechos vividos y contados por los propios músicos que han hecho historia, y otros datos relativos al rock en Navolato

JUAN FELIPE ALMADA LEY "JUANFE" Y
HERMILO SOTO MILLER "MILO"

Fines de los años cincuenta y principios de los sesenta

Lugares de reunión de los jóvenes de aquellos tiempos donde se oían el rock o la música de rocanrol de covers nacionales y las rolas en inglés. Prevalecían los famosos negritos, discos de acetato de cuarenta y cinco revoluciones p/m. En muchas ocasiones se oían las mismas piezas de manera repetida. Estos lugares fueron el kiosco de la plazuela Vicente Guerrero; la señora que atendió por muchos años la tiendita del lugar fue doña Meche; en los portales de nacho Díaz, donde se llenaba de pura juventud, con un promedio de treinta mesas con sus respectivas sillas, y todos ellos, cada quien a su manera, se manifestaban, ya sea con la algarabía o bailando alguna rola, sin ningún problema o interrupción por parte de los dueños, los cuales se encontraban encantados por el gran consumo juvenil y por la armonía prevaleciente; sin olvidar la tienda de las hermanas Duarte, las *Cuatitas*, las tías que tenían en su pequeño pero confortable lugar un ambiente para platicar, noviar, flirtear; claro, con música de fondo; algunas veces balada rock y otras ciertos rokanrolitos más dinámicos hasta llegar a las rolas más rítmicas de aquellos días.

En estos lugares podías oír lo más novedoso y calientito de la música internacional, en un ambiente agradable y amistoso, con una gran filia y vocación de servicio por parte de nuestras tías; donde se encuentren estas grandes damas va nuestro más connotado respeto y admiración por su gran entusiasmo y afecto para con los jóvenes.

Estos tiempos fueron cruciales para los nuevos elementos de la sociedad, o sea nosotros, incluidos vosotros. Creamos un muy buen impacto en algunos jóvenes y fuimos un factor determinante en la formación de sus propias vidas.

Anécdotas del grupo La Leyenda

Venían de cumplir una tocada en la Mutualista de Occidente en la colonia Ejidal de Culiacán; viajaban en una camioneta viejita de los años cuarenta, de esas de caja con redilas y enfrente unos guardafangos voluminosos. Antes de llegar a San Pedro se le salió la llanta trasera del lado derecho con todo y su eje, con la consiguiente zangoloteada de todo el equipo, elementos del grupo e instrumentos. Quedaron embancados a mitad de la carretera, y luego del susto vieron que la llanta los rebasaba y algunos se animaron a seguirla hasta que detuvo su marcha, motivando una carcajada general de los integrantes del grupo.

Anécdotas de la Banda de Amor y Paz (Peace & Love Band)

En cierta ocasión fueron contratados para una fiesta de quince años en Villa Ángel Flores La Palma. La festejada quería que fuese un grupo de rock y el padre de la quinceañera, enterado de que en Navolato tocaba un buen grupo de rock, asistió a una de sus eventuales tocadas en el kiosco de la plazuela. Los roqueros se extrañaron de que el señor de aspecto campirano (era agricultor o ganadero) los escuchara con tanta atención. Entonces se acercó uno de los integrantes del grupo para preguntarle qué se le ofrecía; hacía rato que el grupo había terminado de tocar y se encontraban levantando el equipo. El señor les dice que viene a buscarlos porque su hija tiene preferencia por la música moderna, ya que había visitado en varias ocasiones los Estados Unidos y asistió por allá a algunos convivios y conciertos de rock en vivo que confirmaron su gusto musical. En fin, fueron contratados, y los muchachos quedaron de estar listos el día señalado. Vino por ellos un trabajador del ganadero en una camioneta que se descompuso en el trayecto.

Como el conductor les dijo que La Palma estaba cerca, los jóvenes músicos y compañía viajera se dieron a la tarea de cargar su equipo en los hombros. Atravesaron parcelas y sembradíos, bordos de canales y se dieron cuenta de que la distancia no era corta. Después de sudar bastante y empolvarse de un fino aluvión, luego de mil dificultades lograron llegar al sitio de la tocada, la casa de la quinceañera. Provocaron con su arribo una gran expectación por su forma de presentarse: con los instrumentos sobre los hombros y todos polveados y exhaustos.

Pero fueron recibidos de inmediato con suma atención, y no dejaron de preguntarles el porqué de su llegada en esas condiciones. El líder de la banda contestó que la camioneta había sufrido un desperfecto y que el chofer les había dicho que el lugar estaba cerca. El ganadero se enojó.

Los músicos instalan su equipo, se levantan, toman un refrigerio reponedor y exquisito e inmediatamente sin reposo alguno se disponen a tocar y empieza la música viva. Por la forma en que los muchachos desarrollan sus interpretaciones obtienen una justa aceptación de los jóvenes asistentes, que venían a la fiesta de algunos estados del país y principalmente de los Estados Unidos; algunos de ellos eran parientes de la festejada que manifestaron en su mayoría el reconocimiento a la calidad interpretativa del grupo, sobre todo por los covers en inglés.

Les solicitaron éxitos de los Creedence, como Born on the Bayou, Down in the Corner, Proud Mary, Cotton Fields, Lody, Who, Stop the Rain y además otras canciones de Los Beatles, Santana, Who y Rolling Stones, rolas como Satisfaccion, Honky, Town, Woman, Jumping Jack Flash, In-A-Gadda-Vida, de Ironbutterfly, Yor Really, Got my de Los Kinks, La casa del sol naciente (The House of the Rising Sun), Samba pa ti, Oye como va, Caminos del mal, Guajira, La bamba, Europa, Mujer de magia negra, y otras de Santana, también éxitos nacionales.

Los músicos y el público asistente consideran esta presentación de la Banda de Amor y Paz como un parteaguas cultural. Esta tocada es considerada como un hecho de suma trascendencia. En las posteriores visitas a esta localidad los jóvenes recordaban esta actuación del grupo con mucha vehemencia (gusto y placer), a otros grupos posteriores que llegaban a tocar se les recordaba este hecho.

[De *La historia del rock & roll en Navolato. Edición conmemorativa, revisada y ampliada*, Juan Felipe "Juanfe" Almada Ley, Hermilo "Milo" Soto Miller y Pablo Sáinz-Garibaldi, La Poltrona, San Diego, 2021.]

Recuerdos de ayer: personajes de nuestra tierra

MARCO ANTONIO URÍAS TABOADA

"Las Arañas"

Foto: archivo de Rudy Mendoza

Las "Arañas" eran vehículos artesanales, parecidos a los carruajes antiguos, que eran jalados por caballos, bajo la conducción de una persona que controlaba el animal con unas cuerdas. En Navolato había varios arañeros: Jesús "Chuy" Torres, Lorenzo "Lorenzón" Torres, Guadalupe Olivas, Francisco "Chico" Medina, Lorenzo "Lenchío" Medina, "Quiche" Olivas, Felipe Escobar, Apolonio "Loñío" Olivas, Martín Herrera, mi padre José "Che" Urías, que manejaba "La Calandria", y mi abuelo Octaviano Urías que manejaba "La Golondrina". Mi papá siempre traía su araña impecable y con sus mejores caballos. Al dejar mi abuelo Octaviano "La Golondrina" mi abuela me la prestó y la arreglé, y en esa anduve trabajando algún tiempo por todo el pueblo. Una de las cosas más gratas que recuerdo es que yo era el transporte escolar de las gentes pudientes; llevaba al colegio a sus hijos, ese era mi fuerte. Había otros que llevaban a los niños a la escuela Benito Juárez, a otras escuelas, pero yo los llevaba al Colegio. Llegué a llevar y traer a la escuela hasta 23 niños, me iba muy bien. Llevaba a los hijos del Rey Rodelo, Enrique Leal, Polín Acosta, Ramón Leal, entre muchos otros. Era muy interesante la responsabilidad que tenía de tanto chiquillo, y que gracias a Dios nunca tuve ningún percance. Todos se portaban muy bien. Una de las cosas que recuerdo con mucho agrado es que me tenían mucha confianza y respeto los papás y los niños.

"Las arañas" desaparecieron como a principio de los 70s, ya que don Francisco Ramírez consiguió apoyos para que los arañeros pudieran comprar unas camionetas pickups y que fueran habilitadas para transporte, sustituyendo a "Las Arañas".

Don Belem y los burros
Ese día, muy temprano estaba chambeando en mi araña en la esquina de "La Mariposa", a la hora cuando se acercaban todos los vendedores de los ranchos y del pueblo. Pues resulta que llega don Benjamín, amarra a su burro y a un lado estaba una burra. El burro estuvo forcejeando para soltarse por querer enamorar a la burra, se suelta el burro y empezó a fajar sobre la burra amarrada. Pero la burra también forcejeó, rompió el mecate y se arrancó para el lado donde estaba su amo. Al copular, pasan por encima de donde estaban muchas cazuelas de barro y hacen un quebradero. El dueño de la

vendimia de esas cazuelas pide que le paguen el desastre que le hicieron los animales, solicitando 120 pesos por los daños. El dueño de la burra decía, ¿yo por qué te tengo que pagar? Si el burro fue el que se soltó y fue a molestar a mi animalito. Los dueños de los burros no se ponen de acuerdo, y el síndico pasa el caso con el juez don Belem Torres.

Al platicar con don Belem los dos estaban renuentes a pagar, por lo cual finalmente les dijo: Bueno, como no se llega a un acuerdo voy a tomar la decisión y tienen que pagar por los daños. ¿Quién es el dueño de la burra? Yo, contesta el dueño de la burra, y no tengo por qué pagar nada. Don Belem dice, no, tú vas a pagar 80 pesos, y el dueño del burro 40 pesos. Benjamín, el dueño del burro, le dice, Pues yo estoy de acuerdo, pagaré los 40 pesos. Y el señor de la burra enojado le pregunta al juez, ¿Por qué yo voy a pagar más que el del burro, si el burro fue el que causó que mi burra se soltara? Yo la tenía bien amarradita. Don Belem Torres con su magistral sabiduría le explica: Mira, los daños son por 120 pesos, y lo hicieron con las patas. La burra estaba en cuatro patas, y el burro en dos. Son 20 pesos por cada pata. Entonces a ti te toca pagar 80 pesos y al dueño del burro 40. Así resolvió don Belem el problema de los burros.

Los policías rurales

En esta historia del Ingenio Azucarero recuerdo que don Miguel Ángel Suárez era el director general, y el gerente don Jesús Serrano Peralta. El encargado de la seguridad era don Cipriano Fuentes. Entonces, había un conflicto gremial de cañeros, y desde muy temprano tomaron las oficinas. Tenían ciertas peticiones. Me acuerdo que llegó don Miguel Ángel y no entró, para no dar cabida a que estuvieran presionando los cañeros, pero dejó órdenes a don Cipriano: si alguien de los jefes de alto rango de la administración llegaba, que no dejará entrar a nadie. Luego más tarde llega don Jesús Serrano, el gerente general, y quiere entrar.

Foto: archivo de Rudy Mendoza

Don Cipriano se le para enfrente y le dice que no puede entrar. El gerente le replica, Cipriano, pero qué te pasa, soy el gerente. Don Cipriano siempre andaba con el cigarro, le da una larga fumada y le contesta: don Jesús me va a perdonar, pero hace rato vino don Miguel Ángel y me dijo que no quería que entrara nadie, ni al gerente.

Esta anécdota la recuerdo mucho porque don Cipriano tenía alto rango como policía rural, y al mismo tiempo era jefe de guardias de la fábrica. Los policías rurales eran muy respetados en aquellos tiempos. Esta policía desapareció conforme fueron falleciendo, porque creo que eran rangos vitalicios. Entre los policías rurales que recuerdo, además de don Cipriano Fuentes, está Eduardo López Casillas "Valeguarro", Heriberto, José Santos Rojo, Ramón Chávez, y Pablo Urías.

Personajes de Navolato: grandes valores

De los personajes valiosos de nuestro pueblo recuerdo a Nello Paperini y don Antonio Bonifant Garibaldi. Ambos tenían mucho espíritu de servir a la gente, eran filántropos, así como don Luis Ruiz, que les gustaba mucho ayudar. En ellos destacaban el don de servicio, el apoyo a la comunidad. Incluso a don Nello Paperini se le recuerda porque él organizó los Juegos Estudiantiles Intersecundarios en el 66. Fue un evento que tuvo mucha aceptación y fue muy bien visto.

Otro de los personajes fue el Dr. Fortino Cuéllar, muy querido por toda la gente, con un sentido humanitario gigante. Otros médicos que recuerdo que apoyaban mucho a todos fueron Ramón López, era muy buen médico por cierto, el doctor Rubén Zazueta, que todavía tuve razón de él hace poco. Se fue de aquí a vivir a Guadalajara. Ellos son previos al doctor Quintero, al doctor Mercado y otros muy buenos médicos de espíritu social que surgen después.

Otros personajes que bien vale la pena mencionar son: don Belem Torres, que ya se ha hablado mucho de él, algunos Síndicos Municipales, Aurelio Ponce de León, Lorenzo Morachis Estolano, Teófilo Coronel, Audelio López Valles, Alberto "Chito" Medina, a este último se le recuerda por aquel Grito de Independencia cuando dijo: "Si no fuera por el de atrás ya nos hubiéramos muerto", refiriéndose al Padre Miguel Hidalgo y Costilla.

Entre las personas que contribuyeron al desarrollo educativo podemos hablar de Carlos Ramírez, Dr. Jesús Quintero Pacheco, Nachito Hion Redes, Audelio López Valle, Jesús Arturo Alcaraz Soto, Jesús Guillermo Chucuán Soto, Eliseo Galaviz, Mario Pérez Zazueta, Dr. Emilio Ornelas, Profe. José María Uribe, Ernesto Acosta Amarillas ("El Chupas"), Cristina Salazar, Profe. Gilberto Concilión Rivera, quien se distinguió por formar la Escuela Secundaria Nocturna. Es justo recordar al Profe. Dámaso González, que fungió varios años como director de la secundaria, y gracias a él se facilitó las instalaciones para recibir clases en la secundaria nocturna.

Vale reconocer también el maravilloso trabajo que realizaba la Profra. Josefa "Chepita" Félix Estrada, ya que de manera gratuita desarrolló una campaña de alfabetización a muchos niños, jóvenes y adultos en jornadas nocturnas, ahí en la escuela Benito Juárez.

Por otro lado, don Heriberto Montoya apoyó mucho a la Escuela Preparatoria cuando recién se fundó, la cual era de cooperación y sus estudios eran reconocidos, pero aún no se fusionaba a la Universidad Autónoma de Sinaloa. Recuerdo que en los inicios de la escuela preparatoria andábamos como húngaros errantes recibiendo clases, porque estábamos en el edificio que en un tiempo estuvo la Cruz Roja, y su dueña, la profra. Lucila Achoy, nos corrió porque no se le pagaba la renta, y estuvimos por algunos días tomando clase en la plazuela, en ocasiones en "La Botella" y otras en el kiosco. De ahí nos fuimos a la cuartería de don Manuel González, rumbo a la bajada del río, haciéndose cargo del pago de la renta el señor Heriberto Montoya. El primer director oficialmente reconocido de esa primera preparatoria fue Ignacio López Estolano. Años después la Preparatoria se fusionó a la UAS y el primer encargado de Dirección fue precisamente Ernesto Acosta Amarillas.

También hubo personajes muy valiosos que contribuyeron al desarrollo de Navolato, entre otros, Nachito Hion, Enrique Ruiz Alba, quien fue director y fundador del primer periódico impreso "El Costeño", en tiempos de efervescencia política, cuando por primera vez surgió un grupo disidente al PRI, por allá en 1965, liderados por Enrique Peña Bátiz, "El Gallo de Oro". Se recuerda una disputa interna por la Presidencia Municipal de Culiacán, como candidatos Alejandro Barrantes Gallardo y Ernesto Higuera López, el primero era el candidato del ya famoso "dedazo" y el segundo era el candidato del pueblo, de los jodidos pues; por cierto, algunos que apoyaban a Higuera López fueron encarcelados políticos por el entonces Presidente Municipal de Culiacán Benjamín J. López, siendo gobernador Leopoldo Sánchez Celis. Fueron varios encarcelados políticos de Culiacán y de Navolato como sindicatura. Recuerdo que algunos de ellos fueron Enrique Ruiz Alba, Nachito Hion, Alfredo Arciniega Retes, Guadalupe Zavala, Aurelio Araujo Valenzuela, Nacho Díaz y otros la libraron, como don Antonio Bonifant.

Igual es bueno mencionar algunos personajes que son parte de nuestra historia como Jaime Corrales, famoso por el agua de horchata de arroz y los sabrosos pays de queso; don Cornelio por su rica cebada, el Chapo, don Chuy Corrales, por su ricas quesadillas y carne asada, todos ellos frente al Cine Royal. También otros recordados personajes urbanos como Félix Salas y don Tranquilito, que vendían agua para uso doméstico en barricas tiradas con burros; el primero, después de barriquero se dedicó a la venta de tamales con su particular grito de ¡Tamales de cochi, de piña y de puerco! Otro muy famoso fue el "Chiflaburras", que se dedicaba a vender arena traída del río para construcción. Nacho Cubetas era otro personaje folclórico en el mercado, y así hay muchos que eran muy apreciados por el pueblo.

Policías muy famosos: "Chico Mijo", cuyo nombre era Francisco López, Rafael Higuera, Miguel Samaniego, fueron de la época de la primera patrulla aquí en Navolato, bien conocida como "La Perica" y "La Pequeña Lulú".

Las mujeres bellas y valiosas de Navolato...

Por allá a finales de los años sesenta hubo unas muchachas muy guapas. Recuerdo, por ejemplo, a Marcela Zavala, fue reina del carnaval. Ella vivía por donde está el Discopatín, para adentro. Margot Acegada Armenta, muy bella muchacha que también fue reina de las fiestas patrias. Ella trabajó como empleada de comercio. Su papá era un líder de ejidatarios que andaban buscando tierras, pero luego se fueron de aquí toda la familia. Había otra que se apellidaba Ochoa, no recuerdo su nombre. Su papá era el dueño de una mueblería que se llamaba Guadalajara, que estaba donde está hoy la Casa de la Cultura de la Prepa de la UAS, ahí donde están los tacos Chepes, contraesquina de la plazuela. Era una buena persona el señor y la señora, y su hija era muy bella.

Navolato se distinguía por ser semillero de buenas y hermosas muchachas, pero también de extraordinarias señoras que brindaban nobles servicios a la comunidad. Algunas de las que recuerdo son a doña Eloísa Tapia, doña Ramoncita Montes y doña Edwviges, que eran las parteras del pueblo. También había otra muy querida de apellido Coronel. A esas señoras las recuerdo mucho porque yo las llevaba en araña a atender los partos. A la hora que les hablaran, ellas estaban siempre dispuestas, y me hablaban a mí. Iban y me tocaban la puerta de la casa y me levantaban. Yo alistaba el caballo en la araña para llevarlas y ahí las esperaba hasta que parían las embarazadas. Las parteras eran señoras muy queridas, apreciadas y respetadas.

Testimonio de vida

SERGIO NAVARRETE CUEVAS

Sergio Navarrete Cuevas

Después de la muerte de mi madre me fui a trabajar a los Estados Unidos, me salí de la prepa, me fui con un equipo de béisbol, y me nombraron como pitcher. Como me habían negado la visa antes, pues me dieron el crédito ahí y pasé. Muy plácidamente me fui a sacar permiso. En la ciudad de El Monte, California, me recibieron mis tíos Luis y Eugenia Maciel, quienes me trataron muy bien. En corto tiempo empecé a trabajar en una empresa, y sin saber nada, ya era soldador, operador de troqueladoras, y hacía muchas funciones en esa empresa propiedad de un alemán, de nombre Joe Ambruster. Recuerdo que el primer carro que tuve allá fue un Impala Supers Sport 65,

407

me sentía soñado, me iba a dar la vuelta donde iban los lowriders, me sentía como en la película Boulevard Nights. La verdad, trabajé mucho pero me la pasé muy bien. Después de chambear allá 18 meses me regresé, y en ese tiempo, viniendo de Estados Unidos, siendo un vaguillo que jugaba y practicaba aquí en Navolato deporte, vendía donas y era ameno y llevado, pues ya venías tú con otra actitud, vienes del primer mundo, con gabardina, con tus tecatos, tus tenis converse, las mejores barcas ya tenía. Te hacías ya un vato diferente entre los que comúnmente convivíamos, los populis.

Al tiempo empecé a trabajar acarreando caña en una Dina 210, con dos carretas, y me dieron el crédito, curiosamente me dieron sin tener licencia aquí, porque tenía licencia de California. Me dijo un amigo que se llamaba Chuy, ven, ensámblala en el tractor, y lo enganché a la primera, subí las patas y ahí voy en chinga. Me fue muy bien, trabajé, me enflaqué mucho, porque pues, no tenía mamá, mi papá estaba ya aquí amputado y los niños todos estaban más chicos, y era madrugar y llegar muy noche, porque eran viajes desde Eldorado y Costa Rica. Ya después, allá en esa chamba le cortaba el cabello a la gente, a los operadores, y empezó mi vida de estilista, aunque ya les había cortado el pelo a mis hermanos para no gastar dinero en eso.

Recuerdo que cuando estaba chico, después de vender donas todos los días entre semana, también los sábados y domingos vendía paletas en los ranchos. Cuando tenía hambre en la noche llegaba a agarrar el cajón de bola, me iba a emergencia del IMSS, sacaba mi dinerito y me iba a comer con Chepe el taquero, ahí enfrente del Club de Leones. También trabajé en el ingenio, y abriendo zanjas en los canales para meter bombas charqueras. En una ocasión veníamos en un Internacional 510 que no traía placas, era un día lluvioso, me vine por el bordo del canal, después de sacar grava en Yebavito y me volqué, venía Martín mi hermano conmigo, estaba rebozando el canal. Luego salgo del agua y no encuentro a mi hermano, y me quiero meter cuando ya salió, lo abracé y dije, no, un dolor de estos a mi padre no lo aguanta, y es que ya había muerto mi madre. Ahora tengo cuatro hermanos que son pastores, casi todos asentados en la religión apostólica.

Tiempo después, empezó la primera generación de Conalep, ahí conocí a Héctor Abel Tirado Sánchez, quien me dijo, hay una plaza de intendente en Recaudación, y pues, tarde que perezoso, por mi carisma, quizás porque le caí bien, ahí estuve en recaudación. Cuando se abrió La Costera tenía tanta injerencia con el recaudador que me dijo, Navarrete, búscame a tus amigos, a los que tú quieras para darles chamba, para que estén en todas las casetas de aquí alrededor, para que trabajen contigo. Ahí conocí a Lalo Gallo Elizalde, conocí a tanta gente, porque era muy dinámico. Siempre me acercaba con el buen trato de servir, la buena atención de dar, siempre servicios, y así fue mi vida. Después puse mi renuncia irrevocable en Recaudación, habiendo tenido tantas experiencias, logros, y vivencias muy bonitas,

La hemos hecho de todo, mesero, paletero, bolero, vender dulces, chocolates, cigarros en Semana Santa, toda la vida trabajé y hasta la fecha, ahorita estoy aquí en la estética. Como profesionista de estética he representado a Sinaloa, he ido a Sonora, he trabajado en la Expo Latino, con una empresa que se llama Chenise Beverly Hills, he trabajado para Mochimo, Hayachi, Imagen de México, Rayburn, hemos estado en plataformas, en muchos lugares. La única ocasión que se trajo un evento estatal aquí a Navolato lo hice en conveniencia con Icatsin, en Alameda Palace, vino Jesús Bernal, Lupita Montelongo, José Millán, Maricela Graciela, esposa de Jesús Mariza, hicimos pasarela con

Novia's Meeting, fue un evento de talla estatal. Y la única vez que lo trajimos me apoyó Rita Morachis, quien fue mi esposa, muy bonito evento. He tenido muchas satisfacciones, he viajado mucho, he ido a muchísimos eventos en Las Vegas, en Long Beach, en Pasadena, en Centro Comercial de Los Ángeles, he trabajado en Carolina del Norte, en un sinfín de lugares. Muchas satisfacciones he tenido en ese ramo, pues fui a los eventos nacionales en México, pues todo lo que hay, he estado con muchas firmas, he estado con muchos seminarios, muchos desarrollos, y hasta la fecha he tenido muchas satisfacciones aquí en mi Navolato querido, tan querido que nunca lo he dejado a pesar haber tenido la oportunidad de estar en lugares mejores, económicamente hablando.

Mi vida ha sido muy dinámica, con mucha participación en todo; la vida me dejó en libertad de cuenta, pero siempre en lo positivo, siempre haciendo el bien, siempre atento y buen ciudadano. Creo que he dejado buena huella con mis hijos, tengo buen crédito con mi familia, con mis diez hermanos, y creo que soy la punta de lanza en muchas de las cosas que ellos ahora son exitosos, porque siempre he tratado de ser un buen ejemplo.

Siempre me gustó mucho el deporte, incluso llegué a tener un segundo lugar estatal en Tang Soo Do, en 70-80 kilos, cintas amarilla-verde, en Culiacán, en el Parque Revolución, que, por cierto, Juan José Acosta también participó en aquel tiempo; también tuve, en la primaria, en el sexto año, un tercer lugar estatal en 100 metros planos, en Mazatlán, y me gustaba el basquetbol, la natación, casi todos, nomás para el futbol nunca la hice.

Recuerdo que siempre andaba en el Club de Leones en las tardeadas, porque algo de las cosas más importantes para mí es bailar. Organicé tardeadas, discos, eventos y siempre hasta la fecha estoy en el Grupo Retro y soy de los primeros que andan bailando. Organicé la primera reunión de la secundaria en el año 2000, cuando convoqué a todos mis amigos un 28 de diciembre del año 2000, y hasta la fecha, cada 28 de diciembre se festeja la generación 75-78. Mi esposa que le llevo 30 años, a veces se me raja, y ahí me voy solo a bailar, pero es muy linda y comprensiva conmigo. La quiero mucho.

Ahorita lo principal es que quiero sembrar muchos árboles, convocar, invitar a la gente, dejar un legado, y sobre todo lo principal: que mis hijos sean testigos de lo que estamos haciendo, para que ellos continúen las buenas obras para Navolato. Con todo lo que tengo ahorita, tanta hermosa familia, hermosa esposa, niños hermosos, y una hija grande hermosa, hay que chingarle duro, no hay de otra, tengo que estar al tiro por ellos y a mejorar.

Por todo lo que la vida nos ha dado le quedamos debiendo, de verdad.

Proyecto Navoyork

CARLOS CUEVAS

Foto: archivo del profesor Hilario Guzmán Landeros

Tenía tiempo sin publicar, y tenía muchas ganas de darle forma a esta sección, aprovecho el aniversario de este bello municipio, espero les guste, se trata de todo lo relacionado con Navolato, no soy experto en el tema ni mucho menos lo inventé, su gente, sus lugares y su infancia, todo fue una pequeña investigación de gente conocida mía y decidí hacer esto, aclaro que puede que contenga algunas fallas o errores. Espero y contribuyan.

Compaye: señor que vendía nieve de garrafa, cambiaba nieves por envases de "caguamas" muchos padres de familia se enojaron porque no encontraban sus envases, su dicho cuando vendía nieves era "con gallito compaye".

Doña Tere: tenía una cenaduría detrás de la iglesia San Francisco de Asís, decían que estaba rica su comida, a su hija le decían la "Martona".

Chata Quevedo: era muy conocida por sus tacos, le decían los tacos regañados porque siempre salías regañado (cuentan las historias) y que te daba un caldo frio.

Baudilio: tenía una mercería, la cual vendía hasta lo que menos te imaginabas, ahí en ese lugar laboraba el "tian".

Romelia: una señora muy guapa, siempre bien peinada con su copete.

Doña Úrsula: el menudo al que nadie podía faltar, su local establecido en el mercado hidalgo.

Donas de "Alí": señor que vendía donas, también era monaguillo en la iglesia San Francisco de Asís, dicen que se enojaba mucho, él daba los rosarios en los funerales.

El "Chino": señor que se dedicaba a vender frijolillo.

La cebada de don "Cornelio": señor que se dedicaba a vender aguas frescas, agua de "cebada".

Cebada de "Villarreal": se dedicaba a la venta de aguas frescas afuera de la iglesia, te vendía pan en sobre.

Don "Jaime": vendía tacos de cabeza en la esquina de las oficinas de Recursos.

Cooperativa de consumo de los obreros: se encontraba en la esquina de Ángel Flores e Hidalgo, atendía el "Chepe Varela".

La "Güera Atolera": era famosa por su gorditas de queso.

Raspados "El Chango": vendía nieve de garrafa y raspados, la carreta la jalaba una burra, todavía se venden sus famosos rapados, cebadas y nieves, su especialidad "changuley" elaborado con cebada y nieve de garrafa, muy bueno recomendado.

Doña Chayo Díaz": vendía asado por la calle Hidalgo.

Atoles: de con "doña Gollita" y también con "doña Brígida con deliciosas gorditas.

"Chololo": hacía y vendía los famosos churros Machuca.

"Miguelito el Ciego": tocaba melodías con una hoja de árbol.

"Doña María": vendía leña y petróleo para las "cachimbas".

"Don Silvestre": vendía cocos y rentaba cuentos.

"Nacho y Licha": tenían una tiendita afuera de la escuela Benito Juárez.

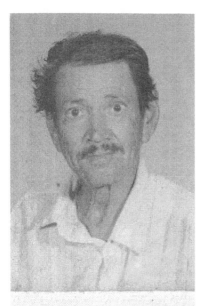

Chololo de Churros Machuca

"El Mapache": vendía tacos y quesadillas.

Magui Pollo: vendía pollos frente al IMSS.

"El Lobo": vendía frente al IMSS tenía su frase "ahí vine el lobo".

"Lugo": era el encargado del panteón, vendía los vasos de las veladoras que había en el panteón, la gente decía "Ya me voy pa con Lugo".

"Don Apolonio": tenía una carreta la cual llevaba a los niños al kinder.

"Don Ángel": vendía paletas dentro de la Benito Juárez.

"Tito Gil": vendía los mejores esquimos del Mercado Hidalgo (eso decían).

"Magali": le gustaba los niños y corría, se vestía de enfermera, le gustaban los doctores, era muy coqueta, su frase "compañerita".

"Doña Tere": famosa por sus asados.

"El Media Vuelta": le gritabas "media vuelta" se giraba y seguía su curso.

"Chiflaburras": le chiflaba a las burras y hacían caso, era la góndola oficial de arena del municipio.

Doña Paca: atendía el kiosko en la plazuela.

"El Clavo": cuando se ponía hasta el tope, iban por él en una carreta.

"Don Agustín": vendía coco y jícama afuera de la Escuela de los Mangos en la colonia Ejidal.

"Jaime": vendía pay y horchata en el Cine Royal junto al Chapo y al Pelón.

"Fritangas Nangas": de don Felipe Soto.

"Juan López": tenía un molino, hacia pinole.

"Don José Ríos": vendía de todo en el Mercado Hidalgo.

"El África", "Caracas", "Piriguas", "doña Elvira", "pan de los Cisneros", "profesora Lucila Achoy", profesor Concilión, Chato Garibaldi, "Merminia y Eudilia", "don Chuy", "El Colorín", "El Veletas", Dr. Fortino Cuéllar y su enfermera "Chalina", Pizzería Disco Roller, Papeleria Zuzuki, Fichas Center, tardeadas en el Alameda, Guasón y la Casita de Dulces, maquinitas El Rayo, Tacos de Chepe, El Matute, Club 20-30, Cine Royal , el "Cebadín", don Félix vendía nieve de ciruela, "El Salas", "el Cometa", "Yemo", "Javier el de los lápices", Tortas "Galán", La Copa de Oro, don Belem Torres, Botica San Francisco de don José, el ferrocarril, el Mon, donas de don Navarrete, donas de Gabrielón, Condorito el tránsito, Pancho el fotógrafo (Blanco y Negro) así le decían por su vestimenta, la Berta, botica de don cuco , los pirulines, raspados en forma de pirulín, kekis del mercado, Pipiripaú, el Amarrado, el Monchi, Zapatería Urías, Zapatería Díaz, el Verde, Padre Alejandro, Cuachi, Peluquería El Rizo de Oro, Julio Cocas, don Nello Paperini, Amadito Chacacucua, Güero Wulfrano, don Mariano, Cosme Retamoza, el Jabalí ,el Chelis Chelis, las bebelamas, Venancio del Cochambre, Pánfilo, el Morsa, Chayito Cebollas, Bilín, Chilo López, Cheo el payasito, Mascafierros, jalar la caña de las carretas andando era una odisea, pelar la caña con los dientes, cuando pasaba la pipa la seguíamos para mojarnos y llenarnos los pies de lodo, ver caer "negritos", restaurante Macho Prieto, Zapatero Loco por la Hidalgo, los Estolano, discos Cachito, Dragón Rojo de la Güera Plata, dormir afuera en catre con pabellones y ver las estrellas, correr por las nieves y cambiarlas por envases de cerveza, bañarse en el canal, ir a tirar (cazar con resortera por el rio), los tirabolitas (era la boquilla de un bote de agua , un globo, ligas y las bolitas eran las pingüicas), pescar en el canal y sacar cauques, cruzar canales en troncos de madera, jugar a bote escondido, bombardero, brincamecate, matatena, stop, cebollita, la conea, los congelados, balero repleto de tachuelas, zapatito blanco, rápido o lento, mariposita blanca mariposita azul, el avión (peregrina), calabaza partida , changaray, elástico, canicas, trompo, cero cero por chapucero, los colores, gallina ciega, a la víbora de la mar, las dominadas, sanguinario.

¡Saludos, gente, y que tengan excelente día!

Del viejo Navolato: recuerdos, antojos y más

ALBERTO CORDERO MILLÁN

Doña Nena y su hija Vanessa

Qué tal unos tacos dorados de Doña "Chata Quevedo", un plato de pozole con Doña "Coty de Chaflan", unos tamales de elote con "Toñito" el tamalero de la colonia de los Álamos por la calle nueva (hoy Niños Héroes), un caldito de pollo en la madrugada con "El Cocoy", unas tostadas con "Guerrero " en Juárez esquina con el callejón de El Suspiro (hoy calle Emiliano Zapata), una rica dona del "Chinito Ali", unas carnitas de puerco en "El Taquito" de Don Gabino Burgos, una bolsa de frijolillo de la canasta del "Chino" Chano, unas enchiladas o tostada de pata con Doña "Nena" por la Hidalgo, un atolito y tortitas de masa con Doña "Güera Atolera" en el mercado, un menudito con Doña "Lupita" en el Mercado Hidalgo, unos taquitos de caguama o quesadillas en "Tacos Joven" de Pancho Reyes, una milanesa en el Restaurant "Pekín" Morelos y Macario Gaxiola, una cenita con la "Chavela" Astorga por la Macario Gaxiola, la renta de cuentos y revistas con las Hermanas Estolano por la Juárez, un litro de petróleo o un poco de carbón con la familia Reátiga por la Ángel Flores, unas donas azucaradas con Don Lupe Llanes, un trozo de chicharrón de cerdo con salsa picante con Don Rubén Alvarado, un rico asado con Doña "Chayo" Diaz, una jarrilla de leche en la carreta de "King Kong" Lagos, unas enchiladas con Doña María Rivas en Almada y Ángel Flores, un Pay de queso y horchata con limón de Jaime Corrales en el Cine Royal, unos tacos de cabeza con el "Jimmy" Jaime Mendoza en Recursos Hidráulicos, un mandadito con Benja en el mercado, unos huaraches con Doña "Titi" Zazueta en el mercado, una nieve con cebada (Changule) de la carreta jalada por la burra "Floripondia" del "Chango" Gastélum, unos tamales de cochi con Doña "Monini" León, una botana en Restaurant La Roca de Amparo Ochiquis y "El Pechereque" por la Almada, un refresco con galletas del puesto de Doña Concha Cordero dentro de la secundaria Eva Sámano, un coco con su respectiva agua con Don Fili García frente al IMSS, unas tortas de pierna con "Cuco" López Martínez por la Juárez, una despensa de la Cooperativa J. Raúl Rivera atendida por Chepe Varela en Hidalgo y Ángel Flores, unos mariscos en la carreta de Oliverio Cabanillas, una paleta de gallito con los Velázquez de la Nayarit, una función de matinée en el Cine Royal, un caldo de gallina con Don Chico Uraga, un mandadito en la tienda de Poncho Rangel Cuauhtémoc y Niños Héroes, unos tacos de carne asada de con Chuy "Mapache" frente al Cine Royal, una asadera con Don "Chuy" Jesús Gastelum, un esquimo de "La Tarántula" de Tito Gil, una horchata con Don Cornelio Gómez en el Cine, un rico esquimo con la "Naty" Astorga en el mercado, un rico pollo asado de "El Pipiolo" frente a la secundaria, un pan calientito con Don Nilo Buelna en calle nueva y Juárez, unos ricos hot dogs en el carrito del señor "Chayo" Arias afuera del Cine Royal, una rica nieve de "La Tapatía", una ricas tostadas con Las Güeritas cerca del MZ, unos tamales de seso de Doña Laya, una película nocturna en el

Cine Alameda, una ropita de segunda con Doña Reme, un tamalito de piña o de puerco del señor "Salas", unos camarones en la carreta de don "Chepe" por la calle nueva (Costerita o Niños Héroes), unos ricos sobres (panecillos) y agua de cebada de "El Capo" Hernández el que pintaba también los cartelones de las películas afuera del cine, una quesadillas sincronizadas con Sarbia Meza junto al club 20-30, donas azucaradas de Chano Llanes afuera de la secundaria Eva Sámano, un rico queso o asaderas con Don "Chico" Gastélum, un mueble en Discomsa por la Juárez, una compra de mercería con Tanamachi, un chop suey en el restaurant "Imperial" con la familia Chin Ley, la renta de revistas con los peluqueros Don Carlos, Cesar y Mario Rangel, un mandadito de abarrotes "Lupita" de Isaías Plata y Lupita, un

evento cultural en el Cine Emancipación, una cenita con Irma Ramírez frente a la plazuela, un mueble en Supertienda Paperini, unos zapatos en Zapatería Urías, comprar un buen libro o revista frente al Cine Royal, comprar golosinas al salir de la escuela con Licha de Nacho Diaz, unas patas de mula en la moto de "El Mudo" de El Zanjón, un mandado a la Conasupo junto a la secundaria Eva Sámano, unos panecillos en Súper Pan, un mueble de Mueblería Iberia o Mayco unos taquitos de cabeza con el "Profe" afuera de la UAS, unos ricos churros con Lupita Machuca, una coca en el quiosco Conrado Solís con Doña "Paca", unos chicles en la "Casita de Dulce" de Doña Clementina Medina, unos tacos de asada con "Chepe" a un lado del MZ, una sopa marinera con Don Fidencio "El Machoprieto" por la Hidalgo, un menudo con Doña "Úrsula" Olivas, un cafecito con "Nacho Diaz" en los portales, una asadera chillona pal caldo con Don José Ríos en el mercado, una torta de Tortitortas Galán, una rica cena en "La Carreta" de Doña Chepina González de Miller "El Gringo" por la Almada, una nieve de garrafa con Don Félix, una buena carne de res del Güero Zazueta en el mercado, una machaca en restaurant "Maru" frente a la plazuela, un atole con Doña "Goyita" en Almada y Obregón en el cochambre, un asado con Doña Tere Herrera atrás de la iglesia, un sabroso menudo con Doña Alejandra en el mercado, un ramo de flores de la Florería Rosales o de la Gutiérrez, una buena compra en la tienda de Reynaldo Duarte, unos tacos de papa con Doña Bertha en Almada y Juárez, una botana de carnitas en Fritangas Nangas de Don Felipe Soto junto al puente del limoncito, una rica dona de la familia de Don Reynaldo Navarrete, un rico pollo asado con el Caballero Don Fausto Palafox junto al canal, unas tortillas raspadas para tacos y tostadas con las hermanas Valencia por la Hidalgo, unos tacos de birria con "Chiquín Reyes", un esquimo en el mercado con La Quetín, una cenita con la "Cofy" Cadenas por la Costerita junto al Suspiro. Una cervecita en el "Club de la Buena Amistad" de Don Andrés "El Güico" Medina, en el restaurant El Colonial del "Caballón" Agustín Amador, el "Palo Verde" o "El Pial" del señor Medina, en el Restaurant "Acapulco", "Dragón Rojo" o "El Palomino" de Doña Adela Plata, una copita con Don Manuel Z. López en las Arañitas, una reparación de bicicleta con Genaro frente a las palmeras calle nueva, compra de abarrote con Pilar Beltrán en el mercado, un corte de pelo con Don Roque rumbo al IMSS, con "Los

Grillos" López Plata por Almada rumbo al ingenio o con Armando Avilés el "Güero Chiva" por la Almada, una consulta con el Dr. Fortino Cuéllar en Almada y Ramón Corona, con el Dr. Fidel Cuéllar por la Rosales junto a la iglesia, una revisión de batería de carro con Don José Chaidez por la Rosales o en el Taller Hermanos Pérez por la Almada, una reparación de reloj con Don Carlitos Miller por Morelos y Ángel Flores, un buen kilo de carne con los Rodelo en el mercado, unos buenos lentes con el Doctor Zapien por la Almada, una cadenita o anillo de oro en Joyería Cuevas, compra de ropa en Casa Godínez Hidalgo y Rosales, compras en Almacenes El Gallo del Gallo Acosta, unas revistas con Las Conejas, unas finas telas en la Tienda Nueva frente al mercado, una compra de madera en Maderería Navolato de Don Manuel Medina Trasviña frente al mercado, una foto en Foto Estrella con El Güero Fotógrafo, un kilo de tortillas con los Loya, con el "Chacho" por la Almada o con la Trini Gaxiola atrás del mercado, unas compras en la Casa Soto de Don Felipe Soto (que se incendió), un pantalón con el sastre Don Chuy Salazar por la Juárez y Morelos o con Don Benito Flores por Morelos junto a la Copa de Oro, compra de abarrote con Polo Acosta en el mercado, una rica dona con Felipe "Llegó Donero", un paseo en "Araña" con Don Chuy Torres, Loñío Olivas o con el señor José Urías papá de Pompín en su "Calandria", unas medicinas en la Botica Nueva de Refugio "Cuco" López Martínez por la Juárez, en la farmacia de "Cayo" Villalobos por la Hidalgo o en la farmacia de Constanza Hion en Almada y Juárez, unos ovillos de hilo con las hermanas Zamora por la Almada frente a Recursos Hidráulicos, un paseo a caballo en los caballos del "Chato" Garibaldi, unas galletas del estanquillo "5 hermanos" de Eladio Medina Niños Héroes y Macario Gaxiola o con su hermana "Pili" Medina en Gaxiola y Almada, una reparada de calzado con Don Jesús Chucuán, una pomada preparada en la farmacia "San Francisco" de Don José María Uribe por la Hidalgo, unos útiles escolares en la papelería "El Costeño" por la Hidalgo, un viaje de arena con la carreta de Don Juan "El Chiflaburras", una paseadita a El Limoncito en el minibús del Kiki Juárez, una llamada por teléfono en la Farmacia Paris del Chivi Soria, unos zapatos de la Zapatería Canadá de Don Marcos Morachis, una barrica de agua en la carreta del barriquero Salas, un viaje de grava con Ramón "El Monchío" Medina o con los "Cunchis" Santiesteban, un pedazo de tela con las chinitas Hermanas Hion por la Juárez junto a la sindicatura, unas verduras al mercado con Doña Juanita Gutiérrez, media barra de hielo de la Hielera de Enrique Leal, una foto en foto-estudio Toñin en "El Rebote", un agua de coco con Don Fernando Villareal frente a la iglesia, un rico pastel con Rosina Malacón, una mesita de madera hecha por Don Manuel López el carpintero por la Juárez en la bajada del rio, un cambio de ropa en la tienda de ropa Guadalajara con el señor Saire Zamora, una reparación de radio con Don Gilberto "Gibi" López, un trompo, un yoyo o cualquier juguete en la Casa Rodríguez Don "Baudilio" en Juárez e Hidalgo, una coca bien helada atrás del estadio con Daniel "El Manina" Pérez, una reparación de tv con Ramon "Radiolas" Valdez junto a la iglesia, con "Montoyita" por Almada, unas verduras frescas con "La Gringa" Rivera Gutiérrez en el mercado, un mandadito en abarrotes La Bajadita de la familia Verdugo Niños Héroes y Almada, unos zapatos en Zapatería Urías Juárez e Hidalgo, un sombrero unos huaraches en la Huarachería y Sombrerería "Calicia" de Don Daniel Ruiz por Morelos frente al mercado, una reparación de radio con Don Nachito "Chinito" Hion por la Juárez, un candado con Nacho Trapero por la Hidalgo, un juego geométrico en "El Costeño" por la Hidalgo, un kilo de clavos de Ferretería Castro en Juárez, una molienda de nixtamal con Don

"Toño" Lizárraga, unos clavos con Poncho Gaxiola en la mariposa, una compra en mercado Super Navolato de Arsenio Gaxiola por la Hidalgo, una libreta en Papelería La Parroquia del Lic. Alcaraz a un costado de la iglesia, recibir una carta o telegrama por Don Flavio, Taviro, Ramon o Don Alfredo Valdez, unos zapatos de El Taconazo de Lorenzo Morachis, una reparación de TV con Don Manuel "El Negro" Madrid, un juego de carambola en El Rancho Grande en Ángel Flores e Hidalgo, con Billares Estolano de Don Luis Estolano por Hidalgo o con Clemente Elizalde por la Morelos, un mandadito para la comida con Doña Licha "Guzmán" Palazuelos, con Don Ramón Meza Pueblo Nuevo 1 (Venecia), un peinado con Meche Soria, unas latas en abarrotes Jacobo de Don Pablo Jacobo Almada y Ángel Flores, con Don Antonio "Toño" Franco por la Morelos atrás de la iglesia, con El "Chory" Morales por Juárez y cerrada Ángel Flores, en el abarrote de Doña Beba en Cuauhtémoc y Almada, o con el señor Gil por la Juárez junto a las chinitas Hion, una sacada de muela con el Dr. Jesús Ramon "Chimón" Cuevas por la Hidalgo junto a la iglesia con el Dr. Ornelas por la Hidalgo frente a la plazuela, etc.

Doña Chayo Díaz

Don Gabino Zazueta Ochoa: cien años sin soledad

ARMANDO BUENO BLANCO

Don Gabino Zazueta celebrando
99 años en 2023 junto a su hijo Fernando

Don Gabino Zazueta Ochoa nació el treinta de octubre de mil novecientos veinticuatro, en Navolato, como miembro de una familia de diez hijos encabezada por padres que nacieron en esta misma tierra. Con su esposa Josefina formó la familia Zazueta Llanes, procreando quince hijos, de los cuales seis fallecieron... "porque en ese tiempo, de cualquier cosita se morían los niños, no había los medios que hay ahora. Se quedaron nueve, pero uno anda desaparecido, y me quedaron ocho. También criamos a un nieto que ha sido como un hijo. A todos mis hijos los crie yo, todos estuvieron conmigo hasta que comenzaron a casarse y a vivir aparte", afirma con orgullo. Su hija María de los Ángeles aclara que anteriormente tuvo hijos con otra pareja, con los cuales mantienen buena comunicación.

Don Gabino nos concede una entrevista durante la cual abraza los recuerdos con nostalgia, felicidad, honor y humildad, agradeciendo a Dios por todo lo que le ha dado. Con voz baja y suave describe las imágenes del viejo Navolato, las travesuras de juventud, el nacimiento de su barrio, y con énfasis el valor de una gran mujer que cada mañana, durante más de cincuenta años, lo acompañó a tomar café al mercado, con la cual formó una grande y valiosa familia, junto con quien edificó un amor ejemplar: Josefina Llanes Medina, doña Chepina.

Durante la charla, sus hijas Virginia y María de los Ángeles, así como su cuñado Arnoldo Llanes, acompañan en cada segundo la voz de don Gabino, orgullosos de escuchar el testimonio de un gran ser humano que se ha ganado el cariño, respeto, amor y gratitud de toda su familia, y de quienes lo han conocido.

A continuación, presentamos su voz en letras, mediando la reconstrucción de un diálogo que intenta ser fiel a sus recuerdos.

Lo que el tiempo se llevó

Mis padres vivían rumbo a Limontita, por acá al fondo de Los Alcanfores, ahí nos criamos nosotros. Mi papá trabajaba en el rastro, mataba reces. El rastro estaba aquí donde termina esta calle (Vicente Guerrero), ahí a un lado vivíamos con mi papá.

Trabajé desde los diez años. Le ayudaba a mi papá a sembrar con el arado y tres mulas. Las tierras estaban al otro lado del río, por allá rumbo a la Cofradía. También trabajé cargando caña al Ingenio en un camión.

Cargábamos muchos carros. Por ahí trabajé como unos diez años. Nos trataban muy bien, había una persona que se encargaba de todos los choferes, de todos los camiones, porque eran muchos camiones, mucha caña. Recuerdo que el Ingenio era chiquito, tenía unas escaleras chiquitas y tenía un pitón mediano nada más. En ese tiempo comenzaron a instalar una chimenea muy alta. Cuando en todo el pueblo supimos que iban a cerrar el Ingenio, pues se sintió muy feo, porque se van de acá los trabajos, pues. Ya no sembraron caña, puras tomateras.

El pueblo era muy chiquito, me acuerdo bien, porque todo lo que era el centro, había muchas diversiones, de billares y de todo. Había como unos tres billares, y cantinas muy grandes. A la gente le gustaba mucho el billar, jugaban mucho, hasta yo jugaba también.

Antes venía al circo y todo eso. Aquí atrás de mi casa había un patio muy grande, y ahí se ponían los circos. Ya después ahí hacían carretas con máquinas, y con los tractores las jalaban para el Ingenio.

También la iglesia era chiquita, chiquita. Era parecida a cómo está ahora, pero era una sola nave. Ahora no, está grande. Porque hubo una vez que la arreglaron, fue como en 1965.

Antes había un mercadito también, no había lo que hay ahora pues, negocios y eso.

Recuerdo cuando estaba niño había unas crecientes muy grandes y el agua nos llegaba a las rodillas, y a veces más arriba. Entonces nos subíamos a las gradas del estadio de béisbol que estaba aquí cerca. Nos subíamos a lo más alto porque había mucha agua. Crecía mucho el río, pero se acabó todo eso. Se acabó el río, ahora está seco.

Por cierto, me gustaba mucho el béisbol. Aquí cerca había un estadio, y ahí jugaban. Tengo un hijo que es médico, no se perdía un juego, y me llevaba mucho. A él le gusta de corazón, y también juega, hace partidos por acá, me llevaba a ver a los Tomateros a Culiacán, y aquí veíamos los partidos chicos.

Lo que recuerdo es que ahora es un pueblo grande y antes era un pueblo chiquito, chiquito y ahora hay de todo. En ese tiempo la gente vivía muy bien, había mucho trabajo, todo valía, y pues ahorita no vale nada, con poquito dinero comprábamos muchas cosas, y ahora no. Lo bonito que recuerdo también es que antes había mucha familia.

El gran escape

Esa vez andaba tomando en el caballo, ahí en la esquina donde estaba la cantina Copa de Oro. Recuerdo que había unas banquetas bien altas, y mi caballo subía las patas arriba de las banquetas. Luego llegó un policía y me dijo, "no subas las patas de tu caballo a la banqueta." Ahí seguí bailando en el caballo y tomando, pero el caballo era muy duro, no hacía caso del freno, y seguía subiendo las patas a las banquetas. Entonces llegó otra vez el policía y dice, "Te dije que no subieras las patas del caballo a la banqueta", y me quiso llevar a la cárcel. La cárcel estaba cerquita allí, cerca de la cantina de Panichos. No logró agarrarme, lo que hice fue que arranqué en el caballo, pero se me cayó el sombrero. Me dio coraje porque yo todo el tiempo agarraba el sombrero en el suelo corriendo con mi caballo, y ese día no pude porque se me resbaló el pie del estribo de la silla. Ahí me caí, el caballo se paró, y me cayó el policía. Nos agarramos a golpes, él me dio y también le di. Lo que no quería es que me pusiera las tenazas en las manos, que eran dos pedazos de varilla. Pero en ese rato llegan más policías y me llevan a la cárcel. Había una ceiba frente a la puerta de la cárcel y ahí amarraron el caballo, a mí me metieron para adentro. Estaba un muchacho del barrio ahí encarcelado también, era amigo mío, y le dije, Chato, ayúdame a subir, me voy a salir. "No, no, no Gabino". Sí, ayúdame ándale. Pues me ayudó, se paró contra la puerta, puse los pies sobre sus hombros y me brinqué. Y ahí te vengo por arriba de los techos, me bajé por ahí donde iba a tomar café. En ese tiempo la cárcel estaba en una de las esquinas de la cuadra del mercado, ahí enfrente de donde estaban los Tacos de "Pancho Reyes". Estaba bien chiquita la cárcel, pero antes de esa había una más grande por todo ese lado donde estaba la Copa de Oro.

Pues bueno, me escapé y me vine a la casa. Allí vivía un muchacho que estaba casado con una hermana de mi esposa, y le dije, Manuel, préstame tu sombrero. "¿Pero que pasó? ¿Para que lo quiere?", me contesta. Le digo, pues me salí de la cárcel y quiero regresar por mi caballo. Finalmente me prestó el sombrero y hay te vengo. Es que mi sombrero y las espuelas bien bonitas que tenía se habían quedado en la cárcel junto con mi caballo, y me pesaba mucho perderlas. Ya llegué despacito y ahí estaba el caballo, cuando me conoció relinchó, corté el pial, lo monté y arranqué. Di vuelta por la otra calle y comenzaron a tirar balazos, pero no me dieron. Al rato ya estaba en la casa con mi caballo, mis espuelas, y mi sombrero.

El tiempo pasó y los policías no me molestaban, y es que siempre andaba en la calle con mi novia. Antes, en el día hacían matinés en el cine, y nos gustaba mucho ir juntos. Seguido que veníamos al cine los policías nos encontraban y nunca me decían nada. Pero un día ella se adelantó y se vino con unas amigas. Cuando salí yo solo, ahí me estaban esperando los policías frente a la puerta del cine y me pescaron. Me llevaron a la cárcel cuando me agarraron solo. Ya después mi papá pagó la multa y me sacó.

"Me la llevé al Paraíso"

Conocí a mi esposa Josefina cuando ella estaba muy pequeña. Eran como familiares los papás de ella y mis papás, eran amistades viejas. Iban a la casa con mis papás, donde vivía yo también, ahí la conocí, y pues la enamoré platicándole bonito.

Ya después, no le dije nada a nadie y pensé en llevármela. Tenía un caballo blanco, entonces nos pusimos de acuerdo y preparé mi caballo.

Recuerdo que llegué a la casa de Josefina, la subí al caballo y me la llevé al Paraíso. En ese rancho vivía una hermana mía y me dio una regañada porque me la había llevado. Mi suegro también se enojó mucho, era muy corajudo, pero ya después se le quitó porque nos casamos, y nos vinimos a vivir juntos a Navolato. Es que teníamos muchos caballos y pues aproveché mi caballo blanco para llevármela. Cuando nos casamos, ella tenía diecisiete años y yo veintisiete.

Armando Bueno Blanco obteniendo el testimonio
de don Gabino Zazueta en 2024

430

Cómo nace la colonia "Los Alcanfores"

Aquí donde vivimos, estos terrenos nos los regalaron, no los compramos, todos los que vivimos aquí, por esta calle a los dos lados. Nos los regaló las autoridades del agua. El terreno estaba abandonado, porque cuando cerraron el canal pues ya quedó abandonado. Es que esta calle era un canal que llevaba el agua al Ingenio, hasta me tocó bañarme allí. Había unas curvas ahí en la otra calle, daba vuelta y agarraba para el ingenio. Pero luego lo cerraron, entonces sembraron caña más allá.

Recuerdo que ya casado estaba viviendo con mis suegros, porque no podía construir donde vivía mi papá, porque él tenía una casita muy chiquita. Por eso mi papá me decía, búscate un terreno, hijo. Y tocó la oportunidad que había un señor que era canalero y nos dijo que fuéramos a pedir terreno con las autoridades del agua. Pues nos juntamos como unos cinco y fuimos. Lueguito nos atendieron, nos dieron un papelito y nos dijeron que fuéramos con don Manuel el canalero para que nos diera un terreno a cada quién. Y pues rápido nos dio a cada uno nuestro pedazo para hacer casa. Ya después fue mucha más gente y a todos les dieron. Así fue como crecieron las casas por este lado.

Cuando llegamos para vivir aquí había muchas matas de "alcanfores" y de álamos. Las matas de "alcanfores" eran grandotas como los álamos, pero se acabaron todas porque las tumbaron para fijar los terrenos. Por eso se llama aquí Los Alcanfores, porque había muchas matas de esas. Así le puso la gente.

El café del Mercado Hidalgo y la venta de las coronas

Todos los días mi esposa y yo íbamos a tomar café al mercado. Estaba chiquito, pero estaba bonito. Había cafeterías y vendían de todo. Yo trabajaba muy de madrugada en el rastro. Ahí trabajé como cincuenta años matando reces. Porque cerraron el rastro que estaba cerca de aquí y luego hicieron otro, cerca del ingenio, y ahí trabajaba. Todos los días me levantaba a las tres de la mañana para ir al rastro, y de ahí salíamos como a las siete de la mañana. Luego me venía a la casa por mi esposa y nos íbamos al mercado, a tomar café nomás y a platicar ahí con don Ramón, ahí nos gustaba ir. Era un encuentro de amigos y de familias. Ya teníamos a los niños, y cuando regresábamos les traía unas bolsonas de pan.

Fíjese, también me tocó ir cuando el mercado estaba más viejo, cuando yo era niño pues. Recuerdo que me tocó ir a comprar tres centavos de azúcar y dos de café, me mandaban de la casa. Como le digo, con poquito dinero compraba mucho.

Mi esposa Josefina era muy trabajadora, hacía y vendía coronas, y yo le ayudaba. Vivíamos con muchos sacrificios en esta casa. También hacía menudo, porque yo trabajaba en el rastro y traía cosas para lo hiciera. Durante casi cincuenta años hizo y vendió coronas en el mercado, ahí adentro pedíamos permiso para vender en un pedacito. Vendía muchas, hacía como 300 a veces, y gracias a Dios terminábamos todo. Yo me encargaba de poner los palos, todas las fajillas donde ponían las coronas. Mis hijas también aprendieron a hacer y vender coronas y todavía venden.

Mi mujer era muy buena esposa, muy buena para trabajar, todos los días nos levantábamos los dos juntos, nos llevábamos muy bien, nunca se enojó conmigo. Y luego los hijos siempre han sido muy familiares con nosotros, muy buenos hijos. Siempre han estado conmigo.

Posdata: el festejo de don Gabino

Al final del diálogo, sus hijas Virginia y María de los Ángeles comentan que el treinta de octubre la familia realizará un festejo familiar para celebrar sus cien años de vida. Ese día don Gabino Zazueta Ochoa celebrará CIEN AÑOS SIN SOLEDAD, ratificando lo que él afirma: "Mis hijos siempre han estado conmigo"

La plazuela "Vicente Guerrero"

ARMANDO BUENO BLANCO

Foto: archivo de Rudy Mendoza

La plazuela "Vicente Guerrero" era un lugar mágico, donde muchas voces cimbraron el canto que el silencio ahora ocupa... Al atardecer, las caricias del sol sobre la arboleda hacían de ese paraje el punto de encuentro para alimentar el aprecio a la vida, al ser humano, a la naturaleza. Fue ahí donde muchos descubrieron el amor eterno, y algunos otros marcaron en su alma la fragancia que perdura, aún en la distancia y el tiempo.

Recuerdo con mucha nostalgia aquella escena de la cual fui testigo. Ella llegó en la parrilla de la bici de su papá, la misma en la cual cada mañana él iba al ingenio azucarero a cumplir la jornada. Se veía hermosa. Bajó de la bici con elegancia, mientras su papá, ya abuelo, decía con voz suave pero firme, "aquí se la dejo, cuídemela mucho". Las campanadas de la iglesia anunciaban la misa de 7, y el reloj bajo el "San Francisco de Asís" se detuvo por siempre, pero no ingresaron a la misa, la plazuela era el mejor espacio para declarar y pedir el amor... Dios podía esperar...

Los festejos de carnaval mostraban un torrente de alegría. Tirar las "cáscaras" de huevo llenas de "confeti" sobre las cabezas de nuestros amigos o pretensas de amor era un ritual obligado, ahí terminaba la tarea de un año de nuestras mamás, después de guardar con cuidado los huevos vacíos. En ese carnaval en la plazuela las "clases sociales" desaparecían, te encontrabas al hijo del pueblo, del poderoso, del ayudante del poderoso, y hasta a los representantes del gobierno. Ahí podías tatuar tu piel y alma, ajeno al castigo de las diferencias sociales.

Ausentarse el 4 de octubre de la plazuela podría considerarse como "pecado". Se festejaba al santo patrono del pueblo, "San Francisco de Asís". En esta gran fiesta popular, el palo "encebado" generaba un "botanón sin camarones". Los atrevidos luchaban incesantemente por subir hasta la punta del palo lleno de grasa para alcanzar los regalos, y toda la plebada aplaudíamos a los ágiles aventurero; el alborozo popular se reflejaba en cada alma que permanecía desde la iglesia hasta a la plazuela... Correr era una necesidad suprema, pues había que evitar ser "cornado" por el "El Toro" lleno de luces y "cuetes" que buscaba atrapar a los mirones de minutos previos. El acontecer de esa tarde-noche se convertía en charla cotidiana que duraba días y meses, provocando las incesantes carcajadas de lo vivido.... Navolato era luz, era alegría, como dice don Gilberto García en su canción.

El punto neurálgico y principal destino de los visitantes a la plazuela era el kiosko "Conrado Solís". Incluso, a veces, antes de encontrarse en la cita con el amor soñado había que escuchar la rockola, donde con solo una moneda recibías la música y canción que necesitabas para inspirar el posterior momento... Doña Paca sólo reía, te regañaba, o en su caso reprimía, según fuera el caso, mientras preparabas las palabras precisas. Los domingos decíamos a papá o mamá "voy a dar la vuelta a la plazuela". Y sí, literalmente era tradición darle la vuelta a la plazuela. En ese recorrido estaba obligado transitar o llegar a "La Botella", según fuera el caso. Si tenías cita de amor ahí llegabas, y si no pues nomás mirabas a los enamorados con envidia. Luego de reojo mirabas "La casita de dulce", donde otros también esperaban a la pareja amada, escuchaban la rockola (también ahí había), compartían la soda, los dulces, la sonrisa o simplemente la amistad... Uno que otro se paraba durante largos minutos desde ahí para ver cómo cambiaba de luces el único semáforo del pueblo en aquel entonces, casi medio siglo después ya hay cuatro, ya no nos asustan las luces rojas, verdes y ámbar.

La plazuela fue refugio del "Club del Pájaro Muerto", que al reunirse sumaban varios siglos de historia. Algunos llegaban en bicicleta, otros a pie, venciendo el castigo de la edad sobre el cuerpo, pero nadie faltaba por las mañanas o tardes para apreciar el devenir de la juventud sobre los pasillos, contar anécdotas, o apuntar las dificultades de la vida. En cada una de las canas de los miembros del club estaba un fragmento de la historia de nuestro pueblo.

Los cholos de finales de los setenta y principios de los ochenta, del siglo pasado, también encontraron ahí su refugio. Recuerdo cuando "El Güero" salía de la Col MAC caminando con parsimonia, y después de terminar su andar frente al Seguro Social prendía el cigarrillo, estimando llegar a la plazuela para tirar la última bocanada, simbolizando el "ya llegué", y susurraba Las piedras rodando se encuentran, de Tri Souls. Ya en los pasillos decía, yo nunca voy a dejar de ser cholo, compas. A la par en la rockola del kiosko sonaba "Let It Be", y enseguida "El pasadisco", acentuando: por qué llorar el amor es así, como viene se marcha... O sea que había cholos románticos pues...

Por las noches, si tenías suerte, podías disfrutar de un gran recital. Recuerdo al Jorge "El Chapo" Rangel cantando con su guitarra "Polvora mojada", "Gavilán o paloma" y "O tú o nada" de Abraira; a Martín Alvarado "El último beso", acompañado por su hermano Óscar tocando las bancas de madera como si fueran la batería; a Rodrigo Acosta cantando "Las casas de cartón"; y a Sergio Navarrete cantando "Qué será", de José Feliciano: pueblo mío que estás en la colina, tendido como un viejo que se muere. El viaje musical era bien "chilo", desde el romanticismo, el rock, el canto de protesta, los corridos, hasta el canto a las estrellas.

Don Panchito, don Neto y Taviro fueron los gendarmes fraternos de aquella época en la plazuela. Eran "chotas" de su gente, a quienes protegían y cuidaban con respeto, hasta a los enamorados presurosos de la imprudencia. "Don Matute" selló el fin de aquella icónica policía, ya que los vigilantes fijos de la plazuela desaparecieron después de él. Sus estrategias policiales se ganaron el aprecio y cariño de los jóvenes de aquel entonces.

Alrededor de la plazuela había dos lugares también mágicos para los bailarines, enamorados o en búsqueda del amor, aunque también para uno que otro amante de la música que sólo buscaba eso: los legendarios Club 20-30 y Club de Leones. En esos bailes muchos sellaron su gran amor para toda la viva, o también lo cambiaron o perdieron. Lo cierto es que todos buscaban estar ahí en las fechas de festejo popular, algunos pagando, otros brincándose las bardas y uno que otro recibiendo la compasión de los guardianes que estaban en la entrada... Al ingresar o salir de los bailes era casi un ritual recorrer los pasillos de la plazuela. Los grandes grupos musicales de Navolato ahí se presentaban, y también muchos que procedían de Culiacán, y de otros estados, muchos ellos de gran fama. Los bailes en estos lugares eran el alimento espiritual de los jóvenes y adultos de Navolato. Nuestra amiga Rosa Pineda nos contaba de niños que una vez que regresaba de esos bailes, muy contenta por tanta diversión, por la calle Almada se le apareció el Diablo, que apestaba mucho a azufre, y que seguramente fue porque se había ido al baile sin permiso de su mamá.

Tradiciones orales de Navolato

ARMANDO BUENO BLANCO

En febrero de 1989 un grupo de compañeros tuvo la oportunidad de participa el Curso-taller "Rescate de las tradiciones orales", coordinado por DIFOCUR e impartido por la Lic. Josefina Rayas Aldana. Los que participamos en este evento –entre los que se encontraban la Lic. Lucila Rodelo, Jesús Manuel Rodelo Pérez, Ana María Montes Salas, Concepción Uzárraga Acosta, Antonio Inda Cervantes y Ramón Quintero– penetramos en el estudio del fascinante mundo de las tradiciones orales. El contacto que se estableció, principalmente con la población senil del municipio de Navolato, permitió que conociéramos y diéramos valor a los recuerdos del viejo pueblo, recuerdos que reflejan la cultura y la historia de un pueblo que poco a poco borra de su memoria los momentos que marcaron su distinción para con otras entidades, es decir, aquellos momentos que le dieron particularidad a sus pobladores... a su cultura. La perene presencia del "tacuarinero", al transitar por el hoy municipio; la pesca; la banda de música de don Conrado; el Padre Alejandro; las anécdotas del ingenio "La Primavera", y todas aquellas experiencias y momentos de antaño, se convierte en un acto de belleza sublimante al ser externados por los viejos pobladores de Navolato.

En este breve espacio intentamos presentar algunos de los comentarios y narraciones que logramos recoger como producto de la actividad desarrollada en el Curso-Taller "Rescate de las Tradiciones Orales".

Cada una de las expresiones es presentada de manera fiel a como fue expuesta por sus intérpretes, tratando de eliminar también las interrupciones clásicas de los nóveles investigadores, como es el caso del suscrito.

El tesoro de la iglesia
Informante: Francisca Inzunza "Doña Paca" (Navolato)

La Iglesia que está ahora en el pueblo se construyó porque el Padre Alejandro pidió cooperación a toda la gente del pueblo. Él decía que Navolato merecía una iglesia más grande y bonita, y que, para ello, deberían cooperar todos. Por cierto, antes estaba la figura de San Francisco de Asís, que es el Santo Patrono del lugar, pero ya lo quitaron. Estaba entre las dos torres de la Iglesia, ¡quién sabe dónde estará ahora!

Bueno, pues para construir la Iglesia mucha gente cooperó. El Padre Alejandro andaba de casa en casa pidiendo dinero. Por cierto, siempre lo acompañaba la "chirimía", que era algo así como una banda de música que él traía de allá de donde él venía.

Tocaban una canción y el Padre pedía cooperación. Había quienes no abrían la puerta y el Padre les tocaba y toca hasta que le abrieran y cooperaban.

También pedían alhajas de oro o cualquier joya que tuvieran
para cooperar. Dicen que todas las joyas y oro las enterró junto con la primera piedra de la construcción de la Iglesia.

El Padre Alejandro decía que cuando él muriera lo enterraran,
pero se fue a Guadalajara y se murió allá y en esa ciudad lo enterraron.

Por cierto que también tuvo pleitos con los evangelistas que tienen la Iglesia detrás de donde estaba el estadio antes. Les iba y les echaba cuetes y les gritaba muchas cosas. Él hizo que la gente fuera más católica aquí en Navolato.

El día de los santos, de la Virgen de Guadalupe y de San Francisco, hacía unos "castillos" muy grandes y bonitos. También tenía unas bocinas en las torres de la Iglesia, para que toda la gente escuchara cuando él daba la misa; o también para hablarle a la gente y regañarla porque no iba a misa.

El General Calles
Informante: Guillermo Orduño (Altata)

Con el General Calles yo me bañaba aquí en Altata, cuando yo estaba "morro". Es que yo era muy bueno para nadar. Cuando venía el Gral. Calles del Tambor para acá siempre mandaba por mí para que me bañara con él. Él siempre se bañaba con una llanta grandota y nosotros alrededor de él. Aquí a Altata venía gente muy importante. En ese tiempo ya había carros, recuerdo que había unos que les decían "macacos", muy altos, grandotes y con llantas chiquitas. Me acuerdo que cuando fui a la casa del General en El Tambor, tenían muchas calaveras de esas que sacaban de donde dicen que hubo indígenas.

Recuerdos de Altata
Informante: Doroteo García (Altata)

El antiguo Altata

Aquí se llevaba con don Conrado con los músicos. En los bailes que
hacíamos lo mandábamos traer pa' que tocaran. El que tocaba el clarinete era muy bueno. Mi preferidos eran "El Perro" y "La Palma", ¡qué bonita!, "Ingrato dolor". La banda de don Conrado era única. Cuando venían a tocar no los dejábamos ir de aquí. Los dejábamos nosotros y otros la agarraban. Eran muy buenos pa' tocar.

...Me acuerdo que cuando no estaba don Conrado no les gustaba la música de los de Navolato, pero los Tamazula sí, y mandaban por ellos en barco. Ya cuando venía la música se oía la tambora y la palomilla que brincaba; gritaba: "Ya llegó la música", y a tirar gorras de gustos. Unos músicos se regresaban con el "hocico" hinchado de tanto tocar. Mejor "corrían" porque no los dejaban descansar. No había muchachas entonces, pero las que había estaban bien. Bailábamos "Chote", "Mazurca", "Valses".

...No llevábamos serenata, nomás paseábamos la música por la calle. ¡Qué bonito aquello! Llegaban muchos barcos aquí a Altata. Por aquí salía todo también, el azúcar del ingenio, el alcohol, todito. Si era una caja de cigarros por aquí salía en el "Tacuarinero".

...A mí me tocó ir a Culiacán en el "Tacuarinero". Nos cobraba 25 centavos. Cargaba mucha gente. Me parece que el maquinista se llamaba Lucas.

...Aquí en Altata lo formaron el tren los norteamericanos. Nomás pitaba, iba llegando, ahí en la vuelta. Los días 5 de mayo hubiera visto cómo cargaba gente, y es que ese día había fiesta aquí. En la noche hacía dos viajes. Allí en el llano había ramada grandota y había tres músicas: Conrado, los Tamazulas y los Guamuchileros.

...Al tren le pusieron "Tacuarinero" porque acarreaba muchos tacuarines. Cuando llegaban, a la gente le vendían tacuarines, roscas, tamales grandotes, tatoyos. Aquí en Altata hubo una colonia de chinos, por eso le dicen Los Lueganos de los Chinos para allá. Dicen que sacaban curvina y la dejaban pudrir pa´ guisarla y comérsela. Dicen, yo no los vi.

...Para acá venían muchos barcos de muy lejos. Me acuerdo que a algunos los cargaban de metal que traían de la sierra en el tren. Me acuerdo de los barcos el "Manturri", el "Benito Juárez", el "Luega", el "Gral. Díaz".

...Aquí enfrente en la isla, había muchos burros. Yo creo que los mataron para hacerlos carne y comer. En el Tambor había cantidad de burros y acabaron con ellos. ¿Será buena la carne de burro? Dicen que es buena pero yo creo que no. Los burros son muy corajudos y ha de estar la carne muy dura.

... Yo conocí a "Chico" Zazueta como la palma de mis manos, muy valiente, y su hermano Pedro también. A Pedro lo mataron en el Sanjón. Dicen que lo mataron por una pieza, andaba con la música.

..."Chico" Zazueta fue el que mató a "Chico" Quintero, con su propia pistola de él. Eran muy amigos, anduvieron juntos en la revolución.

...Era muy carrerista "Chico", muy valiente, muy bueno pa' la pistola. Tenía muchos caballos muy ligeros: "El Bonchi", que era un canelo, un barrozo que le decían "El Cometa"; uno que le decían "El Cabuchi" y otro que le decían "El Cardenal".

...Él vivía en La Cofradía. De repente venía aquí en caballo. Tenía un caballo canelo que lo arrancaba, se agachaba y agarraba tierra con la mano. También le gustaba jugar con los gallos, los enterraba en la arena y les dejaba la pura cabeza de fuera, se arrancaba en el caballo y les arrancaba el pescuezo. Los demás se lo arrebataban y se lo quitaban. Ese era el juego de él. Les daba el gallo a la gente para que se lo comiera.

...Muy amigo "Chico", muy risueño, nunca andaba solo, pero no tenía miedo. Pobre "Chico", lo mató "Chico" Zazueta, que era de Villa Moros...

El descarrillado
Informante: Bernardo Rosales Ibarra (Navolato)

Al "descarrillado" yo lo conocí. Era muy hombre, muy bueno pa' la pistola. Mató a mucha gente, pero era porque le buscaban. Se llamaba Miguel Cárdenas. Todos le tenían miedo porque cuando peleaba con alguien, nomás un tiro hacía, pero le pegaba en la pura frente, era decidido. Dicen que era de aquí de Navolato, yo la verdad no me acuerdo.

[Publicado en el suplemento cultural *Punto Cardinal* del periódico *Noroeste Culiacán*, domingo 16 de diciembre de 1990.]

Navolato del ayer: testimonio

MARCO ANTONIO URÍAS TABOADA

El Padre Alejandro y "Kiko y sus Guajiros"

Foto: archivo de Rudy Mendoza

Fui monaguillo en la Iglesia, por eso fui testigo. Era el 4 de octubre cuando se festejaba el día de "San Francisco de Asís", la fiesta más bonita del pueblo. Afuera de la Iglesia toda la gente esperando que terminara la misa para ver cómo se prendía el castillo con todas sus luces y cohetes, para después bailar al ritmo de la música de "Kiko y sus Guajiros", baile programado enfrente de lo que ahora es el palacio municipal, al aire libre. Pues resulta que, antes de eso, en la misa el Padre Alejandro criticó la música que ponía en riesgo los valores de la humanidad, decía: mujeres, ¿cómo es posible que ustedes dejen a sus hijas andar casi bichis? Esas mujeres no tienen rienda, y ustedes, muy a gusto en sus casas, mitoteando y escuchando la novela de Porfirio Cadenas. Miren, sálganse ahorita y vean ahí afuera el escándalo que tiene ese tal Kiko, que es el que echa a perder a la juventud, borracheras, música y quizás hasta droga.

Dentro de la Iglesia permanecían silenciosos los miembros de ese grupo musical, las bellas jóvenes que formaban el grupo estaban vestidas casi como nacieron. Al terminar la misa, el Padre Alejandro personalmente pedía la limosna en cada pasillo, para que nadie se escapara. Al llegar al fondo de la Iglesia se encuentra con un hombre de mirada firme, vestido al estilo de los irreverentes de esa época, quien saca de su bolsa un "billetón" y se lo da para la limosna. El Padre dice asombrado, y tú quién eres, y él contesta, Kiko y sus Guajiros, y con todo respeto hago esta ofrenda para esta santa iglesia.

El Padre Alejandro, titubea un poco, luego se dirige a todos los feligreses y grita: Hey, a bailar todos 'La bamba' con Kiko y sus Guajiros, todos a bailar. La gente se río como nunca, y también bailó, antes del baile... Después, "Kiko y sus Guajiros" hicieron felices a cientos de navolatenses.

Al Padre Alejandro se le recuerda por su carácter fuerte, pero también, es justo decir que ayudó a mucha gente jodida, principalmente ayudándolos a construir o mejorar sus viviendas. Igualmente, él les sacaba cosas a los comerciantes para repartir despensas, y materiales de construcción a los agricultores cuando levantaban sus cosechas. En una góndola los repartía a los más necesitados; por cierto, esa góndola siempre estaba a disposición de personas de escasos recursos para acarrear arena y materiales. Poco se habla de los choferes que movían al Padre Alejandro en la góndola, eran Ricardo Vega, mejor conocido como el "Cauchi", y don Manuel Aréchiga. El Padre también apoyaba mucho al Colegio Dolores S. de Almada.

El estadio de béisbol "Jesús Escobar"

Foto: archivo del profesor Hilario Guzmán Landeros

Creo que el estadio de béisbol se llamó Jesús Escobar por una persona que llegó aquí a Navolato, y fue atendido por don Miguel Ángel Suárez en ese tiempo. Era instructor, o tenía conocimiento de béisbol, y don Miguel le encargó, por medio del Ingenio, para que entrenara a los obreros en aquel tiempo. Al construirse el Estadio le pusieron el nombre de "Jesús Escobar", en honor a este personaje. El Estadio fue derribado el año 1983, para luego instalar la Secundaria SNTE.

Uno de los recuerdos más significativos que tengo del estadio "Jesús Escobar" es cuando fue lo que llamaron "El Cordonazo de San Francisco", debido a que el 4 de octubre de 1962 hubo un ciclón muy fuerte, y las lluvias y el aire tumbaron la barda del lado sur del estadio. En esos días estaba programada la final de un campeonato. En ese tiempo las ligas eran muy fuertes. Era la famosa liga central, donde había grandes peloteros. El juego era Navolato contra El Varejonal, que tenía un equipo muy bueno. El juego estaba programado justamente cuando fue el Cordonazo de San Francisco. Y pues, se cobraba porque había que costear las atenciones para los jugadores que venían a jugar de visitantes. Entonces, los policías, mandados por el síndico municipal vigilaban para que nadie se metiera al estadio sin pagar, o dar la cooperación. ¿Pero dónde iban a controlar a toda esa gente? La barda se había caído y era fácil ingresar, pues el estadio estaba lleno. Ese juego lo recuerdo muy bien porque Navolato lo ganó una carrera por cero. Fue un juegazo de nueve entradas. Recuerdo algunos de los peloteros que jugaron y que enaltecieron el béisbol en aquella época y fueron unos verdaderos ídolos: "Taviro" Ayón, cátcher, era un jugadorazo; Beto Ávila y don Manuel Ávila, que era primera base y también manager; el famoso Candelario Beltrán; el Niño Verdugo; el Ciro Rodelo, también fue un jugadorazo, era un tercera base muy fino; el "Cochito Reátiga" y Gil Retamoza, que también fueron unos peloterazos.

Había unas gentes que venían de fuera, y que le tenían mucho amor a Navolato. Uno de nombre Francisco de la Rocha, de Culiacán; también Juan Lorenzo Traslaviña, jugadorazo de Mazatlán. Ramón Primero López, de Río Viejo, era muy buen pelotero. Y había pícheres como Amado Ontiveros de Aguaruto, que jugaba con Navolato, otro que le decían Chaboya, de por acá del rumbo de

Bachoco. Otro gran jugador fue Sabino Solís, que le decían el Cuino.

Después de esa época, de ese gran juego, surgieron otros grandes beisbolistas que marcaron historia en este deporte, por ejemplo: "Nono Acosta", Ángel Barrón, Nacho Barrón, Francisco Franco Estolano, Cosme Retamoza, Nacho Fajardo, Manuel Newman. Ellos sembraron la semilla para que posteriormente muchos jóvenes de entonces dejaran huella en este deporte que tuvo su fuerza fundamental desde el Estadio Jesús Escobar. Entre ellos, Félix Estolano, Germán Rivera, Aarón Rodelo, Armando Villegas, Julián "Zurdo" Amador", Alejandro Newman, Francisco Estolano. Es necesario reconocer también a un gran promotor de este deporte entre niños y jóvenes que se ha ganado el cariño y respeto de todos: Profr. Jesús Barrón Amézquita.

Igualmente surge de este estadio, cuna de grandes beisbolistas, Pancho Zazueta, Marco Marentes, Jesús Fajardo (hijo), Willi López, Luis Antonio Hernández, Enrique Coronel, Froylán Verdugo (padre), Rafael "Failín" Torres, Carlos Cárdenas, e Ignacio Inzunza "El Pando". Todos ellos excelentes jugadores que dejaron huella en este estadio.

Muchos años antes también me tocó ver los juegos de béisbol en burro ahí en el estadio Jesús Escobar. Me tocó ver jugar a Lorenzo Morachis y Hugo Martínez. Hacían el equipo de béisbol montados en burro. El que pichaba, los bateadores y el cátcher estaban arriba de sus burros. Los que organizaban esos juegos eran parte de las fuerzas vivas del pueblo, Lorenzo Morachis, Hugo Martínez, Polín Costa, Cuco Martínez, entre otros. La verdad, eran juegos muy divertidos, y todo el pueblo estaba muy contento cada vez que se jugaban.

Los centros de diversión

En Navolato los centros de diversión no eran muchos. Los cines y los clásicos centros de baile. Los cines eran el Royal y el Alameda, el Emancipación a mí no me tocó. En el caso de los centros de baile popularmente estaban clasificados: el Club de Leones era para los más "cremitas" y el Club 20-30 era para la raza popular. En estos lugares se llevaron a cabo grandes bailes con grandes músicos. Me acuerdo que tocaron El Cachi Anaya, Los Cerezos de Escuinapa, los Hermanos Meza, Nacho Millán, grupos y bandas de gran reconocimiento en esa época. Tiempos más adelante ahí tocaron Los Potros, La Nueva Leyenda, Gustavo Arriola, Los Cachorros, y hasta Ponpín mi hermano tuvo esa oportunidad, entre otros.

En otros lugares también había bailes, como en el Club de la Buena Amistad, que después fue cantina. Ese estaba donde hoy está el Bancomer, a un lado del edificio del sindicato azucarero. Ahí también se celebraban los años nuevos, al igual que en el edificio de la Sindicatura, que se habilitaba para que la raza del pueblo festejara. A mí me tocó ir a unas dos fiestas de año nuevo ahí.

Otro lugar importante de diversión era la plazuela, pero ahí se iba a cortejar a las novias, a enamorarlas, y tenías que acarrear con el chaperón, porque no te la dejaban sola los papás, no es como ahora. Un día típico de venir a la plazuela eran las fiestas de San Francisco, las fiestas de la Virgen de Guadalupe, los carnavales, los gritos de independencia.

"La Mariposa"

"La Mariposa" es una joya arquitectónica, se puede decir, porque data de los años 40, el cual era un abarrote gigante muy bien surtido. Enfrente de ese edificio estaba el sitio de "Las Arañas". Después ahí fue la Ferretería

Gaxiola. Estamos hablando del edificio ubicado en la esquina de Juárez y Morelos. El dueño de "La Mariposa" era un señor de nombre Luis Ruiz, un comerciante mazatleco muy buena persona, era un filántropo, tipo Nello Paperini. Ese edificio es uno de los icónicos de Navolato, y permanece en la memoria de muchos de aquella época porque esa zona era el centro comercial, ahí era la terminal de los camiones de la costa. La gente de la costa salía del mercado y se subía al camión ahí enfrente de "La Mariposa". Alrededor estaban los abarroteros importantes de ese tiempo, Reynaldo Duarte, Jesús Duarte, Jorge Ortiz, Polo Acosta, y otros más, muy queridos por la gente por el buen trato, y hasta fiaban.

"La Mariposa" fue un punto de reunión muy tradicional durante muchos años, el edificio aún se mantiene firme en la esquina de Juárez y Morelos pero la tradición desapareció.

Las joyas perdidas de Navolato

En Navolato se han perdido muchas cosas valiosas. Una de las que recuerdo mucho es el púlpito de la Iglesia San Francisco de Asís, era de madera de cedro, muy bonito. Desde ahí daban sus mensajes los Padres Alejandro, "Jeringas", de nombre Héctor Orozco, y Santiago. Los dos últimos eran auxiliares del Padre Alejandro. Los recuerdo porque yo fui monaguillo cuando ellos estaban ahí. También se perdió la figura de San Francisco de Asís que estaba entre las dos torres de la iglesia.

Otra joya valiosa que se perdió fue el reloj que estaba originalmente en el crucero de Hidalgo y Ángel Flores, que después de estar ahí pasó a ubicarse en el edificio de la Sindicatura, y de ahí desapareció. Eso fue más o menos cuando pavimentaron Navolato. Mi mamá nos platicaba que mi abuelo Guillermo Taboada le daba mantenimiento a ese reloj. La verdad, se han perdido muchas joyas valiosas de nuestro pueblo. "La Botella" de la plazuela no se ha "perdido" porque pues no la pueden sacar. Pero quizás sí hubo alguien que le hizo la lucha, pero no pudo.

Ciclo escolar 1989-1990, quinto grado: diario de un plebito

PABLO SÁINZ-GARIBALDI

Cuando éramos niños
los viejos tenían como treinta
un charco era un océano
la muerte lisa y llana
no existía.
Mario Benedetti

4 de septiembre de 1989

Hoy inició el ciclo escolar, quinto grado. ¡Pasaron como un sueño aquellos dos meses de vacaciones en Los Angeles! Visitamos a mi papá, quien ya tiene dos años trabajando allá. Me dio mucho gusto enterarme de que el profesor Hilario Guzmán Landeros será mi maestro en quinto. Mi papá me lo presentó hace como un año y me dijo que fue maestro en la secundaria.

5 de octubre de 1989

Mi tata Pablito hoy me contó otra historia bíblica. Sentado en su poltrona, me relató el pasaje de Génesis sobre la creación de Adán y Eva. Me gusta mucho cómo se sabe de memoria las historias de la Biblia. Mi tata fue muy cercano al Padre Alejandro. Sin duda, mi tata Pablito es mi gran ejemplo de la fe. Me gusta ir con él a misa los domingos.

4 de noviembre de 1989

¡Hoy todo el barrio está en conmoción! La calle Juárez se llenaba de gente, puro vecino y también gente de fuera, nomás para ver el tronco seco donde se apareció la cara de Jesucristo. ¡Era un alboroto! Mi mamá me llevaba de la mano y yo veía cómo todos se arremolinaban enfrente del tronco. Decían que hasta la Virgen de Guadalupe se miraba ahí. La gente se persignaba, rezaba y hasta lloraba. Los señores de la cuadra se juntaban para platicar, fumándose un cigarrito, y los plebes, como yo, corríamos de un lado a otro, jugando entre nosotros, pero siempre con el ojo al tronco. Era como una fiesta, con tanta gente y tanta devoción. De vez en cuando, algún vendedor ambulante aprovechaba pa' vender sus antojitos y refrescos.

15 de diciembre de 1989

¡Cómo disfruto que el profesor Hilario sea mi maestro! Es un excelente profesor y siempre tiene historias interesantes.

20 de diciembre de 1989

Después de la cena, fui al tronco de la Juárez. La gente estaba rezando y cantando. Prendieron muchas veladoras.

24 de diciembre de 1989

¡Esta ha sido una de las mejores Nochebuenas de mi vida!

5 de enero de 1990

Regresamos al colegio después de las vacaciones. El profesor Hilario nos dio la bienvenida y nos preguntó cómo nos fue. Nos dijo que vamos a comenzar a trabajar en una manualidad, un muñeco guiñol de papel. En la tarde fui a la librería de la familia Álvarez Salas a un lado de la sección XV. Me atendió la Vero. Compré el nuevo ejemplar de Memín Pingüín y un Capulinita.

20 de febrero de 1990

Hoy fue un día muy triste: mi mamá me dijo que, en el verano, al terminar quinto grado, nos mudaremos a Los Angeles, donde vive mi papá. Me puse muy triste y no sé cómo decirles a mis amigos. No quiero irme de Navolato, me gusta tanto vivir aquí y mis clases con el profe Hilario.

5 de abril de 1990

El profesor Hilario no vino a la escuela hoy. Nos dijeron que está enfermo y no podrá dar clases por un tiempo. La clase se siente diferente sin él. Todos estamos preocupados y esperamos que se recupere pronto.

14 de abril de 1990
Hoy mi amiga y mi vecina Eliud me invitó a su fiesta de cumpleaños. Cumplió 10 años. Me gana por un mes. Me divertí mucho con mis amiguitos del barrio en la casa de doña Amalia, abuelita de la Eliud.

15 de abril de 1990
Cada día se acerca más la fecha de nuestra partida. Me siento triste porque voy a dejar Navolato, mis amigos y a mi familia. Hoy, después de la escuela, fui a ver el tronco seco una vez más. La gente sigue yendo y rezando. Me hizo sentir un poco mejor ver a todos ahí, unidos por la fe. Voy a extrañar mucho a mi papá Jaime y a mi tata Pablito cuando nos vayamos a Los Ángeles.

2 de mayo de 1990

El profesor Hilario definitivamente ya no nos puede dar clases. En igual de ir en la mañana al colegio, mi grupo de 5A ha tenido que estar yendo a clases por las tardes. Se están turnando entre la madre Elisa y la maestra Emile Rivera para darnos clases. Me da mucho gusto que la maestra Emile sea mi profesora, aunque sea por algunas semanas solamente.

15 de junio de 1990

Hoy fue el último día de clases. El profesor Hilario sigue enfermo y no pudo venir a despedirse. Nunca olvidaré sus enseñanzas y siempre lo recordaré con cariño. Espero mejore pronto.

20 de junio de 1990

Nos preparamos para irnos a Los Angeles esta semana. Me duele mucho dejar Navolato. Voy a extrañar mucho al barrio, al colegio, a mis familiares y a mis amigos. Espero que el profesor Hilario se recupere. Llevo conmigo todos los recuerdos de mi vida aquí, esperando que algún día pueda regresar.

29 de junio de 1990

Esta mañana, ya en Huntington Park, mi mamá me dijo que le llamaron de Navolato para informarle de la muerte del profesor Hilario. Hoy ha sido uno de los días más tristes de mi vida. Y pensar que no puedo ir a Navolato a su funeral.

1 de julio de 1990

Extraño mucho a mi tía Olga. Cada mañana se levantaba temprano para ayudarnos a mi hermano Pepe y a mí a alistarnos para irnos al colegio. Después se iba a trabajar a Culiacán y en las tardes nos ayudaba con las tareas, nos bañaba y nos daba de cenar antes de dormirnos. Espero algún día se mude a Huntington Park.

2 de julio de 1990

Ahora comencé a escribir mis recuerdos de Navolato porque estuve muy triste. Eso me ayudó a estar más tranquilo y no extrañar tanto.

Hice una lista de todos mis vecinos del barrio El Suspiro: mi tata Pablito, mi papá Jaime y mi mamá Nena, doña Amalia y don Ramón, la Eliud y sus hermanos y su mamá la Chita, la Olivia, su esposo Ramón y su familia, incluyendo a mi gran amigo Juan Miguel, al Aarón y al Ricolino, la Maicha y sus hijos, doña Aida, don Pancho y su familia, don Chuy, doña Toña, don Chuy Acosta, su esposa Mariyita Payán y sus hijos Cipry, Chuyita, Marisela y mi gran amigo Luis Alberto, El Lico, su mamá Nena, don Tita, la Chava, Licha, Saúl, mi tío Víctor Maturi, mi tía Pipí, doña Trini, la Ana de Macario, su esposo don Alejandro, doña Esther, la Cofi, María y Salvador, sus hijos, incluyendo a mi gran amigo Julio Cocas, la Paty y sus hijos, el Óscar y su familia, Paquico y su familia, mi tía

Narcy y su familia, mi tía Chila y don Carlos, don Manuel y doña Lidia, sus hijos la Irene y sus hijos Ramoncito y la Geysel, la Noneca, la Pita, el Tacua, Carlos, Heriberto, el Panchío, doña Ramona, la Blanca, Chano y sus hijos, incluyendo al Bolitas, el Tete y el Tavo, mi nana Cande y su esposo don Reynaldo, la Chita y Piano y sus hijos, incluyendo Ramón, el Jorge, el Zapato, la Maya y la Cuti, Chepe Camaronero y su esposa Manuela, el Chito y su familia, los Piriguas, don Chico y sus asaderas. A todos ya los extraño, aunque apenas tengo unos días que me vine a vivir a Huntington Park.

4 de julio de 1990

Hoy soñé con mi tata. Le dije a mi mamá y le llamamos por teléfono a mi tata Pablito en Navolato. Me dio mucho gusto escuchar su voz. Le dije que lo extraño mucho y me dijo que él también a mí.

Así termina mi diario aquí en Huntington Park por ahora. Guardaré cada recuerdo en mi corazón, esperando que los milagros y la fe me acompañen siempre, no importa dónde esté. Siempre llevo en mi corazón los recuerdos de Navolato.

Biografías de los coordinadores

PABLO SÁINZ-GARIBALDI / PABLO JAIME SÁINZ
(Navolato, Sinaloa, 1979)

Es un autor multilingüe que escribe desde la región fronteriza San Diego-Tijuana, donde fue periodista durante 20 años. Egresado de San Diego State University, estudió periodismo y literatura. De niño emigró de Navolato a Huntington Park, en Los Angeles, donde a temprana edad decidió ser escritor. Como autor y editor ha publicado 16 libros, entre crónica, narrativa y poesía. Entre sus libros como editor destaca la trilogía *Desde Navolato*: "Desde Navolato escribo: una antología de literatura navolatense", "Desde Navolato canto: un cancionero navolatense" y el presente volumen, "Desde Navolato añoro: testimonios navolatenses".

En 2017, el Instituto Sinaloense de Cultura lo reconoció "por su contribución a la cultura de México desde la Ciudad de San Diego, y porque en su creación artística ha influido su raíz sinaloense". En 2020, el Instituto Navolatense de la Cultura y las Artes (INCA) lo distinguió por su labor en apoyo a la cultura de Navolato.

Vive en San Diego con su esposa Eliud y sus dos hijos, Dafne y Bruno.

ARMANDO BUENO BLANCO
(Culiacán, Sinaloa, 1964)

Sus padres llegaron procedentes de Durango, Durango, para residir en Culiacán, Sinaloa, el año de 1963.

Él nace el año de 1964, y cuatro años después su familia se traslada a la hoy ciudad de Navolato, donde desarrolla sus estudios de educación básica y media superior. Posteriormente realiza los estudios de licenciatura en psicología en la Universidad Autónoma de Sinaloa, y la maestría y doctorado en educación en la Escuela Normal de Sinaloa. Desarrolló su labor profesional como catedrático en la Universidad Autónoma de Sinaloa por más de treinta y siete años, de la cual se jubiló el año de 2024. Actualmente mantiene su actividad académica y profesional en diversas instituciones de formación profesional docente.

Ha participado como autor y coautor de diversos artículos, ensayos y libros de carácter académico, cultural y social, así como como promotor de la cultura y las tradiciones de Navolato a través de diversas actividades culturales.

Trilogía *Desde Navolato*
Celebra 40 años del Municipio de Navolato

Desde Navolato escribo: una antología de literatura navolatense
(Pablo Sáinz-Garibaldi, editor)
2022

Desde Navolato canto: un cancionero navolatense
(Pablo Sáinz-Garibaldi y Alberto Cordero Millán, coordinadores)
2023

Desde Navolato añoro: testimonios navolatenses
(Pablo Sáinz-Garibaldi y Armando Bueno Blanco, coordinadores)
2024.

Made in the USA
Las Vegas, NV
07 December 2024

13517704R00270